Die
Elsaß-Lothringischen Gesetze
betreffend
Grundeigenthum und Hypothekenwesen,
sowie
die Einrichtung von Grundbüchern,
nebst den Kosten-Gesetzen und Ausführungsverordnungen.

Mit Erläuterungen herausgegeben

von

Albert Leoni,
Ministerialrath.

Straßburg.
Verlag von Karl J. Trübner.
1892.

Vorwort.

Die beiden Gesetze vom 24. Juli 1889, welche in das Immobiliarsachenrecht des Code civil erhebliche und durchgreifende Verbesserungen eingeführt und dem Hypothekengebührenwesen eine neue Grundlage gegeben haben, sind schon im Jahre 1889 in einer, in zwei Auflagen erschienenen Textausgabe mit Anmerkungen von mir herausgegeben worden. Die vorliegende Bearbeitung dieser Gesetze ist eine durchweg neue. In derselben haben nicht nur neben den Materialien der Gesetzgebung die inzwischen von den Behörden erlassenen Ausführungsbestimmungen und Entscheidungen Aufnahme gefunden, sondern es sind darin auch zahlreiche Fragen erörtert, welche bei der Anwendung der Gesetze sich ergeben haben. Für die Erläuterung der beiden, die Einrichtung von Grundbüchern und die Grundbuchkosten betreffenden Gesetze vom 22. Juni 1891 lagen derartige Anregungen aus der Praxis noch nicht vor. Ich war aber auch hier bestrebt, die Bedeutung der einzelnen Vorschriften und deren Zusammenhang mit dem übrigen Rechte in umständlicherer Weise klar zu legen, als dies bei den gesetzgeberischen Verhandlungen möglich war. Hoffentlich tragen diese Ausführungen dazu bei, daß sowohl die Anlegung als die Führung der Grundbücher sich in möglichst einheitlicher Form vollzieht, und daß die Bedenken beseitigt werden, welche der wünschenswerthen alsbaldigen Ausdehnung des Grundbuch-Systems auf sämmtliche Gemeinden des Landes noch im Wege stehen.

Straßburg, den 5. Oktober 1891.

Inhalts-Verzeichniß.

Abkürzungen.

Achilles.	Achilles, die preußischen Gesetze über Grundeigenthum rc., 3. Auflage.
A. G.	Ausführungsgesetz.
Aubry & Rau.	Aubry & Rau, Cours de droit civil, 4. Ausgabe.
B.	Bericht der Spezialkommission des Landesausschusses.
C. P. O.	Deutsche Civilprozeßordnung.
D. P.	Dalloz, Récueil Périodique.
D. Z.	Entscheidung des Direktors der Zölle und indirekten Steuern.
E. G.	Einführungsgesetz.
Erläuterungen.	Erläuterungen zu den Vorschriften über das Verfahren, betreffend die gerichtliche Vertheilung rc., bearbeitet von einer Kommission des Oberlandesgericht zu Colmar, (Straßburg 1888).
Flandin.	Flandin, De la transcription en matière hypothécaire (Paris 1861).
G. Bl.	Gesetzblatt für Elsaß-Lothringen.
G. K. G.	Gerichtskostengesetz vom 18. Juni 1878.
Justiz-Samml.	Sammlung der Gesetze und Verordnungen rc., betr. die Justizverwaltung in Elsaß-Lothringen.
Jurist. Zeitschr.	Juristische Zeitschrift für Elsaß-Lothringen.
Kass.	Urtheil des französischen Kassationshofs.
K. O.	Konkursordnung.
Laurent.	Laurent, Principes du droit civil (Paris 1875).
M.	Begründung des Gesetzentwurfs.

Minist.-Verf.	Ministerial-Verfügung.
Mügel.	Mügel, Das rheinische Grundbuchrecht (Berlin 1888).
Notariats-Zeitschr.	Notariats-Zeitschrift für Elsaß-Lothringen.
Pont.	Pont, Explication du Code Napoléon (Paris 1859).
Puchelt's-Zeitschr.	Zeitschrift für französisches Civilrecht.
R. G.	Reichsgesetz.
R. G. Bl.	Reichsgesetzblatt.
St. P. O.	Strafprozeßordnung.
St. R. G.	Gutachten des französischen Staatsraths.
Stern.	Stern, Pfälzisches Hypotheken- und Vorschafts-Gesetz v. 26. April 1888 (Kaiserslautern 1888).
Verf. O. St.	Verfügung des Oberstaatsanwalts.
Z. A. Bl.	Zentral- und Bezirks-Amtsblatt.
Zachariae.	Zachariae, Handbuch des französischen Civilrechts, 7. Auflage (von Dreyer).

Druckfehler.

S. 4 Z. 4 lies „Nr. 1136" statt „Nr. 1423".
S. 12 „ 3 „ „an der" statt „an den".
„ 12 „ 10 „ „Ablauf" statt „Ablaufen".
„ 14 „ 21 „ „auf" statt „auch".
„ 19 „ 25 „ „computatur" statt „compatatur".
„ 36 „ 5 „ „Amtsgerichts" statt „Landgerichts".
„ 43 „ 21 „ „von ihrem Manne" statt „mit ihrem Manne".
„ 73 „ 30 „ „Mandataren" statt „Mandaten".
„ 91 „ 27 „ „Einschreibungen" statt „Einschreibung".
„ 118 „ 28 „ „Lebenden" statt „Lebende".
„ 130 „ letzte „ „auch" statt „nach".
„ 139 „ 18 „ „ausgedrückt" statt „ausdrücklich".

Gesetz,

betreffend Grundeigenthum und Hypothekenwesen, sowie die Notariatsgebühren, vom 24. Juli 1889.

(Gesetzblatt für Elsaß-Lothringen Nr. 13, S. 69.)

Abschnitt I.

Rechtsgeschäfte über Grundeigenthum.

§ 1.

Die Uebertragung oder Zutheilung des Eigenthums an einem Grundstücke durch Rechtsgeschäft unter Lebenden kann nur in einer vor einem elsaß-lothringischen Notar errichteten Urkunde erfolgen.

Der nicht auf diese Weise abgeschlossene Vertrag begründet die Verpflichtung, das Rechtsgeschäft in der bezeichneten Form beurkunden zu lassen.

Die von elsaß-lothringischen Gerichten oder Verwaltungsbehörden in Gemäßheit der bestehenden Gesetze errichteten Urkunden sowie die Privaturkunden über vertragsmäßige Theilungen, welche gerichtlich bestätigt werden, stehen den notariellen Urkunden im Sinne des Absatzes 1 gleich.

1. Gemäß Abs. 1 ist die Uebertragung oder Zutheilung des Eigenthums an einem Grundstücke durch Rechtsgeschäft unter Lebenden dadurch bedingt, daß das Rechtsgeschäft durch einen elsaß-lothringischen Notar beurkundet ist.

Wird diese Vorschrift nicht erfüllt, so versagt die dingliche Wirkung des Rechtsgeschäfts; das Eigenthum geht nicht über.

2. Die obligatorische Wirkung eines nicht in der bezeichneten notariellen Form beurkundeten Rechtsgeschäfts wird durch das Gesetz im Allgemeinen nicht berührt. Die Bestimmung des zweiten Absatzes, nach welcher ein nicht in der vorgeschriebenen Form abgeschlossener Vertrag die Verpflichtung begründet, das Rechtsgeschäft in jener Form beurkunden zu lassen, ist nur zur Beseitigung möglicher Zweifel aufgenommen.

Sofern ein Vertrag, wie dies bei dem Kaufvertrag des französischen Rechts in der Natur des letzteren liegt, auf die Uebertragung des Eigenthums gerichtet ist, wird die Leistung des Gegenwerths nur gegen notarielle Verbriefung des Rechtsgeschäfts gefordert werden dürfen, weil nur auf diese Weise nach Abs. 1 das Eigenthum übergeht (M.).

3. Unter den Begriff der „Uebertragung oder Zutheilung durch Rechtsgeschäft unter Lebenden" fallen namentlich Kauf- und Tauschverträge sowie die Theilungen von gemeinschaftlichen Massen. Die Erwerbung des Eigenthums kraft Gesetzes oder von Todes wegen wird von dem Gesetze nicht betroffen. An den Bestimmungen der Artt. 552 ff. des Code civil (Erwerbung durch Accession), des Art. 1408 des Code civil (Anfall kraft des gesetzlichen Wahlrechts) u. s. w. ist somit nichts geändert.

Hinsichtlich der Ersitzung ist zwischen der dreißigjährigen und der zehnjährigen zu unterscheiden. Die dreißigjährige Ersitzung setzt kein Rechtsgeschäft voraus, sondern beruht auf der Verjährung des Klagerechts des bisherigen Eigenthümers. Anders, was die zehn- oder zwanzigjährige Verjährung anlangt. Ein nicht notariell beurkundeter Vertrag vermag dieselbe nicht mehr zu begründen, weil nach Art. 2267 des Code civil ein Titel, der wegen eines solchen Mangels in der Form nichtig ist, einer solchen Verjährung nicht zur Grundlage dienen kann (B.).

4. Nach Art. 1589 des Code civil steht das Verkaufversprechen d. h. das von der andren Partei angenommene Versprechen dem Verkaufe gleich, sofern der Wille beider Parteien über den Gegenstand und den Preis übereinstimmt. Diese Bestimmung steht mit der Maßgabe in fortdauernder Geltung, daß gleichwie beim Kaufe so beim Kaufversprechen

die dingliche Wirkung nur eintritt, wenn die Voraussetzungen des § 1 erfüllt sind. Dieselbe ist indessen nicht dahin aufzufassen, daß mit jedem Versprechen nothwendig die dingliche Wirkung verbunden ist. Die fragliche Wirkung kann durch den Willen der Parteien ausgeschlossen werden. Wenn in einer notariellen Urkunde nur ein Versprechen beurkundet und die spätere Verbriefung des Kaufs vorbehalten ist, so möchte in der Regel der Schluß gerechtfertigt sein, daß eine sofortige Eigenthumsübertragung nicht gewollt ist (Flandin, Bd. I Nr. 69, Troplong, Commentaire de la loi du 23 mars 1855 n° 52).

5. Verträge des im Abs. 1 bezeichneten Inhalts, welche in der Form von Vergleichen und anderen Parteierklärungen durch die inländischen Gerichte beurkundet werden (C. P. O. §§ 146, 471, 702), haben nach Abs. 3 die gleiche dingliche Wirkung wie Notariatsurkunden. Das Gleiche gilt von den durch Verwaltungsbehörden nach besonderen Vorschriften (vergl. Titel II, Art. 14 des Gesetzes über den Verkauf und die Verwaltung der Staatsgüter u. s. w., vom 5. November 1790 und Art. 56 des Enteignungsges. v. 3. Mai 1841) errichteten Urkunden, sowie von den gerichtlich bestätigten Privaturkunden über vertragsmäßige Theilungen (§ 26, Abs. 2 des Ges., betreffend das Theilungsverfahren und den gerichtlichen Verkauf von Liegenschaften, vom 14. Juni 1888, G. Bl. S. 51) (M.).

6. Indem § 1 Abs. 3 die von els.-lothr. Verwaltungsbehörden in Gemäßheit der bestehenden Gesetze errichteten Urkunden den notariellen gleichstellt, knüpft er diese Gleichstellung an nachstehende Voraussetzungen:

a) es muß eine els.-lothr. Verwaltungsbehörde bei der Urkunde mitwirken,
b) die Urkunde muß von dieser Behörde errichtet sein, wobei es gleichgiltig ist, ob dieselbe nur Urkundsperson oder zugleich Partei ist,
c) die Behörde muß gesetzlich zur Errichtung der Urkunde befugt sein.

Unter den Verwaltungsbehörden sind nicht bloß die Vertreter des Fiskus, sondern auch die gesetzlichen Vertreter der Bezirke und Gemeinden zu verstehen. Es entspricht dies der herrschenden Auffassung, nach welcher die von den Bezirkspräsidenten und Bürgermeistern über Verkäufe und Erwerbungen der Bezirke oder Gemeinden errichteten Urkunden als authentische Urkunden betrachtet werden (vgl. Ducrocq, Cours de droit administratif n° 1423). Die Verträge der Syndikats-Genossenschaften müssen dagegen notariell verbrieft werden. Der Abschluß derselben erfolgt durch die Syndike. Die staatlichen Behörden haben, insoweit sie dabei mitwirken, nur polizeiliche Interessen wahrzunehmen.

7. In der Begründung des Gesetzentwurfs wird bemerkt, daß nach allgemeinen Grundsätzen — § 779 C. P. O. — die notarielle Beurkundung durch das Urteil ersetzt werde, welches den Pflichtigen zur Abgabe der Erklärung vor Notar verurtheilt. Die Richtigkeit dieser Ausführung ist angefochten. Unter Hinweis auf den Wortlaut des § 779 C. P. O.: „Ist der Schuldner zur Abgabe einer Willenserklärung verurtheilt, so gilt die Erklärung als abgegeben, sobald das Urtheil die Rechtskraft erlangt hat", wird bemerkt, daß hiernach die Wirkung fingirter Erklärung nur von der Erklärung des verurtheilten Schuldners, nicht auch von derjenigen des Gläubigers gelte. Erfordere also das Gesetz zu einer bestimmten Wirkung einen notariellen Vertrag, so ersetze zwar das Urtheil die notarielle Vertragserklärung des verurtheilten Theils, nicht aber die ebenfalls erforderliche notarielle Erklärung des klägerischen Kontrahenten. Im vorliegenden Falle müsse daher der siegreiche Kläger, um zur Eigenthumsübertragung zu gelangen, mit dem Urtheil noch zu einem Notar gehen und dort seine Vertragserklärungen beurkunden lassen (vgl. Goldenring in der Jurist. Zeitschr., XVI S. 137 ff.). Bei diesen Ausführungen wird indessen nicht berücksichtigt, daß im Abs. 3 die von elsaß-lothr. Gerichten errichteten Urkunden den notariellen schlechthin gleichgestellt sind. Nicht bloß der gerichtlich beurkundete Vergleich (so Goldenring S. 139), sondern auch die in einem Urtheile erfolgte Beurkundung ist geeignet, die notarielle Urkunde zu ersetzen. Das Urtheil, welches den Beklagten zur Abgabe der Erklärung vor Notar verurtheilt, wird aber in der Regel auch die klägerische Vertragserklärung enthalten, sodaß eine notarielle Aufnahme derselben nicht mehr erforderlich ist.

8. Nur der Veräußerungsakt selbst muß nach den Bestimmungen des § 1 in authentischer Form errichtet werden. An der Vorschrift des § 45 des Theilungsges. v. 14. Juni 1888,

welche gestattet, daß die der Veräußerung vorausgehende Vereinbarungs-Urkunde privatschriftlich vollzogen wird, ist somit nichts geändert.

9. In den Kauf- und Steigerungs-Urkunden werden vielfach Personen als Käufer eingeführt, welche bei der Verhandlung selbst nicht mitgewirkt, sondern für welche Dritte sich „stark getragen" haben. An der fortdauernden Zulässigkeit dieses Verfahrens (vgl. Art. 1120 des Code civil) ist nicht zu zweifeln. Das Eigenthum geht aber in solchem Falle auf den bezeichneten Käufer erst über, wenn er die Annahme in gehöriger Form erklärt hat, oder wenn eine den gesetzlichen Vorschriften entsprechende Vollmacht desselben beigebracht ist. (Arg. § 15 des Ges. v. 30. April 1880 und § 38 des Ges. v. 14. Juni 1888). Erst wenn eine dieser Bedingungen erfüllt ist, kann somit die Eintragung in das Grundbuch erfolgen.

10. Gemäß Art. 1 des Ges. v. 23. März 1855 unterliegt nur «tout acte entre-vifs, translatif de propriété immobilière» der Ueberschreibung. Nun besteht zwar der Grundsatz, daß die Hypothekenbewahrer die Wirksamkeit der zur Ueberschreibung vorgelegten Urkunden und Schriftstücke nicht zu prüfen haben. Die Anwendung desselben setzt jedoch voraus, daß die Urkunden wenigstens äußerlich die Voraussetzungen erfüllen, welche das Rechtsgeschäft, in Ansehung dessen die Ueberschreibung verlangt wird, erfordert. Da dies bei privatschriftlichen Verträgen, welche die Uebertragung oder Zutheilung von Grundstücken zum Gegenstand haben, nicht mehr der Fall ist, so haben die Hypothekenbewahrer die Ueberschreibung derselben abzulehnen (D. Z. v. 22. März 1890).

§ 2.

Die Bevollmächtigung zum Abschluß eines Vertrags über die Uebertragung oder Zutheilung des Eigenthums an Grundstücken kann durch eine gerichtlich oder notariell beglaubigte Urkunde geschehen.

Beträgt der Werth der Grundstücke nicht mehr als 500 Mark, und wohnt der Vollmachtgeber in Elsaß-Lothringen, so bedarf es nur der Beglaubigung durch den Bürgermeister des Wohnsitzes des Vollmachtgebers.

Ein Rechtsgeschäft, welches auf Grund einer durch den Bürgermeister beglaubigten Urkunde abgeschlossen worden ist, kann nicht deßhalb angefochten werden, weil die vorbezeichnete Voraussetzung nicht vorhanden gewesen sei.

Die Bestimmung des § 37 des Gesetzes vom 14. Juni 1888, betreffend das Theilungsverfahren und den gerichtlichen Verkauf von Liegenschaften, welche die Beglaubigung der Vollmacht des Ansteigerers durch den Bürgermeister ohne Rücksicht auf den Werth gestattet, bleibt unberührt.

1. Gemäß § 2 Abs. 1 ist zwar eine authentische Vollmacht nicht erforderlich, aber auch eine Privatvollmacht nicht ausreichend, damit Jemand als Vertreter einer Partei beim Abschluß eines Vertrags über die Uebertragung oder Zutheilung des Eigenthums an Grundstücken mitwirke. Die Unterschrift auf der Privatvollmacht muß, und zwar in der Regel gerichtlich oder notariell, beglaubigt sein. (Vgl. indessen hinsichtlich der vor dem Inkrafttreten des Gesetzes ausgestellten Vollmachten § 35 unten.)

2. Daß ein elsaß-lothringisches Gericht oder ein elsaß-lothringischer Notar die Beglaubigung vorgenommen habe, ist nicht vorgeschrieben. Es genügen somit auch Privatvollmachten, deren Unterschriften von einem Gerichte oder Notar eines andern deutschen Staats oder des Auslandes beglaubigt sind. In letzterem Falle — wenn die Beglaubigung durch eine ausländische Behörde erfolgt ist — muß aber außerdem, insoweit nicht durch Staatsverträge Ausnahmen zugelassen sind, die Legalisation durch einen Konsul oder Gesandten des Reichs hinzutreten (§ 2 des Reichsgesetzes betr. die Beglaubigung öffentlicher Urkunden).

Die in Oesterreich-Ungarn, in Bosnien und der Herzegowina ausgestellten Vollmachten bedürfen, wenn sie gerichtlich beglaubigt sind, keiner weiteren Legalisation. Nur die gerichtlichen Urkunden sind ausgenommen. Die von einem in diesen Staaten angestellten Notar ausgestellten oder beglaubigten Vollmachten dürfen somit ohne gerichtliche Beglaubigung nicht zugelassen werden (Artt. 1, 2 und 5 der Uebereinkunft mit der Oesterreichisch-ungarischen Monarchie vom 25. Febr. 1880 und Vertrag vom 13. Juni 1880 R. G. Bl. 1881, S. 4 u. 253).

Was den Verkehr mit Frankreich betrifft, so bestimmt die Deklaration vom 14. Juni 1872 (Justiz-Samml. Bd. I S. 247), daß „Civilstandsakte, gerichtliche und andere ähnliche Urkunden", wenn sie von dem Präsidenten eines Gerichtshofs einem Friedensrichter oder dessen Ergänzungsrichter legalisirt sind, ohne weitere Legalisation zuzulassen sind. Zu den ähnlichen Urkunden gehören die notariellen, weßhalb die von einem franz. Notar aufgenommene Vollmacht ausreicht, sofern nur die Unterschrift des Notars gerichtlich beglaubigt ist. Dagegen können auf Grund dieser Deklaration nicht auch gerichtlich oder notariell beglaubigte Privatvollmachten ohne weitere Legalisation zugelassen werden, weil dies nur gestattet ist, wenn die Urkunde, deren Unterschrift gerichtlich bestätigt ist, selbst eine gerichtliche oder ähnliche Urkunde ist (A. A. Bemerkungen in der Notariats-Zeitschr. Bd. X S. 134).

Die Konsuln des Reichs, welchen die Konsulargerichtsbarkeit zusteht, sind auch befugt, die Unterschriften von Privatpersonen zu beglaubigen. Diese Beglaubigungen stehen inländischen gerichtlichen Beglaubigungen gleich.

3. Ausnahmsweise ist die Beglaubigung durch einen elsaß-lothringischen Bürgermeister und zwar durch den Bürgermeister des Wohnsitzes, zugelassen, wenn der Werth der Grundstücke nicht mehr als 500 M. beträgt und der Vollmachtgeber in Elsaß-Lothringen wohnt.

Die Frage, ob die Beglaubigung durch den Bürgermeister ausreicht, ist nicht nach dem Inhalte der Vollmacht, sondern nach dem Werthe des Vertragsgegenstands, für welchen die Vollmacht in Betracht kommt, zu beantworten. Die Frage ist zu bejahen, sofern dieser letztere Werth sich auf nicht mehr als 500 M. beläuft, wenngleich die Vollmacht sich auf Grundstücke bezieht, welche zusammen oder im Einzelnen jenen Werth übersteigen.

4. Eine Uebertragung oder Zutheilung von Eigenthum ist nicht geeignet, den Uebergang des Eigenthums zu begründen,

wenn eine der Parteien durch einen mit ungenügender Vollmacht versehenen Bevollmächtigten vertreten war. Gemäß der Bestimmung des Abs. 3, welche dem § 1 Abs. 2 des Ges. v. 1. Dezember 1873, betreffend außergerichtliche Theilungen und gerichtliche Verkäufe von Liegenschaften (G. Bl. S. 310), nachgebildet ist, kann jedoch ein Rechtsgeschäft, welches auf Grund einer durch den Bürgermeister beglaubigten Urkunde abgeschlossen worden ist, nicht deshalb angefochten werden, weil der Werth der Grundstücke mehr als 500 M. betrug. Das Eigenthum geht somit in diesem Falle über, obgleich die Vollmacht nicht den gesetzlichen Bedingungen entspricht. Voraussetzung ist aber in allen Fällen, daß die Beglaubigung durch einen elsaß-lothringischen Bürgermeister bethätigt worden ist.

5. § 2 Abs. 1 u. 2 finden auch in dem durch § 15 des Ges. v. 30. April 1880, betreffend die Zwangsvollstreckung in das unbewegliche Vermögen, vorgesehenen Falle der Kommand-Erklärung durch einen Bevollmächtigten des Ansteigerers Anwendung. An Stelle der „authentischen Vollmacht" genügt jetzt eine entsprechend beglaubigte Vollmacht für den Vertreter des Ansteigerers (B).

6. Im gerichtlichen Theilungsverfahren braucht der Vertreter eines Betheiligten gemäß § 22 des Ges. v. 14. Juni 1888, sofern nicht von einem Theilungsgenossen gerichtliche oder notarielle Beglaubigung begehrt wird, nur eine einfache Privatvollmacht nachzuweisen. Diese Vorschrift wird durch § 2, welcher sich nur auf Verträge und Rechtsgeschäfte, nicht auch auf die Vertretung in einem gerichtlichen Verfahren bezieht, nicht berührt. Eine einfache Privatvollmacht genügt vielmehr unter den erwähnten Voraussetzungen auch dann, wenn die gerichtliche Theilung Grundstücke zum Gegenstand hat; denn der im Verfolg derselben bewirkte Eigenthumsübergang wurzelt rechtlich nicht in den Vereinbarungen der Parteien, sondern in der obrigkeitlichen Verfügungsgewalt, in der gerichtlichen Zutheilung oder dem notariellen Zuschlag. A. A. in Betreff des § 21 des preuß. Gesetzes vom 22. Mai 1887 (vgl. indessen auch die besondere Bestimmung des § 1 dieses Ges.) Urtheil des Landgerichts Saarbrücken vom 2. Juli 1890 (Rheinische Notariats-Zeitschr. 1890 S. 83). Dagegen Mügel ibidem S. 132 ff. — und Jäger in der Notariats-Zeitschr. Bd. XI S. 2 ff.

§ 3.

Die Bevollmächtigung zur hypothekarischen Belastung eines Grundstücks oder zur Bewilligung der Löschung einer Eintragung kann durch gerichtlich oder notariell beglaubigte Urkunde geschehen.

1. Es ist hierdurch eine wesentliche Erleichterung insofern geschaffen, als früher — nach einer seit Jahren feststehenden Rechtsprechung — nur notarielle Vollmachten zugelassen wurden.

2. Hinsichtlich der Löschung der hypothekarischen Einschreibungen vgl. Artt. 2157, 2158 des Code civil.

§ 4.

Die Beglaubigung erfolgt ohne Aufnahme eines Protokolls und frei von Staatsgebühren. Es genügt dazu, wenn unter der Unterschrift bezeugt wird, daß der Aussteller die Unterschrift eigenhändig vollzogen oder als die seinige anerkannt hat.

Für die gerichtliche Beglaubigung sind die Amtsgerichte zuständig.

Vollmachten öffentlicher Behörden bedürfen, wenn sie ordnungsmäßig unterschrieben und untersiegelt sind, keiner Beglaubigung.

1. Unter den Staatsgebühren sind die Stempel- und Einregistrirungskosten zu verstehen. Die Gebührenfreiheit gilt nur für die in den §§ 2 u. 3 vorgesehenen Beglaubigungen. Dieselbe greift nicht Platz, wenn die Bevollmächtigung sich auf andere als die in diesen §§ genannten Rechtsgeschäfte bezieht.

2. Die Gebührenfreiheit bezieht sich nur auf die Beglaubigungen, nicht auf die Vollmachten. Die Stempelpflicht der letzteren bleibt unberührt; die Registrirung derselben bloß wegen der Beglaubigung ist aber nicht erforderlich (D. Z. v. 5. Okt. 1889).

§ 5.

Durch die vorstehenden Bestimmungen (§§ 1, 2) werden die Vorschriften über die Form der Schenkung und der auf dieses Rechtsgeschäft bezüglichen Vollmachten nicht berührt.

Das Eigenthum an einem geschenkten Grundstück geht jedoch auf den Beschenkten nur über, sofern die hierfür maßgebenden Urkunden (Code civil, Artikel 931, 932) vor einem elsaß-lothringischen Notar errichtet sind. Die Vollmachten können den Schenkungsurkunden in allen Fällen in Urschrift beigefügt werden.

1. Nach Art. 2 des Ges. v. 21. Juni 1843, welcher durch § 6 des Ges. v. 26. Dezember 1873 aufrecht erhalten worden ist, müssen bei Schenkungen und Vollmachten hiezu bei Strafe der Nichtigkeit zwei Zeugen oder ein zweiter Notar zugezogen werden.

2. Der Schlußsatz von Abs. 2 beruht auf einem Beschlusse der Spezialkommission des Landesausschusses, welcher damit begründet wurde, daß in der Praxis die Vorschrift, derzufolge bei Schenkungen Seitens des Vertreters einer Partei die Vollmacht stets in Ausfertigung vorzulegen war (Art. 933 Abs. 2 des Code civil), sich als eine nicht durchführbare Beschränkung besonders in den Fällen erwiesen habe, wo es sich um amerikanische Vollmachten handelte (B).

3. Da die Bestimmungen der §§ 1 u. 2 auf Schenkungen keine Anwendung finden, so sind die Art. 1339 u. 1340 des Code civil unverändert in Geltung. Eine Schenkung von Grundstücken, welche nicht notariell verbrieft ist, ist nichtig und erzeugt nicht bloß keine dingliche, sondern auch keine obligatorische Wirkung. Jedoch kann die Nichtigkeit nicht mehr geltend gemacht werdeu, wenn der Erbe des Schenkgebers nach dessen Tode die Schenkung ausdrücklich oder durch die freiwillige Vollziehung derselben bestätigt hat.

§ 6.

In den notariellen Urkunden, welche die entgeltliche oder unentgeltliche Uebertragung oder die Zutheilung des Eigenthums an einem Grundstück oder dessen hypothekarische Belastung enthalten, sollen die Rechtsvorgänger des Eigenthümers, beziehungsweise der Theilungsgenossen, und deren Erwerbstitel, unter Bezeichnung der Urkunden, angegeben werden.

Bei Theilungen genügt die Bezugnahme auf das Inventar.

1. Wenn nach § 6 die Rechtsvorgänger des Eigenthümers und deren Erwerbstitel angegeben werden sollen, so liegt in dieser Vorschrift nur eine Anweisung an den Notar, die Eigenthumsverhältnisse der Vorbesitzer nach Möglichkeit klar zu legen (B.).

2. Durch den Abs. 2 soll ausgedrückt werden, daß in den Fällen, wo ein Inventar vorhanden und die Erwerbstitel der Rechtsvorgänger in dieser Urkunde bereits angegeben sind, es keiner weiteren Beschreibung bedarf und es bei der Bezugnahme auf das Inventar sein Bewenden haben kann (B.).

§ 7.

Die Notare sind verpflichtet, die Ueberschreibung der vor ihnen errichteten Urkunden, welche die Uebertragung des Eigenthums an einem Grundstück betreffen, herbeizuführen. Die Ueberschreibung kann vor der Registrirung bewirkt werden.

Für die Zahlung der durch die Ueberschreibung entstehenden Kosten und deren Erhebung von den Betheiligten sind die für die Enregistrementsgebühren geltenden Vorschriften maßgebend.

1. Notare, welche der durch Abs. 1 begründeten Verpflichtung nicht nachkommen, sind, abgesehen von den disziplinären Folgen, den Parteien schadenersatzpflichtig. An den durch Art. 4 des Ges. v. 23. März 1855, betreffend die Ueberschreibung, begründeten Verpflichtung der Rechtsanwälte ist nichts geändert.

2. Die Notare sind nach Art. 29 des Ges. v. 22 Frim. VII vorschußpflichtig. Die Auslagen des Notars tragen von Rechtswegen Zinsen zu fünf vom Hundert. Die gesetzliche Verzinsung endigt mit dem Ablaufen eines Jahres, von dem Tage an gerechnet, wo die Auslagen gemacht sind (§ 5 des Ges. v. 26. Dez. 1873).

3. Die Ermächtigung, die in § 7 angeführten Urkunden vor deren Registrirung überschreiben zu lassen, entbindet die Notare nicht von der Verpflichtung, den Ausfertigungen dieser Urkunden nachträglich die Quittungen über Entrichtung der Registrirgebühren abschriftich beizusetzen (Art. 44 des Ges. v. 22 Frim. VII und Art. 10 des Ges. v. 16. Juni 1824). D. Z. v. 5. Okt. 1889.

4. Hinsichtlich der Eintragung in das Grundbuch vgl. die entsprechenden Bestimmungen in § 17 des Ges. betr. die Einrichtung von Grundbüchern.

§ 8.

Die Auflösung eines Vertrages wegen Nichterfüllung von Verbindlichkeiten, zu deren Sicherheit das Vorzugsrecht des Verkäufers gewährt ist, kann nach Erlöschen dieses Vorzugsrechts zum Nachtheile Dritter, welche an dem veräußerten Grundstück aus der Person des Erwerbers Rechte erworben und durch Beobachtung der gesetzlichen Vorschriften gewahrt haben, nicht mehr geltend gemacht werden.

Wegen Nichterfüllung sonstiger Verbindlichkeiten kann die Auflösung eines nach dem Inkrafttreten dieses Gesetzes geschlossenen Vertrags den im Absatz 1 bezeichneten Dritten gegenüber nur geltend gemacht werden, wenn in der Vertragsurkunde ausnrücklich festgesetzt worden ist, daß die Nichterfüllung die Auflösung des Vertrages zur Folge haben solle, und wenn die Ueberschreibung der Urkunde erfolgt ist.

1. Schon Art. 7 des Ueberschreibungsgesetzes v. 23. März 1855 hat die Geltendmachung des Auflösungsrechts nach dem Untergang des Vorzugsrechts gegenüber Dritten, welche ihre Rechte vorschriftsmäßig gewahrt haben, ausgeschlossen. Da diese Bestimmung den Art. 1654 des Code civil anzieht, welcher seinem Wortlaute nach nur den Fall des gesetzlichen oder stillschweigenden Resolutionsrechts im Auge hat und dadurch zu der unbegründeten Auffassung Anlaß gegeben hat, daß das ausdrücklich bedungene Resolutionsrecht durch die Bestimmung nicht getroffen werde, so spricht der Abs. 1 jenen Grundsatz allgemein aus; der in dieser Weise ersetzte Art. 7 cit. ist in § 41 formell aufgehoben (M.).

2. Die Vorschrift des ersten Absatzes greift ihrem Wortlaute gemäß nur Platz, wenn:

a) es sich um die Auflösung eines Vertrages wegen Nichterfüllung von Verbindlichkeiten handelt und
b) zur Sicherheit dieser Verbindlichkeiten das Vorzugsrecht des Verkäufers oder Darleihers gegeben war.

Die Vorschrift bleibt somit außer Anwendung, wenn die Rückgängigmachung einer Eigenthumsübertragung nicht wegen Nichterfüllung vertragsmäßiger Verbindlichkeiten, sondern z. B. wegen Betrugs oder laesis enormis erfolgt ist. Dieselbe findet ferner im Falle der Auflösung einer Schenkung wegen Nichterfüllung vertragsmäßig übernommener Lasten keine Anwendung, weil zur Sicherung der Erfüllung dieser Lasten ein Vorzugsrecht nicht gewährt ist (Urtheil des Reichsgerichts vom 16. Mai 1884, Puchelt's Zeitschr. Bd. XV S. 540). Ist aber ein als Schenkung bezeichnetes Rechtsgeschäft in Wirklichkeit keine Schenkung, sondern ein Kauf, so sind auch die hiefür maßgebenden Grundsätze anzuwenden (Aubry u. Rau, Bd. III § 263 Anm. 16).

3. Die Geltendmachung des Auflösungsrechts ist nicht bloß in dem Falle ausgeschlossen, wenn das Vorzugsrecht gänzlich und für immer erloschen ist, (vgl. in diesem Sinne Kass. v.

1. Mai 1860; „l'article 7 de la loi du 23 mars 1855 ... suppose une perte complête, absolue et ineffaçable" D. P. 1860—1—236) sondern in allen Fällen, sofern nur das Vorzugsrecht nicht mit Wirksamkeit in den Hypothekenregistern veröffentlicht werden kann, so z. B. weil das betreffende Grundstück zu einer Benefiziarmasse gehört (vgl. Flandin Bd. II Z. 1870 ff., 1200 ff. und die dort bezogenen gesetzgeberischen Verhandlungen; ferner die Bemerkungen zu dem Urtheile des Appelhofs von Bordeaux vom 15. Juli 1857, D. P. 57—2—185 und Kass. v. 10 Juni 1879, D. P. 80—1—410).

Mit Bezug auf eine Konkursmasse hat die Streitfrage keine praktische Bedeutung mehr, weil im Falle des Konkurses die Auflösungsklage durch § 21 K. O. ausgeschlossen wird (Urtheil des Landgerichts Metz v. 23. Nov. 1886, Jurist. Zeitschr. Bd. XII S. 385).

4. Die Berufung auf § 8 Abs. 1 kann nur erfolgen, wenn das Vorzugsrecht schon bei Erhebnng der Klage auf Auflösung erloschen war. Ist die Erlöschung erst im Laufe der Instanz eingetreten, so hat die Auflösung auf Dritten gegenüber volle Rechtswirksamkeit (Kass. v. 27. Mai 1884, D. P. 85—1—15).

5. Die Klage auf Auflösung kann trotz des Erlöschens des Vorzugsrechts erhoben werden. Denn der mit dem Erlöschen verbundene Rechtsvortheil ist nur Dritten gewährt, welche Rechte an dem Grundstücke erworben und durch Beobachtung der gesetzlichen Vorschriften gewahrt haben. Der Schuldner selbst oder dessen allgemeine Rechtsnachfolger, gegen welche die Klage gerichtet werden muß, können sich auf die in Frage stehende Vorschrift nicht berufen (vgl. Kass. v. 6. Juni 1860, D. D. 60—1—268).

Auch die Chirographar-Gläubiger des Schuldners sowie dinglich Berechtigte, welche die Ueberschreibung oder Einschreibung ihrer Titel versäumt haben, müssen, ungeachtet der Erlöschung des Vorzugsrechts, die Auflösung gegen sich gelten lassen (Flandin, Bd. II Nr. 1171).

6. Die Bestimmung des § 8 Abs. 2 bezieht sich auf alle Verträge, also auch auf Schenkungen und Uebergabsverträge. Die Auflösung eines Vertrags wegen Nichterfüllung von Verbindlichkeiten, zu deren Sicherheit das Vorzugsrecht des Verkäufers nicht gewährt ist, kann zum Nachtheile der oben

bezeichneten Dritten nur erfolgen, wenn in dem Vertrage ausdrücklich festgesetzt wurde, daß die Nichterfüllung bestimmt bezeichneter Bedingungen die Auflösung zur Folge haben solle und die Verkaufs-Urkunde zur Ueberschreibung gelangt ist. Eine allgemeine Phrase, wie: „Das Revokationsrecht wird zu Gunsten des Schenkers ꝛc. vorbehalten", genügt zur Sicherung des Veräußerers nicht (vgl. Bem. z. Ges. v. 24. Juli 1889 in der Notariats-Zeitschr., Bd. IX S. 322).

Auf Verträge, welche vor dem Inkrafttreten des Gesetzes geschlossen sind, findet die Vorschrift keine Anwendung, da hierin ein Eingriff in wohlerworbene Rechte liegen würde (M.).

Für das Gebiet des Grundbuchrechts vgl. § 5 des Ges. betr. die Einrichtung von Grundbüchern.

Abschnitt II.

Vorzugsrechte und Hypotheken.

§ 9.

Alle Hypotheken erlangen Wirksamkeit und Rang erst vom Tage der Einschreibung.

Die Einschreibung der Vorzugsrechte wie der Hypotheken kann gültigerweise nur für einen bestimmten, nöthigenfalls zu veranschlagenden Betrag an Haupt- und Nebenforderungen und nur auf einzelne, bestimmt zu bezeichnende Grundstücke genommen werden.

Als erwählter Wohnsitz (Code civil, Artikel 2148 Nr. 1) kann jeder Ort im Gebiete des Reichs angegeben werden.

1. Durch die Bestimmung des § 9 Abs. 1 wird dem Publizitätsprinzip durchgreifende Wirksamkeit gegeben. Hinsichtlich der Vorzugsrechte sowie der vertragsmäßigen und gerichtlichen Hypotheken bestand der Eintragungszwang schon früher; durch Abs. 1 wird er auch auf die gesetzlichen Hypotheken der Ehefrauen nnd Mündel ausgedehnt. Dieselben bleiben als gesetzliche Titel zur Hypothek auch in Zukunft für

das ganze gegenwärtige und künftige Grundvermögen des Ehemanns, bezw. Vormunds bestehen, werden aber als wirkliche Hypotheken erst mit der Einschreibung wirksam und haben daher auch nur von der Einschreibung an Rang. Vor der Entstehung des hypothekarischen Anspruchs ist anderseits eine wirksame Einschreibung nicht möglich (vgl. § 17 Abs. 1). Mit dem Wegfall der gesetzlichen Hypotheken im eigentlichen Sinne wird auch das Legalpurgationsverfahren gegenstandslos werden (M.).

Die Vorschrift des § 9 Abs. 2 ist bestimmt, die strenge Durchführung des Spezialitätsprinzips zu sichern. Durch dieselbe wird die bisherige allgemeine Wirkung der gesetzlichen und der gerichtlichen Hypotheken auf alle gegenwärtigen und künftigen Grundstücke des Schuldners ausgeschlossen. Auch diese Hypotheken werden jetzt nur noch für die in der Einschreibung besonders bezeichneten Grundstücke wirksam und es bedarf für jedes nach der Einschreibung erworbene Grundstück einer neuen Einschreibung, welche nach Abs. 1 für Wirksamkeit und Rang hinsichtlich dieses Grundstückes maßgebend ist. Desgleichen ist die Eintragung bezüglich der genannten Hypotheken in allen Fällen nur mehr für bestimmte, nöthigenfalls zu veranschlagende Beträge zulässig.

Dadurch, daß auf künftige Grnndstücke des Schuldners keine Einschreibung mehr genommen werden kann, ist nicht auch die Zulässigkeit einer Verpflichtung, künftig erworbene Grundstücke zur Hypothek zu stellen (Code civil, Art. 2130), beseitigt (M.).

2. Aus dem der Begründung des Gesetzentwurfs entnommenen Schlußabsatz der vorhergehenden Anmerkung geht hervor, daß nach der Absicht des Gesetzes eine Einschreibung so lange gültig nicht genommen werden kann, als das Grundstück, auf welche sie sich bezieht, nicht im Eigenthum des Schuldners ist. Der Gläubiger kann somit, wenn eine Vereinbarung gemäß Art. 2130 des Code civil getroffen wurde, auf weitere Grundstücke nur nach Erwerbung derselben durch den Schuldner Einschreibung nehmen. Der Rang der Hypothek wird durch den Tag der Einschreibung bestimmt.

Hinsichtlich der gesetzlichen und gerichtlichen Hypotheken vgl. § 37.

3. Unter den Nebenforderungen (§ 9 Abs. 2) sind namentlich die Zinsen und Kosten zu verstehen. Gemäß

Art. 2151 des Code civil reicht der hypothekarische Schutz der wegen der Hauptforderuug genommenen Einschreibung bezüglich der Zinsen nur für zwei Jahre und das laufende. Diese Beschränkung findet auch auf die eingeschriebenen gesetzlichen Hypotheken Anwendung (Urtheil des Reichsgerichts v. 1. Nov. 1887, Jurist. Zeitschr. Bd. XIII S. 97), dagegen nicht auf Vorzugsrechte (Urtheil des Oberlandesgerichts Colmar v. 14. Dez. 1886, Jurist. Zeitschr. Bd. XII S. 214). Das laufende Jahr bemißt sich im Falle einer Zwangsversteigerung nach dem Zuschlage, im Falle freiwilliger Veräußerung nach dem Zeitpunkte der gemäß Artt. 2183, 2184 des Code civil erfolgten Zustellung (vgl. Erläuterungen zu den Vorschriften über das Verfahren, betreffend die gerichtliche Vertheilung der Erlöse 2c. Z. 14).

Unter den Kosten sind namentlich die Kosten des Titels, der Einschreibung und etwaige Prozeßkosten begriffen. Die für die Durchführung eines Zwangsvollstreckungs-Verfahrens aufzuwendenden Kosten gehören nicht hierher. Dieselben werden als Massekosten vorzugsweise angewiesen (§§ 16 u. 54 Abs. 3 des Ges. v. 30. April 1880, Aubry u. Rau, Bd. III § 274 Anm. 8).

4. Die Einschreibung muß in allen Fällen „auf einzelne bestimmt zu bezeichnende Grundstücke“ genommen werden. Die Bezeichnung hat, soweit der thatsächliche Bestand und die Angaben im Kataster übereinstimmen, sich an die Katasterbezeichnung anzuschließen. Jedenfalls müssen die Grundstücke durch Angabe von Flächenmaß, Kulturart, Gewann und Nebenliegern so individualisirt werden, daß ihre Identität außer Zweifel steht, widrigenfalls die Einschreibung ungültig ist (vgl. Notariats-Zeitschr. l. c. S. 324).

Früher war es namentlich in Lothringen vielfach gebräuchlich, daß in notariellen Schuldverschreibungen der Schuldner an seinen sämmtlichen in bestimmten Gemeinden und Gemarkungen belegenen Gütern ein Unterpfandsrecht bestellte, ohne daß die Liegenschaften im Einzelnen bezeichnet wurden. Schon nach dem Code civil war die Gültigkeit der auf Grund solcher Hypothekarbestellungen ohne weitere Bezeichnung der Liegenschaften genommenen Einschreibungen fraglich. Nach § 9 Abs. 2 kann über die Ungültigkeit derselben kein Zweifel bestehen (vgl. Verf. O. St. v. 16. Juni 1890 Z. 12, Justiz-Samml. Bd. XV S. 187).

5. Hinsichtlich der übrigen Erfordernisse der Einschreibung vgl. Art. 2143 Z. 1—4 des Code civil und was die gesetzlichen Hypotheken anlangt, Art. 2153 Z. 1 u. 2 des Code civil sowie die §§ 11 und 17 dieses Gesetzes. Art. 2148 Z. 1 wird durch § 9 Abs. 3 dahin abgeändert, daß als erwählter Wohnsitz jeder Ort im Reiche angegeben werden kann. In der Begründung des Gesetzentwurfes wird hierzu bemerkt: „Die nach Art. 2148 Z. 1 des Code civil bei der Einschreibung erforderliche Wahl eines Wohnsitzes hat nur noch für die Zustellungen Bedeutung, welche auch durch die Post erfolgen können (vgl. § 15 Nr. 5 des Einf.-Ges. zur C.-P.-O.). Es kann daher nunmehr die wirksame Erleichterung eintreten, daß an jedem Orte im Reich Wohnsitz gewählt werden kann."

Diese Erleichterung gilt selbstverständlich auch für den Fall, daß der in dem Einschreibungsgesuche erwählte Wohnsitz geändert wird, was gemäß Art. 2152 des Code civil jederzeit zulässig ist.

Obgleich im § 9 Abs. 3 nur Art. 2148 Z. 1, nicht auch Art. 2153 Z. 1 angezogen ist, wird die Vorschrift des § 9 Abs. 3 doch auch auf die Einschreibung gesetzlicher Hypotheken Anwendung finden. Vgl. namentlich § 36, woselbst die Bestimmung des Abs. 3 auf die Erneuerung sämmtlicher dort erwähnter Einschreibungen anwendbar erklärt wird. Siehe aber bezüglich der Mündelhypotheken § 11 Abs. 3.

6. Anträge auf Einschreibung von General-Hypotheken sind von den Hypothekenbewahrern zurückzuweisen (D. Z. v. 22. März 1890).

§ 10.

Die Vorzugsrechte des Verkäufers und Darleihers (Code civil, Artikel 2103 Nr. 1 und 2, 2108) können, wenn sie nicht innerhalb 45 Tagen nach der Veräußerung wirksam gewahrt sind, nur als Hypotheken eingetragen werden.

1. Die rechtzeitige Wahrung des Vorzugsrechts des Verkäufers oder Darleihers hat zur Folge, daß der Verkäufer bezw. Darleiher allen Gläubigern vorgeht, welche ihr Recht an dem Grundstück von dem Käufer herleiten. Außerdem hat der Verkäufer nach seiner Wahl die Befugniß, den Verkauf mittels

der Auflösungsklage rückgängig zu machen. Nach Art. 6 des Ges. v. 23. März 1855 war eine Frist für die Wahrung des Vorzugsrechts nur für den Fall gesetzt, daß der Käufer das Grundstück weiterveräußerte und dieser Veräußerungsbetrag zur Ueberschreibung gelangte. Insolange dagegen der Käufer Eigenthümer blieb, konnte das Vorzugsrecht jederzeit mit den bezeichneten Rechtsfolgen gewahrt werden. Um den Mißständen, welche sich hieraus für den Hypothekar-Kredit ergaben, zu begegnen, bestimmt § 10, daß das Vorzugsrecht innerhalb 45 Tagen nach der Veräußerung gewahrt sein muß, widrigenfalls dasselbe nur noch als Hypothek eingetragen werden kann (vgl. übrigens Flandin, Bd. II Z. 1095 ff., der schon dem citirten Art. 6 die gleiche Bedeutung zumißt).

Die mit der Hypothek ausgestattete Kaufpreisforderung steht den von dem Käufer bestellten, vorher zur Einschreibung gelangten Hypotheken im Range nach. Ferner kann gemäß § 8 Abs. 1 auf Grund derselben bezw. wegen Nichterfüllung der Zahlungsverbindlichkeit die Auflösung des Kaufvertrages nicht mehr verlangt werden. Im Uebrigen ist die spätere Eintragung nur unter der Voraussetzung von hypothekarischer Wirksamkeit, daß inzwischen keine Weiterveräußerung erfolgt und überschrieben worden ist.

2. Bei Berechnung der 45tägigen Frist ist der Tag, an welchem der Veräußerungsvertrag abgeschlossen wurde, nicht zu zählen. Dies a quo non compatatur in termino. Der 45ste Tag der Frist ist auch dann in dieselbe einzurechnen, wenn er auf einen Sonntag oder gesetzlichen Feiertag fällt (Flandin, Bd. II Z. 1138, 1138 bis). Vgl. indessen in letzterer Beziehung die abweichende Bestimmung des § 200. Abs. 2 C. P. O.

3. Wie ist es, wenn das Vorzugsrecht ursprünglich gewahrt war, sodann aber Mangels rechtzeitiger Erneuerung erloschen ist? Nach früherem Rechte konnte das Vorzugsrecht auf's Neue eingetragen werden, sofern nur das Grundstück nicht weiter veräußert und der betreffende Veräußerungsvertrag überschrieben war (vgl. Urtheil des Appelhofs von Paris v. 17. Aug. 1877, D. G. 78—2—36 und Erläuterungen Z. 19). Dies ist jetzt wegen Ablaufs der Frist des § 9 nicht mehr möglich. Denn der Fall einer Mangels Erneuerung erloschenen Eintragung steht demjenigen gleich, in welchem überhaupt keine Eintragung genommen wurde. «Le défaut de renouvellement d'une inscription équi-

vaut au défaut d'inscription première et emporte les mêmes conséquences (Aubry & Rau III § 230 S. 384). Es bleibt nur das Recht auf hypothekarische Einschreibung mit dem Range vom Tage dieser Einschreibung.

Diese Folgerung wird für den Fall bestritten, daß das Vorzugsrecht mittels Ueberschreibung der Verkaufsurkunde gewahrt war. Nach der herrschenden — allerdings streitigen — Auffassung unterliegt aber auch die auf Grund der Ueberscheibung ex. officio genommenen Einschreibung der 10jährigen Erneuerung (Urtheil des Oberlandesgerichts zn Colmar vom 20. Okt. 1886, Jurist. Zeitschr. XII S. 233 u. Aubry u. Rau, Bd. III, § 220 Anm. 3), und wird in Ermangelung rechtzeitiger Erneuerung gleich jeder andern Einschreibung hinfällig. Mit andern Worten: Auch die Ueberschreibung wahrt das Vorzugsrecht nur auf die Dauer von zehn Jahren, und vermag, wenn die Offizial-Einschreibung nicht vor Ablauf dieser Frist erneuert wird, keine Wirkung mehr auszuüben (vgl. Erläuterungen Z. 29.) Nicht zutreffend erscheint jedenfalls die Ausführung in der Not. Zeitschr. Bd. IX S. 330: „aus der Rechtsprechung sei zu folgern, daß das Vorzugsrecht durch die Ueberschreibung für so lange gewahrt werde, als nicht eine Weiterveräußerung erfolgt und diese überschrieben sei". Entweder wird das Vorzugsrecht durch die Ueberschreibung und Offizial-Einschreibung nur auf 10 Jahre — wie die Rechtsprechung annimmt, — oder aber schlechthin gewahrt. Dagegen ist nicht abzusehen, wie ein gehörig gewahrtes Vorzugsrecht durch die von einem Dritten vorgenommene Veräußerung beseitigt werden kann.

Für das Gebiet des Grundbuchrechts ist der Satz, daß das Vorzugsrecht durch die Ueberschreibung gewahrt werde, aufgehoben.

4. Was die vor dem Inkrafttreten des Gesetzes begründeten Vorzugsrechte anlangt, s. § 38 Abs. 1.

5. Das Gesetz sieht die Offizial-Einschreibung nur zur Wahrung des Vorzugsrechts vor. Wenn somit mit einer Kaufpreisforderung kein Vorzugsrecht, sondern nur noch der Anspruch auf eine Hypothek verbunden ist, so ist keine amtliche Einschreibung zu nehmen.

Zu §§ 11—15 (Mündelhypothek).

Zufolge der Bestimmungen des § 9 ist die Mündelhypothek aus einer dem Betrage und dem Gegenstande nach unbestimmten allgemeinen Hypothek zu einer von der Einschreibung abhängigen, speziellen Hypothek geworden. Der Erwerber wie der Beleiher ist dadurch der Gefahr enthoben, sein Recht in Folge der Geltendmachung der ihm der Existenz oder Bedeutung nach unbekannt gebliebenen Mündelhypothek zu verlieren. Hierbei konnte aber die Gesetzgebung nicht stehen bleiben. Es mußte vielmehr einerseits, um Gefährdungen des Mündels in Folge der obigen Beschränkung seines gesetzlichen Rechtes zu verhüten, eine amtliche Fürsorge zu dem Zwecke eintreten, um die Einschreibung der Hypothek wirklich herbeizuführen, soweit dazu thatsächlich Veranlassung vorliegt. Anderseits mußte die in dem Einschreibungsprinzip enthaltene, an sich lediglich formelle Beschränkung der Hypothek in materieller Richtung ergänzt werden, um die Möglichkeit auszuschließen, daß durch zu weit gegriffene Eintragungen die Befugniß des Vormunds, über sein Vermögen zu verfügen, zum Nachtheil seines Kredits und des Rechtsverkehrs thatsächlich in derselben allgemeinen Weise eingeschränkt oder illusorisch gemacht werde, wie dies bisher die Folge der gesetzlichen allgemeinen Hypothek gewesen ist. Die Einschreibung darf also, sowohl dem Betrage als dem Gegenstande nach, nicht weiter bewirkt werden, als dies zur Sicherstellung des Mündels erforderlich ist.

Der frühere Entwurf des sogenannten Uebergangsgesetzes zum Grundbuchgesetz hatte aus vorstehenden Erwägungen in Anlehnung an die preußische Vormundschaftsordnung v. 5. Juli 1875 und das belgische Gesetz v. 16. Dez. 1851 die gesetzliche Hypothek im Sinne einer unmittelbar von Rechtswegen eintretenden Belastung fallen lassen und an deren Stelle eine gewissermaßen richterliche Hypothek gesetzt, deren Bestellung dem Familienrathe obliegen sollte. Der Entwurf eines bürgerlichen Gesetzbuchs (§ 1689) sieht gleichfalls nur vor, daß das Vormundschaftsgericht dem Vormund die Stellung einer Sicherheit auferlegen kann, deren Art und Umfang nach freiem Ermessen bestimmt wird. Nachdem durch das Vormundschaftsgesetz v. 16. Juni 1887 für die Sicherheit des beweglichen Vermögens des Mündels in ausreichender Weise Sorge getragen ist, würde es an sich nahe gelegen haben, im Anschluß an jene Vorgänge die gesetzliche Hypothek des Mündels als solche jetzt zu beseitigen. Im Hinblick jedoch auf die Befreiungen, welche nach verschiedenen Bestimmungen des Ges. v. 16. Juni 1887

(§§ 2, 5) die Eltern und Vormünder genießen, und auf die Rechtsgewohnheiten der Bevölkerung ist vorgezogen, nach dem Vorbilde des auf diesem Gebiete auch im Einzelnen als Grundlage genommenen Gesetzes für die bayrische Pfalz (Art. 5 ff.) an der gesetzlichen Hypothek festzuhalten mit der Maßgabe, daß deren Einschreibung dem Amtsgericht als Vormundschaftsgericht, und die materielle Begrenzung der Einschreibung nach dem vorhandenen Bedürfniß dem Familienrathe obliegt (M.).

§ 11.

Die gesetzliche Hypothek des Mündels wird auf Ersuchen des für die Vormundschaft zuständigen Amtsgerichts eingeschrieben.

Die Einschreibung erfolgt, vorbehaltlich der Bestimmungen des § 9 Absatz 2, nach Maßgabe des Artikels 2153 des Code civil.

Als erwählter Wohnsitz soll die Gerichtsschreiberei des Amtsgerichts angegeben werden.

Die Kosten der Einschreibung sind von dem Mündel zu tragen.

1. Die Einschreibung der Mündelhypothek wird von Amtswegen von dem für die Vormundschaft zuständigen Amtsgericht herbeigeführt, nachdem darüber, ob und inwieweit Einschreibung genommen werden soll, Bestimmung getroffen ist (§ 12). Die Vorschriften des Code civil, gemäß welchen bestimmte Personen verpflichtet bezw. berechtigt waren, die Einschreibung der Mündelhypothek zu beantragen, sind aufgehoben. Die hierauf bezüglichen Artt. 2137, 2138 des Code civil sind ausdrücklich beseitigt (vgl. § 41).

2. Geht das Ersuchen an das Hypothekenamt, so ist gemäß Art. 2153 des Code civil in Verbindung mit § 9 Abs. 2 u. § 11 Abs. 2 dieses Gesetzes ein Gesuch in zwei gleichlautenden Exemplaren einzureichen, welches enthalten muß:

a) Namen und Vornamen, Zeit der Geburt und Wohnsitz des Mündels, sowie Erwählung des Wohnsitzes für denselben auf der Gerichtsschreiberei des ersuchenden Amtsgerichts,

b) Namen und Vornamen, Gewerbe und Wohnsitz des Vormundes,

c) die Angabe, daß die Einschreibung zur Sicherung der etwaigen Ansprüche des Mündels aus der Vormundschaftsverwaltung nachgesucht wird,

d) die Angabe eines bestimmten, fest zu veranschlagenden Betrags an Haupt- und Nebenforderungen, für welche die Einschreibung nachgesucht wird,

e) die Angabe der einzelnen, bestimmt zu bezeichnenden Grundstücke des Vormundes, auf welche die Einschreibung nachgesucht wird.

Für mehrere Mündel, die unter derselben Vormundschaft stehen, bedarf es nur eines Gesuchs, in welchem jedoch, wenn jeder der Mündel ein bereits von dem der anderen ausgeschiedenes Vermögen besitzt, solches nach Vorschrift d anzugeben ist. Ergehen mehrere Ersuchschreiben, so ist dafür zu sorgen, daß die Einschreibungen denselben Rang bekommen.

Das nach der Einschreibung vom Hypothekenamte zurückgegebene Exemplar ist zu den Vormundschaftsakten zu nehmen. (Z. 6 der Minist. Verf. v. 5. Jan. 1890, Justiz-Samml. Bd. XV S. 1 ff.).

Dem Ersuchen des Amtsgerichts braucht der Beschluß des Familienraths über den Geldbetrag und die Grundstücke, auf welche die Einschreibung sich beziehen soll, nicht beigefügt zu werden. Nicht dieser Beschluß, sondern das Gesetz bildet den Titel der Hypothek (vgl. Stern, S. 14).

3. Hinsichtlich der Eintragung in das Grundbuch vgl. § 22 des Ges. betr. die Einrichtung von Grundbüchern.

4. Die Vorschrift, daß „als erwählter Wohnsitz“ die Gerichtsschreiberei des Amtsgerichts angegeben werden soll, ist, wie aus der Fassung erhellt, nur instruktionell; die Wahl eines anderen Wohnsitzes ist somit für die Gültigkeit der Einschreibung ohne Belang. Die Einschreibung ist selbst dann gültig, wenn die Wahl eines Wohnsitzes ganz versäumt worden ist; denn die Angabe des Wohnsitzes ist nicht in dem Sinne wesentlich, daß sie durch die Grundsätze der Publizität und Spezialität, welche jetzt auch für die Mündelhypothek gelten, nothwendig bedingt sei. Nach der Rechtsprechung des franz. Kassationshofs

(Urtheil der Chambres réunies v. 14. Jan. 1863, D. P. 1863, 1, 101) hat in solchem Falle der in dem Einschreibungsgesuche bezeichnete wirkliche Wohnsitz des Mündels als „erwählter Wohnsitz" zu gelten, sofern derselbe nur innerhalb des Bezirks, in welchem Wohnsitz gewählt werden kann, also jetzt im Gebiete des Reichs, gelegen ist (A. A. Aubry u. Rau, Bd. III. § 276 Anm. 21).

5. Zu § 9 Abs. 4 vgl. § 2 Schlußabsatz des Ges. betr. die Hypothekengebühren und § 3 Abs. 3 des Ges., betr. die Kosten in Grundbuchsachen.

§ 12.

Die Bestimmung des in der Einschreibung anzugebenden Geldbetrags und der Grundstücke, auf welche die Einschreibung erwirkt werden soll, liegt dem Familienrath ob, welcher zur Beschlußfassung hierüber durch den Amtsrichter von Amtswegen oder auf Antrag zusammenberufen wird. Zu dem Antrag sind berechtigt der Gegenvormund, die Verwandten, Verschwägerten und Gläubiger des Mündels, sowie die Staatsanwaltschaft bei dem Landgericht. Dem Vormund ist Gelegenheit zur Erklärung zu geben.

Kann die Bestimmung durch den Familienrath nicht ohne eine das Interesse des Mündels gefährdende Verzögerung erfolgen, so hat der Amtsrichter sie einstweilen selbst zu treffen. Der Anhörung des Vormunds bedarf es in diesem Falle nicht.

Die Bürgermeister sind verpflichtet, dem Amtsgericht auf Erfordern Aufschluß über den ortsbekannten Grundbesitz des Vormunds zu geben.

1. Die Bestimmung des Geldbetrags der Mündelforderung und der Grundstücke, auf welche die Einschreibung erwirkt werden soll, ist in der Regel Aufgabe des Familienraths. Gewöhnlich wird die fragliche Bestimmung mit der Ernennung

des Vormunds oder Gegenvormunds zu verbinden sein. Wo das nicht möglich ist, hat der Amtsrichter den Familienrath von Amtswegen besonders zu berufen, es sei denn, daß die in Betracht kommenden Verhältnisse ihm vollständig bekannt sind und nach seinem pflichtmäßigen Ermessen für den Familienrath keine Veranlassung bestehen kann, die Einschreibung der Mündelhypothek zu beschließen (Minist. Verf. v. 5. Jan. 1890 Z. 1).

2. Der Amtsrichter ist verpflichtet, vor dem Zusammentritt des Familienraths die Vermögenslage des Mündels und Vormunds aufzuklären. In dieser Richtung bestimmt Z. 2 der Minist. Verf. v. 5. Jan. 1890:

„Liegen die für die Beschlußfassung erforderlichen Unterlagen nicht in ausreichender Weise vor, so hat der Amtsrichter für rechtzeitige Beschaffung derselben Sorge zu tragen. Insbesondere ist zu ermitteln:

a) wie hoch sich das bewegliche Vermögen des Mündels beläuft, soweit dasselbe nicht der Verfügungsgewalt des Vormundes entzogen ist. Vgl. § 3 Z. 1 des Ges., betreffend die Vormundschaften, v. 16. Juni 1887.

Als Grundlage für diese Ermittelung werden in erster Reihe die bei den Vormundschaftsakten befindlichen privatschriftlichen Vermögensverzeichnisse oder Inventarauszüge dienen können.

Sollte aus den Vormundschaftsakten der nöthige Aufschluß nicht zu gewinnen sein, oder bei einer neu eröffneten Vormundschaft die Herstellung des Inventars sich zu sehr verzögern, so ist das bewegliche Vermögen des Mündels, dessen Sicherung in Frage steht, durch Vernehmung des Vormundes, des Gegenvormundes und der Familienangehörigen, oder auch durch Anfrage bei dem mit der Aufnahme des Inventars beauftragten Notar festzustellen.

b) wie viel unbelastetes bezw. noch belastungsfähiges Grundeigenthum dem Vormunde gehört.

Um dies festzustellen, wird in der Regel eine eingehende Erkundigung bei dem Vormunde selbst und den Mitgliedern des Familienraths genügen. Ist auf diese Weise eine zur Einschreibung genügende Bezeichnung der Grundstücke nicht zu erreichen, so wird es sich empfehlen, daß die Amtsrichter bei dem Bürgermeister des Wohnsitzes des Vormundes Katasterauszüge über die Zahl und den Werth der Grundstücke desselben erheben, auch über den gesammten Vermögensbestand des Vormundes und über den Grundbesitz außerhalb der Gemeinde nachfragen. Die Bürgermeister sind zur Auskunftsertheilung verpflichtet.

Sollten diese Auskunftsertheilungen nicht genügen, so ist die Erhebung eines Auszugs aus dem Ueberschreibungsregister angezeigt. Zur Feststellung der gegen den Vormund bereits bestehenden Einschreibungen wird regelmäßig die Beschaffung eines Hypothekenbuchauszugs für die letzten 10 Jahre nothwendig sein."

Insoweit Grundbücher eingerichtet sind, genügt die Einsichtnahme derselben.

Die von dem Direktor der direkten Steuern und von den Bürgermeistern auf Erfordern der Amtsgerichte über das Grundeigenthum von Mündeln und Vormündern zu ertheilenden Katasterauszüge (A Nr. 1 bis 4 des Gebührentarifs v. 3. Juli 1886, Z. A. Bl. Nr. 31 Beilage S. XI.) sind gebührenfrei abzugeben (Minist. Verf. v. 15. Juli 1890, Z. A. Bl. 1890 S. 213).

3. Wenn die Bestimmung durch den Familienrath nicht ohne eine die Interessen des Mündels gefährdende Verzögerung erfolgeu kann, so hat der Amtsrichter diese Bestimmung einstweilen selbst zu treffen. Dieselbe ist aktenmäßig zu machen (vgl. Z. 5 der Minist. Verf. v. 5. Jan. 1890).

Die Festsetzung durch den Amtsrichter ist nur eine einstweilige d. h. sie bleibt nur so lange bestehen, bis sie durch einen Beschluß des Familienraths, der nöthigenfalls von Amtswegen herbeizuführen ist, bestätigt oder ersetzt wird. Anderseits ist nur diese Festsetzung, nicht auch die auf Grund derselben genommenen Einschreibung eine einstweilige. Letztere braucht daher, wenn und insoweit der Familienrath an jener Festsetzung nichts ändert, nicht wiederholt zu werden (vgl. Minst. Verf. v. 5. Jan. 1890 I B).

Ob die Voraussetzungen zu einer einstweiligen Bestimmung vorliegen, unterliegt ausschließlich dem pflichtmäßigen Ermessen des Amtsrichters (vgl. den analogen Fall im § 822 C. P. O.) Ein Rechtsmittel ist gegen den Beschuß des Amtsrichters nicht eröffnet. Dem Vormunde, welcher sich durch die Einschreibung beschwert erachtet, erübrigt nur, auf beschleunigte Beschlußfassung durch den Familienrath hinzuwirken. Hinsichtlich des Rechtsmittels gegen den Familienrathsbeschluß vgl. § 14.

§ 13.

Der in der Einschreibung anzugebende Geldbetrag ist so zu bestimmen, daß er das bewegliche Vermögen des Mündels, soweit nicht die Verfügung des Vormunds nach § 6 Absatz 1 Nr. 1 des Vormundschaftsgesetzes vom 16. Juni 1887 (Gesetzblatt Seite 49) beschränkt ist, deckt und überdies für etwaige anderweitige, voraussehbare Haftungen des Vormunds angemessene Sicherheit gewährt. Die Einschreibung ist soweit zu erwirken, als sie erforderlich ist, um diesen Geldbetrag ausreichend zu sichern.

Der Familienrath kann anordnen, daß die Erwirkung der Einschreibung unterbleibt, wenn und so lange daraus nach Lage der Verhältnisse eine Benachtheiligung des Mündels nicht zu erwarten steht.

Die gleiche Anordnung ist zu erlassen, wenn der Vormund durch Hinterlegung von Werthpapieren der im § 1 des Vormundschaftsgesetzes bezeichneten Art ausreichende Sicherheit leistet.

Erweist sich die bewirkte Einschreibung dem Betrag oder dem Gegenstande nach als unzureichend, so ist den Vorschriften der §§ 11, 12 gemäß eine weitere Einschreibung zn erwirken. Uebersteigt sie nach der einen oder anderen Richtung das im Absatz 1 bestimmte Maß, so ist sie auf Antrag des Vormunds auf dieses Maß zu beschränken; der Gegenvormund ist zum Familienrath als stimmberechtigtes Mitglied zuzuziehen. Der Beschluß, durch welchen dem Antrage auf Beschränkung stattgegeben wird, ist mit Gründen zu versehen und bedarf der Bestätigung durch das Landgericht.

Das durch die §§ 12, 13 vorgesehene Verfahren ist frei von Staatsgebühren.

1. Zu Abs. 1, 2 u. 3 geben Z. 3 u. 4 der Minist.-Verf. v. 5. Januar 1890 folgende Erläuterungen:

3. „Für die Beschlußfassung des Familienraths, ob eine Einschreibung zu erwirken sei, ergiebt sich der maßgebende Gesichtspunkt aus § 13 Abs. 1 des Ges. Die Einschreibung ist soweit zu erwirken, als sie erforderlich ist, um den nach dieser Gesetzesstelle zu bestimmenden Geldbetrag ausreichend zu sichern. Zu beachten sind dabei folgende Fälle:

a) Der Familienrath kann anordnen, daß die Erwirkung der Einschreibung unterbleibe, wenn und solange daraus nach Lage der Verhältnisse eine Benachtheiligung des Mündels nicht zu erwarten steht (§ 13 Abs. 2 des Ges.). Diese Anordnung wird hauptsächlich dann angezeigt sein, wenn der Mündel überhaupt kein oder nur ein geringfügiges Mobiliarvermögen besitzt oder wenn das Mobiliarvermögen nach der Art seiner Anlage der Verfügung des Vormundes ganz oder bis zu einem geringfügigen Theil entzogen ist. Nur ausnahmsweise wird sie auch in dem Fall erfolgen können, wenn die Persönlichkeit und die Vermögenslage des Vormundes die volle Sicherheit des Mündels gewähren. Aendern sich jedoch die Verhältnisse und erscheint das Vermögen des Mündels gefährdet, so hat der Amtsrichter, sowie er hiervon Kenntniß erhält, von Amts-wegen das Erforderliche zu veranlassen.

b) Der Familienrath muß anordnen, daß die Erwirkung der Einschreibung unterbleibe, wenn der Vormund durch Hinterlegung von Werthpapieren der im § 1 des Ges. v. 16. Juni 1887 bezeichneten Art ausreichende Sicherheit gewährt.

Der Hinterlegungsschein ist gegebenen Falls, sofern nicht die Aushändigung an den Gegenvormund für zweckmäßig erachtet wird, in einem in die Vormundschaftsakten zu heftenden festen Umschlage aufzubewahren.

c) Daß eine Einschreibung nicht zu erwirken ist, wenn es an einem unterpfandsfähigen Grundstücke oder an einem zu sichernden Anspruche völlig fehlt, versteht sich von selbst (s. die Motive zu § 13 des Ges.).

Dagegen giebt der Umstand, daß der Grundbesitz des Vormundes bereits bis zum vollen Werthe belastet ist, keinen Grund ab, von der Einschreibung der Mündelhypothek Umgang zu nehmen, da es möglich ist, daß die letztere durch den Wegfall der vorhergehenden Belastungen Sicherheit erhält. In diesem Falle ist besonders darauf zu achten, daß die Einschreibung auf solche Grundstücke ausgedehnt werde, welche der Vormund etwa nachträglich erwirbt. Der Gegenvormund ist behufs der hierzu erforderlichen Anzeige geeignet zu belehren.

Z. 4. Der Familienrath bestimmt den Geldbetrag, für welchen und die Grundstücke, auf welche die Einschreibung erwirkt werden soll, — beides nachdem der Vormund Gelegenheit erhalten hat, sich zu erklären (§ 12 Abs. 1 des Ges.).

a) Der Geldbetrag ist so zu bestimmen, daß er das bewegliche Vermögen des Mündels, soweit nicht die Verfügung des Vormundes nach § 6 Abs. 1 Z. 1 des Ges. v. 16. Juni 1887 beschränkt ist, deckt und außerdem für etwaige anderweitige voraussehbare Haftungen des Vormunds, insbesondere auch für die Kosten einer etwa nöthig werdenden Geltendmachung der Hypothek, angemessene Sicherheit gewährt. Neben dem Werthe des derzeitigen beweglichen, der unbeschränkten Verfügung des Vormundes überlassenen Vermögens sind z. B. auch die Summen zu berücksichtigen, welche bei einer regelmäßigen Verwaltung des Mündelvermögens voraussichtlich in die Hände des Vormundes gelangen und weder zum Unterhalt und zur Erziehung des Mündels nöthig sind noch den Eltern kraft ihres gesetzlichen Nutzungsrechtes zustehen. Falls der Vormund zur Einreichung eines jährlichen Vermögensverzeichnisses verpflichtet ist, genügt unter der Voraussetzung, daß alsbald für eine solche Anlage der vorgedachten Summen Sorge getragen wird, welche die letzteren vor einem künftigen Zugriff des Vormundes sicherstellt (z. B. durch Ankauf von Grund und Boden oder in der durch § 3 Z. 1 des Ges. v. 16. Juni 1887 bezeichneten Weise), in der Regel die Einrechnung des einjährigen Jahresüberschusses in den sicher zu stellenden Geldbetrag. Auch sind die Beträge oder Werthe aller auf den Inhaber oder Namen lautenden Werthpapiere in diesen Geldbetrag einzurechnen, wenn nicht die Papiere, gleichviel ob auf Anordnung des Familienraths oder freiwillig, bei der Depositenverwaltung oder Reichsbank hinterlegt sind (§ 3 Z. 1, § 6 Z. 1 des Ges. v. 16. Juni 1887).*

b) Der Einschreibung sind soviele Grundstücke des Vormundes zu unterziehen, als nöthig sind, um den vorbezeichneten Geldbetrag ausreichend zu sichern. Dabei ist außer dem Werthe der Grundstücke namentlich auch deren etwa schon bestehende Belastung zu berücksichtigen. Zur Vermeidung einer Verlustgefahr für den Mündel wird jedoch, falls der Vormund den erforderlichen Grundbesitz hat, darauf zu achten sein, daß die Mündelhypothek einschließlich der allenfalls vorgehenden Einschreibungen den Werth der Liegenschaften nur bis zu $^2/_3$ erschöpft.

Ist die Mutter-Vormünderin wieder verheirathet, so bedarf es auch der Prüfung, ob und inwieweit wegen der sammtverbindlichen Haftung des neuen Ehemannes als Mitvormundes auf dessen Grundstücke Einschreibung zu erwirken ist . . . .

2. Die Grundstücke des Vormunds, auf welche keine Einschreibung für die Mündelhypothek genommen ist, werden von dieser letzteren als eines gesetzlichen Titels zur Hypothek nicht frei, und können auf Grund desselben noch durch weitere Einschreibungen belastet werden. Eine solche Ausdehnung muß erfolgen, wenn die bestellte Sicherheit sich als nicht genügend erweist, sei es weil die Voraussetzungen, von welchen hinsichtlich des Grundeigenthums des Vormunds ausgegangen wurde, als irrthümlich erkannt werden, sei es weil in den Vermögensverhältnissen des Mündels oder in der Art der Verwaltung des Mündelvermögens eine nicht vorausgesehene

---

* Die angezogenen Bestimmungen lauten:

§ 3. Der Familienrath kann zur Sicherung des Mündelvermögens anordnen:

1. Daß auf den Inhaber lautende Werthpapiere bei der Depositenverwaltung oder Reichsbank hinterlegt oder, soweit thunlich, in Papiere auf den Namen umgewandelt werden.

§ 6. Der Vormund bedarf der Genehmigung des Familienraths:

1. Zur Zurücknahme der auf den Namen des Mündels oder seines Rechtsvorgängers bei der Depositenverwaltung oder Reichsbank hinterlegten Werthpapiere.

Aenderung eintritt. Hinsichtlich des Verfahrens greifen die Vorschriften der §§ 11 u. 12 Platz. Insbesondere hat der Amtsrichter, sobald er von der veränderten Sachlage aus Theilungsverhandlungen, Familienrathsbeschlüssen über Ermächtigung zur Annahme von Schenkungen oder Erbanfällen p. p. Kenntniß erhält, von Amtswegen auf die Ausdehnung hinzuwirken und in dringenden Fällen einstweilig die erforderliche Bestimmung zu treffen.

Die Ausdehnung der Hypothek erfolgt durch Einschreibung einer neuen, auf den Mehrbetrag gerichteten Hypothek, neben welcher die alte Einschreibung mit ihrer durch ihr Datum bestimmten Wirkung aufrecht erhalten bleibt (Z. 7 der Minist. Verf. v. 5. Januar 1890).

3. Nach dem Rechte des Code civil bedurfte es zur Beschränkung der gesetzlichen Hypothek des Mündels der auf dem Civilprozeßwege durchzuführenden Klage des Vormunds gegen den Gegenvormund. Ferner konnte der Vormund nur in Ansehung der mit der Hypothek belasteten Güter, nicht auch in Ansehung der Höhe der durch die Hypothek gesicherten Ansprüche eine Beschränkung beantragen (Code civil Art. 2143). Nach beiden Richtungen änderte schon § 9 des Ges. v. 16. Juni 1887, indem er die Angelegenheit der nicht streitigen Rechtspflege zuwies und dem Familienrathe unter Zustimmung der obervormundschaftlichen Behörde die Befugniß einräumte, den Forderungsbetrag der Hypothek auf ein geringeres Maß zurückzuführen. Die gleichen Bestimmungen enthält § 13 Abs. 4, wodurch der in § 41 dieses Ges. aufgehobene § 9 des Vormundschafts-Gesetzes ersetzt wird.

Die besondern Formen, welchen die Beschränkung einer Mündelhypothek unterliegt, — namentlich also die landgerichtliche Bestätigung, vgl. aber auch § 14 Z. 3 — haben nur einzutreten, wenn die Einschreibung der Hypothek auf vorheriger Festsetzung durch den Familienrath beruht. Dieselben greifen nicht Platz, wenn die Einschreibung auf Grund einer einstweiligen Festsetzung des Amtsrichters genommen worden ist und Seitens des Familienraths gelegentlich der von ihm vorzunehmenden definitiven Festsetzung eine Beschränkung der amtsrichterlichen Maßnahmen beschlossen wird.

Eine Beschränkung der Mündelhypothek liegt im Uebrigen stets vor, wenn eines der verhafteten Grundstücke aus dem hypothekarischen Nexus entlassen wird. Unerheblich erscheint, ob das entlassene Grundstück durch ein anderes gleichwerthiges ersetzt wird. Wollte man in diesem Falle von der gerichtlichen Bestätigung absehen und die Entscheidung über die Gleichwerthigkeit der ausgetauschten Grundstücke ausschließlich dem Familienrathe überlassen, so würde der Zweck der gesetzlichen Bestimmung, die Sicherstellung des Mündels gegen die Nachgiebigkeit des der Beeinflussung Seitens des Vormunds ausgesetzten Familienraths, leicht vereitelt werden (vgl. Stern, S. 22).

Ist die Vormundschaft aufgehoben, so kann eine Beschränkung der eingeschriebenen Hypothek, wenn der ehemalige Mündel die verlangte Minderung oder Löschung verweigert, nur gemäß Artt. 2161, 2162 des Code civil, also auf dem Prozeßwege herbeigeführt werden.

4. Der § 13 Abs. 4 spricht nur von einer „Beschränkung" der Mündelhypothek. Es wird indessen anzunehmen sein, daß der Familienrath, gleichwie derselbe die Anordnung treffen kann, daß von Eintragung einer Hypothek abzusehen sei, auch vorbehaltlich der Bestätigung seines Beschlusses durch das Landgericht befugt ist, die Löschung der ganzen Hypothek anzuordnen. Daß dies der Absicht des Gesetzes entspricht, möchte sich auch aus der allgemeinen Fassung von § 13 Abs. 2 und 3 ergeben.

5. Im Verfahren vor dem Landgericht ist die Staatsanwaltschaft nach Maßgabe des Art. 83 des Code de procédure civile zur Antragstellung berufen (vgl. Z. 2 der Verf. des O. St. v. 22. Dez. 1890, Justiz-Samml. Bd. XV S. 399).

6. Zufolge der Bestimmung des Schlußabsatzes sind namentlich die betr. Familienrathsbeschlüsse stempel- und registrirungsfrei und brauchen somit auch nicht in das Repertorium eingetragen zu werden. Die Gebührenfreiheit betrifft auch die Emolumente (Geschäftsgebühren der Gerichtsschreiber), aber nicht die Auslagen des Verfahrens; noch auch die in Folge der Eintragung oder Löschung der Mündelhypothek geschuldeten Hypothengebühren bezw. Grundbuchgebühren. (Vgl. Minist. Verf. v. 18. März 1890, Justiz-Samml. Bd. XV S. 63 und §§ 11 Abs. 1, 14 Abs. 2 dieses Gesetzes.

§ 14.

Hinsichtlich der Anfechtung der ergehenden Familienraths-beschlüsse finden die allgemeinen Vorschriften mit folgenden Maßgaben Anwendung:

1. Zur Einlegung der Beschwerde ist auch der Antragsteller (§ 12 Absatz 1) befugt.
2. Das Beschwerdegericht entscheidet auf schriftliche Aeußerung der Staatsanwaltschaft.
3. Die Beschwerde gegen den Beschluß, durch welchen dem Antrage des Vormunds auf Beschränkung der Einschreibuug (§ 13 Absatz 4) stattgegeben wird, ist innerhalb einer Nothfrist von zwei Wochen, welche mit der Zustellung der landgerichtlichen Bestätigung beginnt, einzulegen. Der Beschluß ist erst vollziehbar, wenn er nicht mehr durch Beschwerde anfechtbar oder die erhobene Beschwerde abgewiesen ist.

Die Löschung der Einschreibung erfolgt auf Ersuchen des Amtsgerichts. Die Kosten derselben sind von dem Mündel zu tragen.

1. Die allgemeinen Vorschriften über die Anfechtung von Familienrathsbeschlüssen sind in den §§ 13 und 16 des Ges. v. 16. Juni 1887, betreffend die Vormundschaften, enthalten, welche wie folgt lauten:

§. 13. Die Anfechtung von Familienrathsbeschlüssen geschieht, vorbehaltlich der Bestimmung in § 14* durch Beschwerde, über welche, wenn gerichtliche Bestätigung des Beschlusses entweder nicht erforderlich oder vom Amtsgerichte ertheilt ist, das Landgericht, wenn die Bestätigung durch das Landgericht erfolgt ist, das Oberlandesgericht entscheidet.

* § 14 betrifft die Anfechtung eines die Absetzung des Vormundes aussprechenden Beschlusses

Gegen die in der Beschwerdeinstanz ergangenen Entscheidungen des Landgerichts findet weitere Beschwerde an das Oberlandesgericht statt.

Zur Einlegung der Beschwerde sind der Vormund, der Gegenvormund, der Kurator und die Familienrathsmitglieder befugt.

§ 16. Auf die Beschwerde und bezw. die weitere Beschwerde in den Fällen der §§ 12, 13, 15 dieses Gesetzes und des § 14 des Ges. v. 1 Dez. 1873 finden die Vorschriften der §§ 14 und 15 des Ges. v. 10. Mai 1886 (Gesetzbl. S. 61) Anwendung.

Die angezogenen §§ 14 und 15 des Ges. v. 10. Mai 1886 haben folgenden Wortlaut:

§ 14. Gegen die Entscheidungen des Amtsgerichts steht an Stelle der nach dem bisherigen Rechte zulässigen Rechtsmittel den Betheiligten die Beschwerde an das Landgericht zu, gegen die Entscheidungen des Beschwerdegerichts die weitere Beschwerde an das Oberlandesgericht. Der Abs. 3 des § 13 dieses Ges., sowie die § 532—538 der Civilprozeßordnung finden, soweit nachstehend nicht anderweite Bestimmung getroffen ist, entsprechende Anwendung.

§ 15. Die weitere Beschwerde kann nur darauf gegründet werden, daß die Entscheidung auf einer Verletzung des Gesetzes beruhe. Die §§ 512 und 513 Nr. 1—5 der Civilprozeßordnung finden entsprechende Anwendung.

Die weitere Beschwerde ist an eine Nothfrist von einem Monat gebunden, welche mit der Verkündung oder Aushändigung der Entscheidung beginnt.

Die Beschwerdeschrift muß die Bezeichnung der verletzten Rechtsnorm enthalten; eine irrige Bezeichnung der letzteren ist unschädlich.

Das Landgericht ist zu einer Aenderung seiner durch weitere Beschwerde angegriffenen Entscheidung nicht befugt.

2. Der Antragsteller ist zur Einlegung der Beschwerde auch dann befugt, wenn er nicht Mitglied des Familienraths war. Fraglich ist, ob der Amtsrichter zur Anfechtung eines unter seinem Vorsitz erlassenen Familienrathsbeschlusses zuzulassen ist. Derselbe ist, wenn er den Familienrath von Amtswegen berufen hat, deßwegen nicht „Antragsteller.“ Im § 12 Abs. 1 wird

vielmehr die Berufung von Amtswegen derjenigen auf Antrag gegenüber gestellt. Die Berechtigung des Amtsrichters zur Anfechtung könnte somit nur auf seine Eigenschaft als Mitglied des Familienraths gestützt werden. Nun lassen aber die gesetzgeberischen Verhandlungen zu § 13 Abs. 2 des Ges. v. 16. Juni 1887 — sowohl die Begründung der Regierungsvorlage als der Kommissionsbericht — keinen Zweifel darüber, daß mit der Bestimmung des § 13 Abs. 2 keine Aenderung des früheren Rechts, sondern nur eine Wiederholung der entsprechenden Vorschrift des Art. 883 code de procédure civile beabsichtigt war, welch' letztere unter den: «membres de l'assemblée» wie allgemein angenommen wird, den Friedensrichter nicht begreift. (Aubry u. Rau Bd. I § 96 Anm. 4.) Die Auffassung, daß § 13 Abs. 2 in gleicher Weise auszulegen ist, wird ferner durch die Vorschrift des § 16 Abs. 2 unterstützt, derzufolge „der Amtsrichter eine Beschlußfassung des Familienraths darüber, ob der Beschwerde abzuhelfen (§ 534 P. O.) nur dann zu veranlassen hat, wenn der angefochtene Familienrathsbeschluß entweder der Bestätigung nicht unterworfen oder vom Amtsrichter bestätigt ist und der letztere im einen oder andern Falle die Beschwerde für begründet erachtet." Diese Bestimmung beruht offenbar auf der Voraussetzung, daß die Beschwerde gegen den Beschluß nur von andern Personen als dem Amtsrichter eingelegt werden kann. Denn welchen Zweck sollte es haben, den Familienrath, der sich schon gegen die Auffassung des Amtsrichters entschieden hat, zur Beschlußfassung darüber, ob der von dem Amtsrichter eingelegten Beschwerde abzuhelfen sei, zusammenzuberufen?

3. Zur Einlegung der Beschwerde ist nur für den Fall eine Nothfrist gesetzt, daß dem Antrage auf Beschränkung der Hypothek stattgegeben wird. Die Beschwerde des Vormunds gegen den seinen Antrag ablehnenden Beschluß oder gegen den die Bestätignng ablehnenden Beschluß des Landgerichts ist an keine Nothfrist gebunden.

Der Lauf der Nothfrist beginnt mit der Zustellung der landgerichtlichen Bestätigung (§ 14 Z. 3). In Ansehung nicht verkündeter Entscheidungen genügt somit nicht die in § 12 Abs. 3 des Ges. v. 16. Juni 1887 als Regel vorgesehene Aushändigung, sondern das Landgericht hat die Zustellung derselben anzuordnen. Die Zustellung erfolgt an alle diejenigen Mitglieder des Familienraths, gegen deren Stimme der Beschluß gefaßt ist (§ 12 Abs. 2 u. 3 des Ges. v. 16. Juni 1887).

4. Dem Ersuchen des Landgerichts um Minderung oder Löschung braucht der Familienrathsbeschluß und bezw. die landgerichtliche Entscheidung, durch welche jener Beschluß bestätigt wird, nicht beigefügt zu werden.

§ 15.

Nach Beendigung der Vormundschaft kann der gewesene Mündel die Einschreibung seiner gesetzlichen Hypothek, soweit sie nicht bereits auf Ersuchen des Amtsgerichts (§ 11) erfolgt ist, für den von ihm bezeichneten Geldbetrag und auf die von ihm bezeichneten Grundstücke erwirken. Die Bestimmungen des § 13 Absatz 1, 3, 4 finden entsprechende Anwendung.

Erfolgt die Einschreibung (Absatz 1) nicht innerhalb eines Jahres nach Beendigung der Vormundschaft, so erlischt die Hypothek.

1. Hat die Vormundschaft dadurch, daß der Mündel großjährig und handlungsfähig geworden ist, das Ende erreicht, so ist der ehemalige Mündel während der Dauer eines Jahres noch befugt, die Eintragung der gesetzlichen Hypothek zu erwirken. Er ist während des nämlichen Zeitraums auch noch berechtigt, die Erweiterung der schon eingetragenen Hypothek zu beantragen. Hinsichtlich des hierbei zu beobachtenden Maßes kommt § 13 zur Anwendung. Zu beachten ist aber, daß mit Beendigung der Vormundschaft die Mündelhypothek aufhört, eine Kautionshypothek zu sein, weshalb alsdann nur noch für die zur Zeit der Beendigung der Vormundschaft bereits entstandenen, eventuell zu veranschlagenden Ansprüche, dagegen nicht mehr für „etwaige voraussehbare Haftungen" Einschreibung genommen werden kann (vgl. Stern, S. 25).

Wird das in § 13 Abs. 1 bezeichnete Maß überschritten, so kann der frühere Vormund die Beschränkung der Einschreibung im Rechtswege d. h. auf dem Wege des Civilprozesses herbeiführen; in gleicher Weise sind Streitigkeiten über den im § 13, Abs. 3 anerkannten Anspruch des ehemaligen Vormunds auf Unterlassnng der Einschreibung auszutragen (M).

2. Damit der ehemalige Vormund oder dessen Erben nicht während einer unbestimmten Zeit durch nachträglich bewirkte Einschreibungen für angebliche Ansprüche des früheren Mündels in der Verfügung über ihre Grundstücke gehemmt werden, bestimmt § 15 Abs. 2, in Verschärfung des Art. 8 des Ueberschreibungsges. v. 23. März 1855, das Erlöschen der Hypothek für den Fall, daß die Einschreibung nicht innerhalb eines Jahres nach Beendigung der Vormundschaft erfolgt ist. Es kann billigerweise erwartet werden, daß innerhalb dieser Frist die etwa noch erforderliche Sicherheit in Anspruch genommen wird (M).

Nach Art. 8 des Ueberschreibungsges. v. 23. März 1855 konnte auch nach Ablauf eines Jahres noch Einschreibung genommen werden. Die Einschreibung ging aber den vorher genommenen Einschreibungen nach. Jetzt hat jede Einschreibung der Mündelhypothek Rang vom Tage der Einschreibung und ist wirkungslos, wenn sie nach Ablauf eines Jahres nach Beendigung der Vormundschaft genommen wird.

3. Das Gesetz hat seinem Wortlaute nach nur den Fall im Auge, daß die Vormundschaft in Folge der Großjährigkeit des Mündels beendet ist. Die angeführten Bestimmungen gelten aber auch für den Fall, daß der Mündel gestorben ist. Die Jahresfrist läuft alsdann zu Gunsten der Erben.

4. Ueber die Nothwendigkeit der Erneuerung der in das Grundbuch eingetragenen Mündelhypotheken vgl. § 8 des Ges., betr. die Einrichtung von Grundbüchern.

§ 16.

Die Bestellung der Hypothek an Liegenschaften des vorläufigen Verwalters auf Grund des Artikels 34 des Gesetzes über die Geisteskranken vom 30. Juni 1838 (Bull. des lois IXe sér. n° 7443) erfolgt für eine bestimmte Summe und auf bestimmte Grundstücke durch Beschluß des Amtsgerichts, in dessen Bezirk der Geisteskranke seinen Wohnsitz hat. Die §§ 11 bis 13 finden entsprechende Anwendung.

Die Beschlüsse des Amtsgerichts ergehen auf schriftliche Aeußerung der Staatsanwaltschaft bei dem Landgericht und sind der letzteren zuzustellen.

Gegen die Beschlüsse findet die Beschwerde in Gemäßheit der §§ 14 und 15 des Gesetzes vom 10. Mai 1886 (Gesetzblatt Seite 61) statt; zur Erhebung derselben ist auch die Staatsanwaltschaft befugt.

Die Beschwerde gegen den Beschluß des Amtsgerichts, durch welchen dem Antrage des vorläufigen Verwalters auf Beschränkung der bestellten Hypothek stattgegeben wird, ist innerhalb einer Nothfrist von zwei Wochen, welche mit der Zustellung beginnt, einzulegen. Der Beschluß des Amtsgerichts, bezw. die bestätigende Entscheidung des Beschwerdegerichts werden erst vollziehbar, wenn sie nicht mehr durch Beschwerde anfechtbar sind.

Die Vorschriften des § 14 Absatz 1 Nr. 2 und Absatz 2 dieses Gesetzes finden entsprechende Anwendung.

1. Nach Art. 34 des Ges. über die Geisteskranken vom 30. Juni 1838 kann das Landgericht, welches den im Art. 32 daselbst erwähnten einstweiligen Verwalter ernennt, auf Anstehen der betheiligten Parteien oder der Staatsanwaltschaft bei dem Landgerichte die Liegenschaften des Verwalters mit einer allgemeinen oder besonderen Hypothek bis zur Höhe eines in dem Beschlusse zu bestimmenden Betrages belasten. Zufolge § 11 Abs. 1 des „Erbbescheinigungsgesetzes“ vom 10. Mai 1886 ist hinsichtlich der Ernennung des Verwalters das Amtsgericht an die Stelle des Landgerichts getreten. Abs. 1 des Entwurfs überträgt dem Amtsgericht nunmehr auch die Bestellung der Hypothek. Die letztere kann, gemäß den Grundsätzen des § 9, nur noch eine spezielle sein (M.).

2) Hinsichtlich des zulässigen Maßes der Einschreibung und der Art der Herbeiführung von Einschreibung und Löschung kommen die für die Mündelhypothek maßgebenden Vorschriften zur Anwendung. Eine Mitwirkung des Familienraths findet indessen nicht statt. An Stelle der Anfechtung des Familienrathsbeschlusses tritt daher die Beschwerde gegen den Beschluß des Amtsgerichts.

Zu den §§ 17—20 (Hypothek der Ehefrau).

Die stillschweigende und allgemeine Hypothek der Ehefrau trug vermöge dieser Eigenschaften zur Unsicherheit im Hypothekenverkehr in hohem Grade, und zwar der Natur der Sache nach noch mehr als die Mündelhypothek bei. Sie hat aber auch den Zweck der Sicherstellung der Ehefrau nur in geringem Maße erreicht, wie dies schon aus der verhältnißmäßigen Seltenheit der Fälle hervorgeht, in welchen der Ehefrau selbst oder ihren Erben auf Grund ihrer Legalhypothek im Vertheilungsverfahren Anweisung ertheilt worden ist. Hierzu hat besonders beizutragen, daß die Ehefrau nach der bestehenden Gesetzgebung in der Lage ist, auf ihre Hypothek zu Gunsten derer, welche von dem Ehemann Grundstücke erwerben oder ihm Kredit geben, zu verzichten bezw. die genannten Personen in ihre Rechte einzusetzen. Von dieser Möglichkeit wurde im Rechtsleben ein ausgiebiger und für die Ehefrauen geradezu verderblicher Gebrauch gemacht, da sie hierdurch, abgesehen von dem Verluste der gesetzlichen Hypothek, veranlaßt werden, für Verbindlichkeiten des Ehemannes sich mit zu verpflichten, die ihnen ohne die Möglichkeit der Subrogation fremd geblieben sein würden.

Im künftigen bürgerlichen Gesetzbuch wird die gesetzliche Hypothek der Ehefrau keine Stelle finden. Gleichwohl soll dieselbe, mit Rücksicht auf die Rechtsgewohnheiten der Bevölkerung, einstweilen für Elsaß-Lothringen fortbestehen, jedoch mit den Beschränkungen und näheren Bestimmungen, welche durch die in § 9 Abs. 1, 2 ausgesprochenen Grundsätze der Publizität und Spezialität und durch die erforderliche Rücksicht auf die Interessen des Ehemanns wie des allgemeinen Rechtsverkehrs geboten sind. Im Einzelnen lehnen sich die Vorschriften des Entwurfs (§§ 17—19) eng an diejenigen des für die bayrische Pfalz erlassenen Ges. v. 26. Aug. 1888 an (M).

§ 17.

Die gesetzliche Hypothek der Ehefrau kann mit Rechtswirksamkeit erst eingeschrieben werden, wenn sie nach Maßgabe des Artikels 2135 Nr. 2 des Code civil entstanden ist. Die für das Ehegut und Ansprüche aus dem Ehevertrag vor Eingehung der Ehe bewirkte Eintragung wird jedoch durch den Eheabschluß wirksam. Eine Eintragung auf Antrag der Staatsanwaltschaft findet nicht mehr statt.

Die Einschreibung darf nur soweit erwirkt werden, als sie erforderlich ist, um die Ansprüche der Ehefrau ausreichend zu sichern.

Die Einschreibung erfolgt, vorbehaltlich der Bestimmungen des § 9 Absatz 2, nach Maßgabe des Artikels 2153 des Code civil. Die Ansprüche der Ehefrau sind nach Maßgabe des Artikels 2135 daselbst aufzuführen.

Erfolgt die Einschreibung nicht innerhalb eines Jahres nach Auflösung der Ehe, so erlischt die Hypothek.

1. Die gesetzliche Hypothek der Ehefrau ist dazu bestimmt, für die Ersatzansprüche und Forderungen der Ehefrau gegen ihren Mann Sicherheit zu gewähren. Kraft dieser Hypothek sind, wie auch das eheliche Güterrecht geordnet sein mag, sowohl die Liegenschaften des Mannes als die gütergemeinschaftlichen Grundstücke verhaftet (vgl. indessen hinsichtlich der Kaufleute Art. 563 des Code de commerce und für den Fall, daß die Ehefrau die Gütergemeinschaft annimmt, die Ausführungen bei Aubry u. Rau § 264 ter Anm. 31). Während aber die Mündelhypothek nach dem Rechte des Code civil für alle auch erst im Laufe der vormundschaftlichen Verwaltung entstandenen Ansprüche ausschließlich durch den Zeitpunkt der Uebernahme der Vormundschaft bestimmt wurde, war Wirksamkeit und Rang der Hypothek der Ehefrau je nach den Ansprüchen, auf welche sie sich bezog, verschieden geregelt. Nach Art. 2135 Z. 2 des Code civil beginnt die Hypothek der

Ehefrau a) wegen des Heirathsgutes nnd der Eheberedungen mit dem Tage des Eheschlusses; b) wegen des ihr während der Ehe durch Erbschaft, Schenkung oder Vermächtniß angefallenen Gutes mit dem Tage des Anfalls; c) wegen des Ersatzes für die mit dem Ehemanne und in dessen Interesse eingegangenen Verpflichtnngen und für ihr von dem Ehemanne veräußertes Sondergut mit dem Tage der Verpflichtung und bezw. der Veräußerung. Ueber die Auslegung von Art. 2135 Z. 2 des Code civil vgl. Zachariae, Bd. II S. 141 ff, und Aubry u. Rau § 264 ter 2°, Bd. III. S. 217 ff. Im Anschluß hieran und in Ausführung des Grundsatzes der Publizität bestimmt § 17 Abs. 1, daß die gesetzliche Hypothek der Ehefrau jeweils nur für den Betrag, für welchen sie nach Maßgabe des Art. 2135 Z. 2 des Code civil entstanden ist, mit Rechtswirksamkeit eingeschrieben werden kann.

Die vor Entstehung des Anspruchs für denselben genommene Einschreibung ist nichtig und kann durch spätere Thatsachen nicht konvaleszieren. Eine Ausnahme ist nur hinsichtlich derjenigen Ansprüche gemacht, für welche die Hypothek mit dem Tage des Eheschlusses begründet wird. Eine wegen dieser Ansprüche vor dem Eheschluß genommene Einschreibung wird durch letzteren wirksam.

Die Bestimmung im ersten Satze des Paragraphen steht übrigens dem nicht entgegen, daß für die gesammten künftigen Ansprüche der Ehefrau im Ehevertrag oder in einem sonstigen, vor Eingehung der Ehe abgeschlossenen Vertrag eine vertragsmäßige Hypothek bestellt und diese als reine Sicherheitshypothek schon vor dem bezeichneten Zeitpunkt eingeschrieben wird (M.).

2. Die Eintragung der gesetzlichen Hypothek der Ehefrau kann während oder vor der Ehe von dem Ehemanne, der Ehefrau oder von Verwandten derselben, dagegen nicht mehr von der Staatsanwaltschaft nachgesucht werden (Art. 2139 des Code civil). Nach Auflösung der Ehe steht das Recht, die Eintragung zu beantragen, nur der Ehefrau, oder, wenn die Ehe durch den Tod der Ehefrau aufgelöst worden ist, deren allgemeinen Rechtsnachfolgern zu.

3. Wenn das Gesuch um Eintragung an das Hypothekenamt gerichtet wird, so ist gemäß Art. 2153 des Code civil ein Gesuch in zwei gleichlautenden Exemplaren einzureichen, welches enthalten muß:

a) Familien- und Vornamen, Gewerbe und Wohnsitz der Ehefrau, sowie Erwählung eines Wohnsitzes für dieselbe im Gebiete des Reichs,

b) Familien- und Vornamen, Gewerbe und Wohnsitz des Ehemannes,

c) die Ansprüche der Ehefrau und deren Rechtsgrund. Gemäß § 9 Abs. 2 müssen Haupt- und Nebenforderungen in festen, nöthigenfalls zu veranschlagenden Beträgen bezeichnet werden. Auch sind die einzelnen Ansprüche je nach ihrer Entstehungsart gesondert aufzuführen; die Angabe einer Gesammtsumme kann nicht für ausreichend erachtet werden (§ 17 Abs. 3 am Ende). Eine Ausnahme besteht für die von subrogirten Gläubigern bewirkten Erneuerungen (§ 39 Abs. 2),

d) die Angabe der einzelnen, genau zu bezeichnenden Grundstücke.

Urkundliche Belege brauchen dem Einschreibungsgesuche nicht beigefügt zu werden.

4. Bezüglich des Gesuchs um Eintragung in das Grundbuch s. § 22 des Ges. betr. die Einrichtung von Grundbüchern.

5. Die Einschreibung darf nur so weit erwirkt werden, als sie zur ausreichenden Sicherung der Ansprüche der Ehefrau geboten ist. Darüber, unter welchen Voraussetzungen der Werth der verpfändeten Grundstücke zur Sicherung der Ansprüche ausreicht, ist eine Bestimmung nicht getroffen; es wird aber die Vorschrift des Art. 2162 des Code civil als Richtschnur dienen können. Wird das erforderliche Maß überschritten, so kann der Ehemann die Beschränkung der Einschreibung verlangen (§ 19). Anderseits sind diejenigen, welche zur Beantragung der Einschreibung legitimirt sind, auch befugt, eine weitere Einschreibung nachzusuchen, wenn sie die bestehende in Ansehung des Betrags oder der Grundstücke für nicht ausreichend erachten. Diese zusätzliche Hypothek erlangt gemäß § 9 Abs. 1 Wirksamkeit und Rang erst vom Tage ihrer Einschreibung.

6. Die Einschreibung muß spätestens innerhalb eines Jahres nach Auflösung der Ehe erwirkt werden; wird diese Frist versäumt, so ist die Hypothek erloschen. Der Lauf der Frist ist durch die in Folge des Todes eines der Ehegatten oder eines rechtskräftigen Ehescheidungsurtheils bewirkte Auflösung

der Ehe bedingt. Mit der gerichtlich ausgesprochenen Gütertrennung, durch welche dem Ehemanne zwar die Verwaltung des Vermögens seiner Ehefrau entzogen, dagegen der eheherrliche Einfluß belassen wird, ist jene Rechtsfolge nicht verbunden. Die Jahresfrist beginnt am Tage nach der Auflösung und endigt mit dem Ablauf desjenigen Tages, dessen Datum dem dem ersten Tage entspricht (vgl. § 10 Anm. 2).

Hinsichtlich der Nothwendigkeit der Erneuerung der in das Grundbuch eingetragenen Ehefrauhypotheken s. § 8 des Ges. betr. die Einrichtung von Grundbüchern.

§ 18.

Im Ehevertrage sind Vereinbarungen, welche die gesetzliche Hypothek der Ehefrau auf bestimmte Grundstücke beschränken, auch dann zulässig, wenn die Vertragschließenden nicht volljährig sind. In diesem Falle findet die Bestimmung des Artikels 1398 des Code civil Anwendung.

Eine Vereinbarung, durch welche auf die gesetzliche Hypothek oder deren Einschreibung gänzlich verzichtet wird, ist unstatthaft.

1. Die gesetzliche Hypothek der Ehefrau beruht auf dem Gesichtspunkte, daß es im öffentlichen Interesse gelegen ist, der in Abhängigkeit mit ihrem Manne befindlichen Ehefrau zur Wahrung ihrer Vermögensrechte einen besonderen Schutz angedeihen zu lassen. Die gesetzliche Hypothek ist somit öffentlichen Rechts, woraus folgt, daß Vereinbarungen, durch welche Inhalt und Wirkung derselben geändert werden, vor und während der Ehe nur insoweit rechtsgültig erfolgen können, als dies vom Gesetz ausdrücklich zugelassen ist.

2. Die Vorschriften des § 18 beziehen sich auf Beschränkungen der gesetzlichen Hypothek, welche vor dem Abschluß der Ehe vereinbart werden. Solche Vereinbarungen können mit Rechtswirksamkeit nur im Ehevertrage getroffen werden. Die Bestimmung des § 18 Abs. 1, daß die gesetzliche Hypothek im Ehevertrage auf bestimmte Grundstücke beschränkt werden darf, ist auch im Art. 2140 des Code civil enthalten.

Nur hinsichtlich der Grundstücke, nicht auch hinsichtlich des Betrags, — wie in der Notariats-Zeitschr. Bd. IX S. 339 angenommen wird — gestattet dieser Artikel die Beschränkung. Der Gesetzentwurf wollte weiter gehen und ließ eine Beschränkung auch in Bezug auf den Geldbetrag zu, für welchen die Einschreibung genommen werden soll. Die Bestimmung erschien aber der Kommission des Landesausschusses für die Interessen der Ehefrau gefährlich. Beim Abschluß der Ehe, so wird im Bericht bemerkt, kann man wohl übersehen, welche Ansprüche der Ehefrau aus ihrem Ehevetrage später etwa zustehen; es ist aber schwer zu bestimmen, wie hoch die Ersatzansprüche für spätere Erbschaften, Bürgschaftsleistungen u. s. w. sich belaufen werden. Die Kommission und der Landesausschuß lehnten aus diesem Grunde die vorgeschlagene Ausdehnung ab, so daß jetzt dem § 18 neben Art. 2140 des Code civil nur insoweit noch eine besondere Bedeutung zukommt, als er die in der französischen Rechtsprechung aufgeworfenen Zweifel darüber, ob ein Minderjähriger unter Verbeistandung derjenigen Personen, deren Einwilligung zur Gültigkeit der Ehe erforderlich ist, seine Legalhypothek im Ehevertrage beschränken kann, beseitigt.

3. Die Beschränkung kann in der Weise erfolgen, daß bestimmte Liegenschaften bezeichnet werden, auf welche allein die Einschreibung zulässig ist, oder auch in der Weise, daß nur gewisse Liegenschaften für frei erklärt werden, in welch' letzterem Falle auf alle übrigen Liegenschaften des Ehemannes Einschreibung genommen werden kann. Unzulässig ist ein Vorbehalt, welcher gestattete, die Liegenschaften, welche der Hypothek unterworfen blieben, in der Folge durch andere gleichwerthige zu ersetzen (Aubry u. Rau, § 264 ter Anm. 44 u. 46, Pont, IX Z. 547). Ferner Kass. v. 5. Mai 1852 (D. P. 52—1—129).

4. Kraft des für anwendbar erklärten Art. 1398 des Code civil ist die von einer minderjährigen Ehefrau im Ehevertrage bewilligte Beschränkung der Hypothek nur dann rechtsgültig, wenn die Ehefrau bei dem Vertrage unter dem Beistand d. h. der Zustimmung derjenigen Personen gehandelt hat, deren Einwilligung zur Gültigkeit der Ehe erforderlich ist. Vgl. über diesen letzteren Punkt §§ 29 u. 30 des Reichsges. v. 6. Febr. 1875, über die Beurkundung des Personenstandes 2c. und Art. 160 des Code civil.

Zur Auslegung des Art. 1398 des Code civil vgl. Aubry u. Rau § 502 Anm. 3 (Bd. V S. 241 ff.). Die Zustimmung kann auch schriftlich in einer authentischen Urkunde erklärt werden.

5. Der zweite Absatz des § 18 wiederholt die Bestimmung des Art. 2140 des Code civil a. F.

§ 19.

Die für die gesetzliche Hypothek der Ehefrau (§§ 17, 18) erwirkte Einschreibung kann während der Dauer der Ehe nur auf Anordnung des Landgerichts beschränkt werden, in dessen Bezirk der Ehemann den allgemeinen Gerichtsstand hat, oder, sofern ein solcher in Elsaß-Lothringen nicht vorhanden ist, in dessen Bezirk sich die Grundstücke befinden.

Die Anordnung wird auf Gesuch des Ehemannes erlassen, soweit die Einschreibung das im § 17 Absatz 2 bestimmte Maß dem Betrag oder dem Gegenstande nach übersteigt. Vor der Entscheidung ist die Ehefrau zu hören.

Die Beschlüsse des Gerichts ergehen auf schriftliche Aeußerung der Staatsanwaltschaft. Die Entscheidung, durch welche eine Beschränkung der Einschreibung angeordnet wird, ist den Ehegatten von Amtswegen zuzustellen.

Gegen die Entscheidungen des Landgerichts steht den Betheiligten die Beschwerde an das Oberlandesgericht zu.

Die Vorschriften des § 14 Absatz 1 Nr. 2, 3 dieses Gesetzes finden entsprechende Anwendung.

1. Gemäß dem zu § 18 Anm. 1 Bemerkten ist eine von der Ehefrau während der Dauer der Ehe getroffene Vereinbarung, durch welche sie auf die Einschreibung der Hypothek dem Ehemann gegenüber verzichtet, rechtlich unwirksam. Thatsächlich kann zwar der durch eine solche Vereinbarung beabsichtigte

Erfolg durch Unterlassung der Einschreibung erreicht werden. Die Vereinbarung bildet aber kein rechtliches Hinderniß, die Einschreibung zu beantragen. Ist eine Einschreibung erwirkt, so ist während der Dauer der Ehe eine Beschränkung dieser Einschreibung dem Manne gegenüber nur auf Grund einer gerichtlichen Anordnung gestattet. Diese Anordnung ergeht nicht mehr, wie nach früherem Rechte, im streitigen Verfahren, sondern im Verfahren der freiwilligen Gerichtsbarkeit. Durch dieselbe können sowohl die eingeschriebenen Beträge, als das zur Sicherung der Ansprüche erforderliche Maß übersteigend, gemindert, als auch einzelne Liegenschaften von der Einschreibung befreit werden.

Zu dem Antrage auf Beschränkung sind nur der Ehemann oder Personen, welche dessen Rechte auszuüben befugt sind (vgl. Art. 1166 des Code civil), legitimirt. Der Antrag ist bei dem Landgerichte zu stellen, in dessen Bezirk der Ehemann seinen allgemeinen Gerichtsstand hat oder, sofern ein solcher in Elsaß-Lothringen nicht vorhanden ist, in dessen Bezirk die Grundstücke, auf welche der Antrag sich bezieht, gelegen sind. Vor Erlaß der Entscheidung muß die Ehefrau gehört werden. Nur die Anhörung, nicht mehr wie nach Art. 2144 des Code civil die Zustimmung der Ehefrau ist geboten. Die durch den Art. 2144 vorgeschriebene Anhörung der vier nächsten Verwandten der Ehefrau ist nicht mehr erforderlich. Im Gesetzentwurfe war dieselbe noch vorgesehen; der Landesausschuß lehnte aber die bezügliche Bestimmung ab, wodurch jedoch nicht ausgeschlossen wird, daß das Gericht die Anhörung von Verwandten zur Aufklärung der Sache anordnet. Gegen die Entscheidungen des Landgerichts steht den Ehegatten, — nur diese sind unter den im Text genannten Betheiligten zu verstehen (vgl. Stern, S. 33) — die Beschwerde an das Oberlandesgericht zu. Die Beschwerde der Ehefrau gegen eine Entscheidung, durch welche dem Antrage auf Beschränkung stattgegeben wird, muß innerhalb einer Nothfrist von zwei Wochen, deren Lauf mit der von Amts wegen zu bewirkenden Zustellung der Entscheidung beginnt, eingelegt werden. Die angeordnete Löschung darf erst erfolgen, wenn entweder innerhalb der bezeichneten Frist keine Beschwerde erhoben oder die erhobene Beschwerde abgewiesen worden ist. Die Beschwerde des Ehemannes, wegen gänzlicher oder theilweiser Abweisung seines Antrags ist an eine Nothfrist nicht gebunden. Allen Entscheidungen muß eine schriftliche Aeußerung der Staatsanwaltschaft vorausgehen.

2. Das Verfahren des § 19 greift nur hinsichtlich der für die gesetzliche Hypothek erwirkten Einschreibung Platz. Ist die Hypothek der Ehefrau schon vertragsmäßig — durch Vereinbarungen im Heirathsvertrage — beschränkt worden, so findet § 19 keine Anwendung. Vgl. über die gleiche Auslegung des Art. 2144 des Code civil Zachariae § 275 Anm. 16. Das bayerische Gesetz v. 26. April 1888 enthält im Art. 15 eine abweichende Bestimmung.

3. Im Gesetzentwurfe war eine Bestimmung enthalten, der zu Folge die subrogirten Gläubiger vor der über den Antrag auf Beschränkung zu erlassenden Entscheidung zu hören waren, weil, wie es in der Begründung heißt, deren Interessen dabei in Frage kämen. In der Begründung ist außerdem bemerkt: „Ein Grund, die Beschränkung im Falle des Vorhandenseins solcher Gläubiger auszuschließen, besteht nicht." Der Landesausschuß hat die Bestimmung gestrichen. Der Bericht motivirt die Streichung mit der Bemerkung: „Vom Tage der Eintragung der Rechte der subrogirten Gläubiger an ist eine Beschränkung der gesetzlichen Hypothek ohne oder gegen deren Zustimmung unzuläßig." Ob diese für das frühere Recht richtige Auffassung (vgl. Aubry u. Rau, Bd. III S. 402, § 282 Anm. 3) noch überall zutrifft, ist indessen zweifelhaft, weil der Ehemann jetzt ein von der Einwilligung der Ehefrau unabhängiges Recht auf Beschränkung der Hypothek besitzt. Die Beschränkung wird aus diesem Grunde trotz Widerspruchs subrogirter Gläubiger für zuläßig zu erachten sein, wenn die Subrogation ohne Einwilligung des Mannes — z. B. mit Ermächtigung des Gerichts — erfolgt ist.

4. Nach Auflösung der Ehe ist die Ehefrau, sofern sie sonst handlungsfähig ist, in der Verfügung über die zu ihren Gunsten eingeschriebene gesetzliche Hypothek nicht mehr beschränkt. Ihre Einwilligung genügt daher zur Löschung oder Minderung. Weigert sie sich, die verlangte Einwilligung zu geben, so kann die Löschung oder Minderung nur auf dem Wege der streitigen Gerichtsbarkeit durchgesetzt werden. Die zu erhebende Klage ist in allen Fällen, gleichgültig auf wessen Antrag die Einschreibung erfolgt ist, gegen die Ehefrau zu richten.

§ 20.

Die im § 19 vorgesehene Mitwirkung des Gerichts ist nicht erforderlich und die Ehefrau bedarf nur der Ermächtigung des Ehemannes, wenn es sich darum handelt,

1. die von dem Ehemann veräußerten Grundstücke aus der gesetzlichen Hypothek frei zu geben und die Löschung der Einschreibung zu bewilligen;
2. Dritten die Rechte aus der gesetzlichen Hypothek zu übertragen oder zu Gunsten von Dritten auf jene Rechte zu verzichten. Die Uebertragung und der Verzicht können wirksam nur nach erfolgter Einschreibung der Hypothek und mit Bezug auf bestimmt zu bezeichnende Grundstücke erfolgen.

1. Die Bestimmungen des Code civil, welche eine Beschränkung der Hypothek der Ehefrau während der Ehe nur im gerichtlichen Verfahren zulassen, schließen nur eine Vereinbarung unter den Ehegatten, nicht auch mit Dritten aus. Die Uebertragung der Hypothek der Ehefrau oder der Verzicht auf dieselbe in favorem tertii ist nach einer langjährigen, jetzt nicht mehr angefochtenen Rechtsübung auch ohne gerichtliche Bestätigung gültig. Die **Uebertragung** kann in der Weise geschehen:

   a) daß die Forderung und folgeweise mit derselben die Hypothek cedirt wird, oder
   b) daß dem Dritten nur der Vorrang eingeräumt wird, oder
   c) daß eine Subrogation stattfindet.

Dagegen kann nicht auch das Unterpfandsrecht von der Forderung, an welche es durch Gesetz geknüpft ist, losgelöst und auf eine andere Forderung übertragen werden (Urtheil des Reichsgerichts v. 19. Nov. 1889, Notariats-Zeitschr., Bd. X S. 19).

Die gebräuchlichste Form der Uebertragung bildet die **Subrogation**, durch welche der subrogirte Dritte das Recht erhält, an Stelle der Ehefrau Befriedigung für seine Forderung zu verlangen. Von der „cession de priorité“ unterscheidet sich dieselbe dadurch, daß der Dritte selbst nicht Hypothekargläubiger zu sein braucht (vgl. Aubry u. Rau, § 288 Anm. 7, Bd. III S. 458).

Der Verzicht, welcher in der Regel eine Subrogation in sich schließt, kann nicht nur ausdrücklich, sondern auch stillschweigend erfolgen. Ein stillschweigender Verzicht liegt vor, wenn eine Ehefrau gemeinschaftlich mit ihrem Manne ein Grundstück verkauft, oder sich bei Aufnahme eines Darlehens sammtverbindlich mit dem Ehemann verpflichtet hat. In beiden Fällen ist im Zweifel der Schluß berechtigt, daß die Ehefrau hinsichtlich des verkauften Grundstücks oder der für das Darlehn verpfändeten Grundstücke zu Gunsten des Käufers oder Darlehensgläubigers auf die Legalhypothek verzichtet hat (Aubry u. Rau, § 288 bis Anm. 2, Bd. III S. 463).

Die Uebertragung sowohl als der Verzicht können gültig nur in einer authentischen Urkunde erfolgen, und bedürfen außerdem zu ihrer Wirksamkeit gegenüber Dritten der Veröffentlichung im Hypotheken-Register (Art. 9 des Ges. v. 23. März 1855).

2. Durch § 20 wird die unter Bem. 1 erörterte Rechtsübung aufrecht erhalten. Diese Rechtsübung hat aber insofern eine bedeutsame Beschränkung erfahren, als gemäß § 20 Z. 2 die Uebertragung und der Verzicht wirksam nur nach erfolgter Einschreibung der (gesetzlichen) Hypothek und mit Bezug auf bestimmt zu bezeichnende Grundstücke erfolgen kann. Sind diese Bedingungen nicht erfüllt, so ist die Uebertragung oder der Verzicht ungültig.

Was die Bestimmung im § 20 Z. 1 anlangt, so ist es in der französischen Doktrin und Praxis bestritten, welche Wirkung dem bei Veräußerung einer Liegenschaft Seitens der Ehefrau bewilligten Verzichte auf ihre Hypothek innewohne, ob kraft dieses Verzichtes die Hypothek erlösche oder der Verzicht nur die Verpflichtung begründe, die Hypothek nicht geltend zu machen (vgl. Aubry u. Rau, § 288 Anm. 18 u. 27). Vom Standpunkt der letzteren Auffassung ist die Ehefrau außerhalb des gerichtlichen Verfahrens überhaupt nicht befugt, ihre Hypothek gänzlich aufzugeben, und es würde somit, da fürderhin mit der Löschung stets die Hypothek aufgehoben wird, ohne die fragliche Bestimmung zweifelhaft geblieben sein, ob die Ehefrau zu den darin aufgeführten Rechtshandlungen befugt sei.

3. Die Vorschrift des § 20 Z. 2 läßt es geboten erscheinen, daß in der Uebertragungs-Urkunde die vorausgegangene Einschreibung der gesetzlichen Hypothek genau nach Band und Nummer bezeichnet wird. Mit dem Gesuche um Einschreibung ist eine Abschrift der Uebertragungsurkunde dem Hypothekenamt vorzulegen. Die Einschreibung erfolgt durch Vormerkung am Rande der gesetzlichen Hypothek (Verf. O. St. v. 16. Juni 1890, Z. 13, Justiz-Samml. Bd. XV S. 180).

§ 21.

Die nach Inkrafttreten dieses Gesetzes eingeschriebenen gesetzlichen Hypotheken der Mündel und Ehefrauen sowie die nach demselben Zeitpunkte eingetragenen vertragsmäßigen Hypotheken, welche die im Artikel 2135 Nr. 2 des Code civil bezeichneten Ansprüche der Ehefrau betreffen, sind bis zum Ablauf eines Jahres nach Beendigung der Vormundschaft, beziehungsweise nach Auflösung der Ehe, von der Erneuerung der Einschreibung (Code civil, Artikel 2154) befreit.

1. Im § 9 des Gesetzes für Rheinpreußen v. 20. Mai 1885 ist die zehnjährige Erneuerung der Einschreibung (Code civil, Art. 2154) schlechthin beseitigt, wie dies dem künftigen Grundbuchrecht entspricht. Die für jene Einrichtung sprechenden praktischen Gründe, insbesondere aus dem Gesichtspunkte der Erleichterung der Verantwortlichkeit der Hypothekenbewahrer, ließen es jedoch geboten erscheinen, diesem Vorgange im Anschluß an die belgische und rheinbayerische Gesetzgebung nur insoweit zu folgen, als es sich um die gesetzlichen Mündel- und Ehefrauenhypotheken handelt. Hier empfiehlt sich jene Neuerung aus dem Grunde, weil die zu schützenden Personen, namentlich die Ehefrauen, vor der naheliegenden Gefahr der Unterlassung der Erneuerung geschützt werden müssen. Die Befreiung ist aber, nach ihrem Grunde und gemäß den §§ 15 Abs. 2, § 17 Abs. 4 nur bis zum Ablauf eines Jahres nach

Beendigung der Vormundschaft, bezw. nach Auflösung der Ehe ausgesprochen. Allerdings macht die Vorschrift des § 21 eine besondere Kontrole auf dem Hypothekenamt erforderlich; die hieraus sich ergebende Belästigung wird aber mit der Einführung des bürgerlichen Gesetzbuchs aufhören und findet in anderweiten Erleichterungen ihr Gegengewicht (M.).

Der gesetzlichen Hypothek ist, da die ratio legis auch bei ihr zutrifft, die vertragsmäßige Hypothek, welche zur Sicherheit der Ansprüche der Ehefrau bestellt worden ist, gleichgestellt. Ob die durch den Ehevertrag beschränkte gesetzliche Hypothek noch unter den Begriff der gesetzlichen oder unter den Begriff der vertragsmäßigen Hypothek fällt oder ob unter letzterer nur die von einem Dritten bestellte Hypothek zu verstehen ist (vgl. Notariats-Zeitschr. Bd. IX S. 355) kann dahin gestellt bleiben, da die Vorschrift des Paragraphen in dem einen und andren Falle Platz greift.

2. Gemäß § 36 findet die Vorschrift des Paragraphen auch auf die vor dem Inkrafttreten des Gesetzes eingeschriebenen gesetzlichen und bezw. vertragsmäßigen Hypotheken Anwendung, deren Einschreibung nach dem Inkrafttreten des Gesetzes erneuert worden ist. Die einmal erneuerte Einschreibung ist somit innerhalb der im Paragraph bezeichneten Frist von weiterer Erneuerung befreit.

3. Durch die Worte „sind bis zum Ablauf eines Jahres . . . . befreit" wird ausgedrückt, daß die Hypothek durch die Einschreibung bis zum Ablauf des bezeichneten Jahres gewahrt wird, wenngleich seit dem Tage der Einschreibung mehr als 10 Jahre verflossen sind. Anderseits dauert die Befreiung nur bis zum Ablauf jenes Jahres, woraus folgt, daß Hypotheken, hinsichtlich deren die zehnjährige Frist vor diesem Zeitpunkte verstrichen ist, zu demselben erneuert sein müssen, widrigenfalls ihre Wirkung aufhört.

4. Die Befreiung von der Erneuerung ist nur zu Gunsten der Ehefrauen und Mündel eingeführt. Dritte Personen, welchen die Hypothek übertragen ist, werden durch die Vorschrift des § 21 nicht berührt. Der subrogirte Gläubiger muß daher, um seinen Ansprüchen hypothekarische Wirksamkeit zu sichern, rechtzeitig um Erneuerung nachsuchen (arg. § 39 Abs. 1; vgl. auch Stern S. 37 und Notariats-Zeitschr. Bd. IX S. 353).

5. Hinsichtlich der Erneuerung der in das Grundbuch eingetragenen Hypotheken der Ehefrauen und Mündel vgl. § 8 des Ges. betr. die Einrichtung von Grundbüchern.

§ 22.

Die gerichtliche Hypothek entsteht nur aus vollstreckbaren Entscheidungen über Geldforderungen, deren Betrag in gesetzlicher Währung bestimmt ist.

Die Forderung wird auf mehrere Grundstücke ungetheilt eingeschrieben, sofern der Gläubiger nicht etwas Anderes beantragt.

Die Artikel 2161, 2162 des Code civil bleiben unberührt.

1. Nach früherem Rechte begründete jedes im streitigen Verfahren erlassene gerichtliche Urtheil, durch welches eine Partei zu einer Leistung verurtheilt wurde oder welches auch nur den Keim zu einer Verurtheilung d. h. die Feststellung enthielt, daß die eine Partei der anderen eine im Uebrigen noch unbestimmte Leistung schulde, eine Hypothek zum Vortheil der obsiegenden Partei. Die gleiche Wirkung war mit dem Urtheile verbunden, durch welches die unter einer Schuldverschreibung befindliche Namensunterschrift des Schuldners für ächt oder für anerkannt erklärt wurde, wenn die Fälligkeit der betreffenden Verbindlichkeit eingetreten war. Die Hypothek konnte ohne Rücksicht darauf, ob das Urtheil vollstreckbar oder ob die Vollstreckbarkeit im Hinblick auf die erfolgte Einlegung eines Rechtsmittels suspendirt war, in der Regel alsbald nach Erlaß des Urtheils eingetragen werden und erstreckte sich als allgemeine Hypothek von Rechtswegen auf alle zur Zeit der Einschreibung dem Schuldner gehörenden und in der Folge von ihm erworbenen Grundstücke (vgl. Art. 2123 des Code civil, Ges. v. 3. Sept. 1807 und Zachariae, § 265, Bd. II S. 151).

2. Das gegenwärtige Gesetz hat die gerichtliche Hypothek beibehalten, dieselbe aber durch die Vorschriften der §§ 9 u. 22 folgenden Aenderungen unterworfen:

a) Die Hypothek ergreift kraft des Grundsatzes der Spezialität nur die im Einschreibungsgesuche aufgeführten, bestimmt zu bezeichnenden Grundstücke. Dieselbe wird hinsichtlich der Grundstücke, welche von dem Schuldner später erworben werden, nur auf Grund besonderer, erst nach der Erwerbung zu stellenden Einschreibungsgesuche wirksam.

b) Die Hypothek entsteht nur aus Entscheidungen über Geldforderungen, deren Betrag in gesetzlicher Währung bestimmt ist. Es genügt zur Herbeiführung einer rechtswirksamen Einschreibung also nicht, daß der Ausspruch des Urtheils sich in Geldwerth umsetzen läßt, sondern es muß eine in gesetzlicher Währung bestimmte Geldsumme zugesprochen sein.

c) Die Entscheidung muß vollstreckbar sein, d. h. dieselbe muß entweder die Rechtskraft beschritten haben oder für vorläufig vollstreckbar erklärt sein (§ 644 C. P. O.).

3. Die gerichtliche Hypothek entsteht nicht bloß aus Urtheilen, sondern auch aus Vollstreckungsbefehlen sowie aus amtsrichterlichen Strafbefehlen, gegen welche nicht rechtszeitig Einspruch eingelegt wurde, und aus Strafbescheiden der Verwaltungsbehörden, gegen welche ein Antrag auf gerichtliche Entscheidung nicht gestellt ist (arg. § 640 C. P. O., §§ 450 u. 459 St. P. O.). Auch die Feststellung einer Forderung im Konkurse berechtigt nach Aufhebung des Konkurses zur Einschreibung einer Hypothek, da die Eintragung in die Tabelle nach §§ 133 Abs. 2, 152 Abs. 2 K. O. in ihren Wirkungen einem rechtskräftigen Urtheile gleichgestellt ist (vgl. jedoch § 180 K. O.). Den Urtheilen der ordentlichen Gerichte stehen ferner die Urtheile der Verwaltungsgerichte sowie die von den Verwaltungsbehörden erlassenen Zwangsbefehle gleich (St. R. G. v. 16—25 Thermidor XII u. v. 24. März 1812). Vgl. des Näheren Möller'sche Samml. Anm. 705 zum Civilgesetzbuch.

4. Die erwähnten Entscheidungen müssen, um eine Hypothek zu begründen, von inländischen Gerichten oder Behörden erlassen sein. Als Entscheidungen inländischer Gerichte haben jetzt alle Entscheidungen deutscher Gerichte zu gelten, welche auf dem Wege der ordentlichen streitigen Gerichtsbarkeit ergangen sind, weil ganz Deutschland in Ansehung der ordentlichen streitigen Gerichtsbarkeit ein einheitliches Rechts=

gebiet bildet. Das Gleiche ist von den im Auslande erlassenen Urtheilen deutscher Konsuln und Konsulargerichte anzunehmen. Dagegen liegt, insoweit Entscheidungen von Verwaltungsbehörden in Betracht kommen, eine inländische Entscheidung nur vor, wenn dieselbe von einer elsaß-lothringischen Behörde ausgeht.

Auf Grund des Urtheils eines ausländischen Gerichts kann eine hypothekarische Einschreibung erst genommen werden, nachdem die Zulässigkeit der Zwangsvollstreckung aus jenem Urtheile durch ein deutsches Gericht ausgesprochen ist (Art. 2123 Abs. 4 des Code civil und §§ 660, 661 C. P. O.). Fraglich ist dies jedoch hinsichtlich der Urtheile französischer Gerichte. Nach der allerdings bestrittenen und u. E. irrigen Auffassung des Reichsgerichts ist für die Vollstreckbar-Erklärung dieser Urtheile in Elsaß-Lothringen ausschließlich der badisch-französische Vertrag vom 16. April 1846, also nicht § 661 Z. 1 C. P. O., maßgebend (vgl. Entsch. v. 10. Juli 1888, Jurist. Zeitschr. Bd. XIII S. 425). Nach Art. 3 dieses Vertrags muß aber das von einem französischen Gerichte erlassene Urtheil zum Zwecke der hypothekarischen Eintragung vollstreckbar erklärt werden, sofern nur eine beglaubigte Ausfertigung des Urtheils und eine Bescheinigung über dessen Zustellung vorgelegt wird. Die Urtheile franz. Gerichte begründen hiernach eine Hypothek, wenngleich ihre Vollstreckbarkeit durch Einlegung eines Rechtsmittels gehemmt ist; es lebt insoweit noch ein Stück des alten Rechtes fort.

5. Die gerichtliche Hypothek beruht auf dem Urtheile; dieselbe fällt somit weg und die genommene Einschreibung wird gegenstandslos, wenn das Urtheil später aufgehoben wird. Eine Vereinbarung, gemäß welcher die Einschreibung ungeachtet der Aufhebung des Urtheils ganz oder zum Theil wirksam bleiben soll, ist gegenüber Dritten ohne Wirkung (Urtheil des Reichsgerichts v. 22. Juni 1882, Puchelt's Zeitschr., Bd. XV S. 35).

6. Die Bestimmung des § 22 Abs. 2 entspricht dem Grundsatze, daß ein jeder Theil des verpfändeten Objekts für die ganze Forderung haftet (Art. 2114 Abs. 2 des Code civil).

Gemäß § 22 Abs. 3 steht dem Schuldner, wenn der Werth der Grundstücke, auf welche Einschreibung genommen ist, im Verhältniß zur Höhe der Forderung im Sinne der Artt. 2161 u. 2162 des Code civil übermäßig ist, die Klage auf theilweise Löschung zu.

§ 23.

Die Bestimmung des Artikel 6 Absatz 1 des Gesetzes über die Ueberschreibung vom 23. März 1855, gemäß welcher Gläubiger, welchen ein Vorzugsrecht, eine vertragsmäßige oder richterliche Hypothek zusteht, von der Ueberschreibung an gegen den früheren Eigenthümer nicht mehr wirksam eine Einschreibung nehmen können, wird auf alle Hypothekargläubiger ausgedehnt.

1. Der Art. 6 des Ueberschreibungs-Gesetzes vom 23. März 1855 bezog sich nicht auf die gesetzlichen Hypotheken der Mündel und Ehefrauen. So lange die Wirksamkeit dieser Hypotheken von der Einschreibung unabhängig war, konnten an die mangelnde Einschreibung keine Rechtsnachtheile geknüpft werden. Nachdem aber jetzt der Grundsatz der Publizität auch auf die genannten gesetzlichen Hypotheken ausgedehnt worden ist, mußte auch die durch die Interessen des Realkredits gebotene Bestimmung des Art. 6 entsprechend ausgedehnt werden (M.).

2. Aus der Unterwerfung der gesetzlichen Hypotheken unter den Grundsatz der Publizität folgt die Anwendbarkeit des Art. 3 des Ges. v. 23. März 1855, der bestimmt, daß die Rechte, welche sich aus den in den Artt. 1 u. 2 desselben Gesetzes bezeichneten Urkunden und Urtheilen ergeben, bis zur Ueberschreibung Dritten, welchen Rechte an der Liegenschaft zustehen und welche dieselben gemäß den gesetzlichen Vorschriften gewahrt haben, nicht entgegengehalten werden können. Hiernach kann die gesetzliche Hypothek noch mit Rechtswirksamkeit auf Grundstücke eingetragen werden, welche von dem Vormunde oder Ehemann schon vor Entstehung der Hypothek veräußert waren, sofern nur die Einschreibung der Ueberschreibung des Kaufs vorausgeht (vgl. Notariats-Zeitschr. Bd. X S. 1). Dies kann selbst in dem Falle geschehen, daß die Hypothek erst nach Ablauf von zehn Jahren seit dem Besitzantritt des Ankäufers entstanden ist (Urtheil des Oberlandesgerichts zu Colmar vom 8. Mai 1882, Jurist. Zeitschr. Bd. VII S. 465).

3. Nach der herrschenden Ansicht ist die Einschreibung der Hypothek gegen den ehemaligen Eigenthümer auch in dem Falle noch wirksam, wenn Seitens des Käufers, dessen Kauf nicht überschrieben ist, ein Weiterverkauf stattgefunden hat und dieser Veräußerungsvertrag zur Ueberschreibung gelangt ist. « Le but qu'a voulu atteindre le législateur de 1855 ne serait pas rempli, s'il suffisait à un sous-acquéreur de faire transcrire son propre titre pour écarter les ayants-cause du vendeur originaire, puisque d'après la manière dont sont tenus les registres et répertoires des conservateurs des hypothèques, la transcription du titre du sous-acquéreur ne met nullement ces ayants-cause en situation de connaître l'aliénation par leur auteur (Aubry & Rau § 209, Anm. 99, Bd. II S. 315). Vgl. dagegen Flandin, Bd. II Z. 884, welcher der von dem Deputirten Allart bei den Berathungen im Corps législatif ausgedrückten Auffassung beitritt: « que la transcription opère la purge à l'égard de tous ceux qui n'ont pas fait inscrire antérieurement leurs droits . . . »

Abschnitt III.

Vollziehung des Arrestes und einstweiliger Verfügungen in das unbewegliche Vermögen.

§ 24.

Die Vollziehung des Arrestes in das unbewegliche Vermögen erfolgt auf Antrag der Partei, welche den Arrestbefehl erwirkt hat, durch Einschreibung einer Hypothek.

Der Gläubiger hat den Schuldner von der erfolgten Einschreibung mittels Zustellung in Kenntniß zu setzen.

Die Vorschriften der Artikel 2161, 2162 des Code civil finden mit der Maßgabe Anwendung, daß die Entscheidung auf Antrag des Schuldners und nach Anhörung des Gläubigers durch das Arrestgericht erfolgt.

1. Nach den auf Grund des § 811 der C. P. O. erlassenen Vorschriften der §§ 31 ff. des Ges. über die Zwangs-

vollstreckung in das unbewegliche Vermögen v. 30. April 1880 erfolgte die Vollziehung des Arrestes in das genannte Vermögen durch Ueberschreibung des Arrestbefehls in das Register des Hypothekenbewahrers, in dessen Bezirk die Liegenschaften sich befanden, und war mit dieser Ueberschreibung die Wirkung verbunden, daß jede nach der Ueberschreibung erfolgende Veräußerung oder dingliche Belastung, Vermiethung oder Verpachtung der Gegenstände des Arrestes gegenüber der Partei, welche den Arrestbefehl erwirkt hatte, ohne verbindliche Kraft war. Das Ges. v. 30. April 1880 verband also mit dem Vollzug des Arrestes in das unbewegliche Vermögen nur eine Verfügungsbeschränkung und hatte davon abgesehen, dem Arrestgläubiger nach dem Vorgange des § 810 C. P. O., betreffend die Vollziehung des Arrestes in das bewegliche Vermögen, ein Pfandrecht und bezw. ein Vorrecht an dem Erlöse einzuräumen. Den gleichen Standpunkt hatte auch noch der von der Regierung vorgelegte Entwurf dieses Ges. festgehalten, welcher sich im Wesentlichen darauf beschränkte, den Grundsatz der Spezialität auch bezüglich des Arrestes zur Anwendung zu bringen sowie auf die Hebung einiger in der Praxis besonders hervorgetretenen Mängel des geltenden Verfahrens hinzuwirken. In der zur Berathung des Gesetzentwurfs niedergesetzten Kommission des Landesausschusses wurde indessen dieser Standpunkt verlassen. Nach der daselbst einhellig zum Ausdruck gelangten Anschauung wurde die Gestaltung des Arrestvollzugs als Verfügungsbeschränkung überall als eine so lästige, Nachtheile mannigfacher Art herbeiführende Vorschrift empfunden, daß sie „in dem Augenblick zu beseitigen sei, wo die Gelegenheit dazu geboten wird". Im Anschluß an § 1132 des Entwurfs des bürgerlichen Gesetzbuches wurde daher der Vollzug des Arrestes in das unbewegliche Vermögen dahin geregelt, daß dem Arrestgläubiger die Eintragung einer Hypothek gestattet wurde.

2. Der Antrag auf Einschreibung der Arresthypothek in die Hypotheken-Register ist in der Form zu stellen, in welcher nach allgemeinen Vorschriften (Art. 2148 ff. des Code civil und § 9 dieses Ges.) die Einschreibung nachzusuchen ist. Insbesondere muß derselbe die durch den Grundsatz der Spezialität bedingten Angaben enthalten. Der Antrag kann auch durch Dritte für den Gläubiger gestellt werden (vgl. Notariats-Zeitschr. Bd. X S. 3).

3. Damit die Eintragung der Hypothek gültig erfolge, müssen die gesetzlichen Voraussetzungen der Vollziehung des Arrestes erfüllt werden. Die Vollziehung des Arrestes ist nach § 809 Abs. 2 C. P. O. unstatthaft, wenn seit dem Tage, an welchem der Befehl verkündet oder der Partei, auf deren Gesuch derselbe erging, zugestellt ist, zwei Wochen verstrichen sind. Die Vollziehung ist vor der Zustellung des Arrestbefehls an den Schuldner zulässig. Sie ist jedoch ohne Wirkung, wenn die Zustellung nicht innerhalb einer Woche nach der Vollziehung und vor Ablauf der für diese bestimmten zweiwöchentlichen Frist erfolgt (Reichsges. v. 30. April 1886).

Im Art. 27 Schlußabsatz des bayerischen A. G. zur Reichs-Civilprozeßordnung und der Konkursordnung v. 23. Febr. 1879 findet sich die Bestimmung, daß mit dem Antrag auf Einschreibung der Nachweis darüber, daß die Voraussetzungen der Vollziehung des Arrestes gegeben sind, vorzulegen sind, widrigenfalls der Antrag zurückzuweisen sei. Das vorliegende Ges. hat eine entsprechende Vorschrift nicht aufgenommen, weil an der damit verbundenen erhöhten Verantwortlichkeit der Hypothekenbewahrer Anstand genommen wurde.

4. Der Gläubiger ist verpflichtet, den Schuldner von der erfolgten Einschreibung mittels Zustellung in Kenntniß zu setzen. Eine Frist ist für diese Zustellung nicht gesetzt; aus dem Zweck der Vorschrift folgt aber, daß die Zustellung alsbald nach bewirkter Einschreibnng zu bethätigen ist. Unterläßt der Gläubiger die Zustellung, so hat er den durch die Unterlassung verursachten Schaden zu ersetzen; die Gültigkeit der Einschreibung bleibt unberührt.

5. Ueberschreitet der Werth der Grundstücke, auf welche die Arresthypothek eingeschrieben wurde, das nach Artt. 2161, 2162 des Code civil zulässige Maß, — nämlich wenn der Werth eines oder mehrerer Grundstücke nach Abzug aller Lasten den Betrag der gesammten Forderung um mehr als 1/3 übersteigt — so kann der Schuldner die theilweise Löschung verlangen. Die Erhebung einer Klage ist zu diesem Behufe nicht erforderlich: es genügt ein Antrag des Schuldners an das Arrestgericht, welches vor Erlaß der Entscheidung den Gläubiger zu hören hat. Die Bestimmung darüber, wie der Gläubiger zu hören, ob namentlich eine vorgängige mündliche Verhandlung anzuordnen sei, ist dem Ermessen des Gerichts überlassen. § 804 der C. P. O.

findet keine Anwendung, da der Antrag nicht gegen den Arrestbeschluß, sondern gegen die Art seiner Vollziehung gerichtet ist.

Der Beschluß, durch welchen eine Minderung ausgesprochen wird, ist sofort vollziehbar; eine dem § 18 Z. 3 a. E. entsprechende Bestimmung ist hier nicht getroffen (vgl. jedoch § 535 Abs. 2 und 3 C. P. O.). Die Anfechtung des Beschlusses erfolgt auf dem Wege der sofortigen Beschwerde (arg. § 808 C. P. O. in Verbindung mit § 27 des Ges. v. 30. April 1880, über die Zwangsvollstreckung in das unbewegliche Vermögen).

6. Wenn der Arrest aufgehoben wird, so fällt auch die Hypothek weg, (vgl. Bem. 5 zu § 22). Ueber die Voraussetzungen der Aufhebung vgl. die §§ 804, 805, 806, 807 u. 813 C. P. O. Nach § 806 muß die Aufhebung u. A. ausgesprochen werden, wenn die Partei, welche den Arrestbefehl erwirkt hat, der Anordnung des Arrestgerichts, binnen bestimmter Frist Klage zu erheben, nicht Folge leistet. Eine solche Anordnung ist nur auf Antrag zu erlassen. Im Gesetze ist eine Frist zur Erhebung der Hauptklage nicht bestimmt. Der Gesetzgeber hat — wie im Kommissionsbericht hervorgehoben wird, — es für unnöthig erachtet, gegen die Verzögerung des Verfahrens durch den Gläubiger mittels Einführung einer die Wirksamkeit der Hypothek bedingenden Klagefrist Vorsorge zu treffen, weil der Gläubiger in der Regel ohnehin ein Interesse daran hat, die Arresthypothek sobald als möglich in ein definitives Unterpfandsrecht zu verwandeln (vgl. Bem. in der Notariats-Zeitschr., Bd. X S. 4.).

7. Der Arrest giebt dem Gläubiger nur ein Recht auf Sicherstellung, nicht schon auf Befriedigung. Letztere kann er erst verlangen, wenn er ein vollstreckbares Urtheil besitzt. Wird daher von einem Gläubiger im Vertheilungsverfahren eine Forderung auf Grund einer Arresthypothek angemeldet, so wird demselben zwar Anweisung zu ertheilen, der angewiesene Betrag aber zu hinterlegen und der § 55 des Ges. v. 30. April 1880 entsprechend anzuwenden sein, d. h. das Vollstreckungsgericht wird den Vertheilungsplan, soweit angängig, abzuschließen und auch, insoweit dies ohne Benachtheiligung des Arrestgläubigers geschehen kann, die Verabfolgung der Zahlungsanweisungen zu verfügen haben. Der Arrestgläubiger wird dagegen erst Zahlung erlangen können, wenn er ein vollstreck-

bares Urtheil vorlegt, es sei denn, daß alle Betheiligten ohne dasselbe in die Auszahlung einwilligen (B). Vgl. § 659 in Verbindung mit §§ 803 u. 810 Abs. 2 der C. P. O.

§ 25.

Die Einschreibung des für die Arrestforderung erwirkten vollstreckbaren Urtheils erfolgt bezüglich der mit der Arresthypothek belasteten Grundstücke durch Eintragung eines Vermerks am Rande der über die Arresthypothek genommenen Einschreibung. Der Vermerk hat den Urtheilsbetrag an Hauptsumme und Nebenforderungen anzugeben.

1. Eine Frist, innerhalb welcher die Arresthypothek, nachdem in der Hauptsache ein vollstreckbares Urtheil erwirkt ist, durch Eintragung eines Vermerks auf Antrag des Gläubigers richtig zu stellen wäre, ist nicht bestimmt. Der Schuldner ist aber zweifellos befugt, diese Richtigstellung zu verlangen.

Auch nachdem ein solcher Vermerk erfolgt ist, ist die Frist zur Erneuerung stets vom Zeitpunkte der Eintragung der Arresthypothek, nicht vom Zeitpunkte der Eintragung des Vermerks zu berechnen.

2. Ueber die Kosten des Vermerks vgl. § 4 des Ges., betr. die Hypothekengebühren, v. 24. Juli 1889 und § 5 des Ges., betr. die Kosten in Grundbuchsachen.

§ 26.

Eine einstweilige Verfügung durch welche dem Gegner die Veräußerung, Belastung oder Verpfändung von Gegenständen des unbeweglichen Vermögens untersagt wird, kann Dritten nur entgegengesetzt werden, wenn die die Anordnung enthaltende Entscheidung im Hypothekenamt überschrieben war.

1. Nach § 814 C. P. O sind einstweilige Verfügungen in Beziehung auf den Streitgegenstand gestattet, wenn zu besorgen ist, daß durch eine Veränderung des bestehenden Zustandes die Verwirklichung des Rechts einer Partei vereitelt oder wesentlich erschwert werden könnte. Als zulässigen Inhalt einer einstweiligen Verfügung bezeichnet § 817 C. O. P. ausdrücklich die Untersagung der Veräußerung, Belastung oder Verpfändung eines Grundstücks. Hinsichtlich der Anordnung und des weiteren Verfahrens finden im Allgemeinen die Vorschriften über die Anordnung von Arresten und das Arrestverfahren entsprechende Anwendung (§ 815 C. P. O.), und es ist somit gleichwie in Ansehung des Arrestes auch in Ansehung der einstweiligen Verfügungen Aufgabe der Landesgesetzgebung geblieben, die Vollziehung zu regeln.

2. Das Gesetz regelt nur die Vollziehung von einstweiligen Verfügungen, durch welche dem Gegner die Veräußerung, Belastung oder Verpfändung von Gegenständen des unbeweglichen Vermögens untersagt wird. Eine solche Anordnung kann Dritten nur entgegengesetzt werden, wenn die die Anordnung enthaltende Entscheidung überschrieben war. Unter den Dritten sind namentlich die Personen zu verstehen, welche durch Veräußerung, Verpfändung oder Belastung von dem „Gegner“ oder dessen Rechtsnachfolgern Rechte an dem Grundstück erworben haben. Daß diese Personen ihrerseits ihre Rechte vorher durch Einschreibung oder Ueberschreibung gewahrt haben müssen, ist nicht vorgeschrieben, folgt aber bezüglich der Hypotheken daraus, daß dieselben überhaupt erst durch die Einschreibung Wirksamkeit erlangen.

3. Veräußerungen, Belastungen und Verpfändungen, welche nach Ueberschreibung der einstweiligen Verfügung erfolgen, sind, insoweit durch die einstweilige Verfügung ein Verbot ausgesprochen ist, gegenüber der Partei, welche die einstweilige Verfügung erwirkt hat, ohne verbindliche Kraft.

§ 27.

Bei Aufhebung des Arrestes oder der einstweiligen Verfügung ist zugleich die Löschung der bewirkten Einschreibung bezw. Ueberschreibung anzuordnen.

1. Der § wiederholt die Bestimmung des § 34 des Ges. v. 30. April 1880, sieht aber, mit Rücksicht auf die veränderte Art der Vollziehung des Arrestes neben der Löschung der Ueberschreibung auch die Löschung der „Einschreibung" vor.

2. Die Löschung ist von Amtswegen anzuordnen; sie kann erst bewirkt werden, wenn die richterliche Entscheidung vollstreckbar ist. Wie in dem Kommissionsbericht ausdrücklich hervorgehoben wird, kann die Löschung auch ohne gerichtliche Verfügung erfolgen, wenn der Gläubiger seine Einwilligung dazu in gehöriger Form erklärt hat.

Abschnitt IV.

Stempel-, Enregistrements- und Notariatsgebühren.

§ 28.

Zu Ausfertigungen und Auszügen aus Urkunden über die im § 1 bezeichneten Rechtsgeschäfte kann, sofern der Werth der Grundstücke, auf welche sich die Ausfertigung oder der Auszug bezieht, 1000 Mark nicht übersteigt, ein ermäßigter Dimensionsstempel verwendet werden, und zwar:

bei Werthen bis zu 200 Mark ein Stempel von 20 Pf.

bei Werthen von mehr als 200 bis 500 Mark ein Stempel von 40 Pf.

bei Werthen von mehr als 500 bis 1000 Mark ein Stempel von 80 Pf.

je für den Bogen mittleren Formats.

Die näheren Vorschriften zur Ausführung dieser Bestimmungen werden durch das Ministerium erlassen.

1. Die im Schlußabsatze vorgesehenen Ausführungsbestimmungen sind in der Minist.-Verf. v. 13. Sept. 1889 (Z. A. Bl. Nr. 39, S. 225) enthalten, welche lautet:

Auf Grund des § 28 Abs. 2 des Gesetzes, betreffend Grundeigenthum und Hypothekenwesen, sowie die Notariatsgebühren vom 24. Juli 1889 (G. Bl. S. 69) wird hiermit Folgendes bestimmt:

1. Behufs Verwendung zu Ausfertigungen und Auszügen aus Urkunden über die in § 1 des vorerwähnten Gesetzes bezeichneten Rechtsgeschäfte, bei welchen der Werth der den Gegenstand der Ausfertigung oder des Auszugs bildenden Grundstücke 1000 M. nicht übersteigt, wird Stempelpapier mittleren Formats zum Preise von 20 Pf. und werden Stempelmarken zu 20 Pf. ausgegeben.

Das Stempelpapier zu 20 Pf. darf nur zu den bezeichneten Ausfertigungen und Auszügen verwendet werden und nur dann, wenn die Ausfertigung oder der Auszug sich nicht zugleich auf andere als die in Frage stehenden Rechtsgeschäfte oder auf Bestimmungen, welche sich aus denselben ergeben, bezieht. Die Verwendung zu sonstigen stempelpflichtigen Ausfertigungen, Auszügen oder Schriftstücken wird wie Verwendung ungestempelten Papiers angesehen.

2. Sofern der Werth der Grundstücke, auf welche sich die Ausfertigung oder der Auszug bezieht, mehr als 200, aber nicht mehr als 500 M. beträgt, hat der Notar eine Stempelmarke zu 20 Pf., sofern der Werth mehr als 500 bis zu 1000 M. beträgt, drei Stempelmarken zu 20 Pf. oder eine solche Marke und eine zu 40 Pf. neben dem Schwarzstempel aufzukleben. Die Enregistrements-Einnehmereien sind ermächtigt, den Notaren Stempelmarken außer zu 20 auch zu 40 Pf. käuflich abzugeben.

3. Die Notare haben die aufgeklebten Marken durch Aufschrift des Tags, Monats und Jahres der Verwendung und ihres Namenszugs in der Weise, daß noch ein Theil des Namenszugs auf das Papier zu stehen kommt, zu entwerthen. An Stelle der Aufschrift des Namenszugs ist der Aufdruck des Dienststempels zulässig.

Nicht in vorgeschriebener Weise entwerthete Marken werden als nicht verwendet angesehen.

2. Die Vorschrift der Z. 1 Abs. 2 der vorstehenden Verfügung stimmt nach Fassung und Inhalt mit der Vorschrift des Art. 11 des Ges. v. 22. Frim. VII überein und verfolgt den gleichen Zweck; es sind deshalb bei Beurtheilung der

Frage, ob die Voraussetzungen für die Verwendung des ermäßigten Stempels gegeben sind, die gleichen Grundsätze, wie sie für die Anwendung jenes Artikels bestehen, als maßgebend zu erachten. Die Verwendung des ermäßigten Stempels ist daher immer dann ausgeschlossen, wenn die Ausfertigungen und Auszüge neben den in § 28 erwähnten Rechtsgeschäften noch andere Bestimmungen enthalten, welche gemäß Art. 11 des Ges. v. 22. Frim. VII zur Erhebung einer besonderen Enregistrements-Gebühr Anlaß geben (D. Z. v. 22. Nov. 1889).

3. Nur der Inhalt des Auszugs oder der Ausfertigung, nicht der Inhalt der Urschrift ist für die Frage, ob ermäßigter Stempel verwendet werden darf, entscheidend. Die Verwendung kann somit stattfinden, wenngleich die Urschrift noch andere Rechtsgeschäfte umfaßt oder der Werth der Grundstücke, auf welche sich das verbriefte Rechtsgeschäft bezieht, 1000 M. übersteigt, sofern nur die Ausfertigung oder der Auszug innerhalb der Voraussetzungen des § 28 verbleibt.

§ 29.

Auf privatschriftlich oder mündlich abgeschlossene Verträge, durch welche die Verpflichtung begründet wird, das Eigenthum an einem Grundstück zu übertragen, finden bezüglich der Verpflichtung zur Entrichtung der Enregistrementsgebühren die Bestimmungen der bisherigen Gesetzgebung über privatschriftlich oder mündlich vollzogene Eigenthumsübertragungen Anwendung.

Die für derartige Verträge zu entrichtende Gebühr ist die gleiche wie für die Eigenthumsübertragung. Der gezahlte Betrag kommt bei der Registrirung dieser letzteren in Anrechnung.

1. Zufolge der Vorschrift des § 29 werden die für die Uebertragung des Eigenthums geschuldeten Enregistrements-Gebühren auch für mündlich oder privatschriftlich abgeschlossene Verträge erhoben, obgleich durch solche Verträge das Eigenthum nicht

mehr übertragen, sondern nur eine Verpflichtung zur Uebertragung desselben begründet wird. Diese von der Spezialkommission des Landesausschusses vorgeschlagene Bestimmung war erforderlich, weil andernfalls zu befürchten war, daß die Parteien, um die Zahlung der Gebühr zu vermeiden, sich vielfach auf den Abschluß privatschriftlicher Verträge beschränken würden, was den Zweck des Gesetzes, größere Sicherstellung des Eigenthums, vereitelt hätte.

2. Die Frist zur Einregistrirung beträgt drei Monate vom Tage der Errichtung der Urkunde oder des Vertragsabschlusses (Art. 22 des Ges. v. 22. Frim. VII u. Art. 4 des Ges. v. 27. Vent. IX in Verbindung mit Art. 1583 des Code civil). Die Gebühr beläuft sich auf $5\frac{1}{2}$ % vom Preis oder wenn dieser geringer als der Verkaufswerth ist, vom Verkaufswerthe (Art. 69 § VII Z. 1 in Verbindung mit Art. 15 Z. 6, 17 u. 18 des Ges. v. 22. Frim. VII u. Art. 52 des Ges. v. 28. April 1816).

3. Der im Hinblick auf die mündlich oder privatschriftlich getroffene Vereinbarung gezahlte Betrag ist, wenn die Vereinbarung in der Folge notariell verbrieft und die Notariatsurkunde zur Registrirung vorgelegt wird, in Anrechnung zu bringen. Kommt hiernach eine verhältnißmäßige Gebühr nicht mehr zur Erhebung, so ist die feste Gebühr von 1 M. 60 Pf. in Ansatz zu bringen (D. Z. v. 5. Okt. 1889 Z. 9). Vgl. A. A. Notariats-Zeitschr. Bd. X S. 131. S. aber Art. 43 Z. 3 des Ges. v. 28. April 1816.

§ 30.

Für freihändige Kauf- und Tauschverträge, welche Grundstücke betreffen, sowie Theilungen werden die Gebühren der Notare wie folgt geändert:

1. Der Geringstbetrag der Werthtaxe (§ 4 des Tarifs vom 26. Dezember 1873) wird auf eine Mark herabgesetzt;
2. Für die Besorgung der Ueberschreibung und Einschreibung in die Hypothekenregister (§ 9 des Tarifs) erhält der Notar

a) bei Werthen bis zu 500 Mark 50 Pf.,

b) bei Werthen von mehr als 500 bis zu 2000 Mark eine Mark,

c) wenn der Vertragswerth 2000 Mark übersteigt, zwei Mark.

Schreibgebühren oder baare Portoauslagen kommen neben dieser Gebühr nicht in Ansatz;

3. Die Vergütung für Vereinnahmung, Aufbewahrung und Ablieferung von Geldern (§ 11 des Tarifs) wird, ohne daß es einer Vereinbarung bedarf, auf $^1/_4$ % festgesetzt;

4. an Schreibgebühren (§ 13 des Tarifs) dürfen:

a) bei Werthen bis zu 500 Mark nur 40 Pf. für das Blatt,

b) bei Werthen von mehr als 500 bis zu 2000 Mark nur 80 Pf. für das Blatt erhoben werden;

5. die Gang- und Reisegebühren (§ 14 des Tarifs) kommen, wenn der Vertragswerth 1000 Mark nicht übersteigt, nur zur Hälfte in Ansatz.

1. Die in den §§ 30 bis 32 vorgeschlagenen Gebührenermäßigungen finden ihre Rechtfertigung darin, daß in Folge der Einführung des Notariatszwangs eine wesentlich erhöhte Inanspruchnahme der notariellen Thätigkeit zu erwarten und es deshalb gerechtfertigt ist, insbesondere bei Gegenständen geringeren Werthes Herabsetzungen des Notariatstarifs eintreten zu lassen, ohne doch das im Großen und Ganzen als angemessen zu erachtende Einkommen der Notare einer erheblichen Schmälerung zu unterziehen (M.).

2. Die Bestimmungen des § 30 sind durch Verf. des O. St. v. 19. Mai 1891 in zutreffender Weise erläutert worden. In Uebereinstimmung mit derselben ist Folgendes hervorzuheben:

a) § 30 bezieht sich nur auf Kauf- und Tauschverträge, welche die Uebertragung von Eigenthum (nicht von andern Rechten) an Grundstücken zum Gegenstand haben.

Auf Schenkungen von Grundstücken (§ 2 Z. 4 des Tarifs) findet § 30 keine Anwendung, ebensowenig auf Uebergabe-Verträge (§ 1 Z. 3 des Tarifs), welche nicht als Kauf- oder Tauschverträge erscheinen, und dasselbe gilt von Alimenten-(Verpflegungs-) Verträgen (§ 2 Z. 7 des Tarifs), auch wenn die Gegenleistung in einem Grundstücke besteht. Es ist jedoch bezüglich dieser letzteren Verträge hervorzuheben, daß die rechtliche Natur derselben jeweils nur nach den Umständen des einzelnen Falles beurtheilt zu werden vermag. So kann z. B. die Uebertragung eines Grundstückes gegen eine in Geld zu zahlende ewige oder zeitliche Rente (z. B. Leibrente) unter Würdigung des Gesammtinhalts des Vertrags auch als Kaufvertrag angesehen werden. Im Falle mehrerer verschiedenartiger Gegenleistungen des Erwerbers ist die Hauptleistung für die Beurtheilung der rechtlichen Natur des Geschäfts maßgebend (Aubry u. Rau, Bd. IV S. 386).

b) Für die Berechnung der Gebühr des § 30 Z. 2 ist nicht der Werth, auf welchen sich die Ueberschreibung oder Einschreibung bezieht, sondern der volle Vertragswerth des zur Ueberschreibnng oder Einschreibung Anlaß gebenden Geschäfts, bei Theilungen also der der notariellen Gebührenberechnung überhaupt zu Grunde zu legende gesammte Werth der Theilung (das Gesammt-Aktivum ohne Abzug der Schulden) maßgebend.

Zu den baaren Porto-Auslagen, welche nach § 30 Z. 2 Schlußsatz nicht in Ansatz kommen dürfen, zählen auch die dem Gehülfen-Personal der Hypothekenämter für Besorgung der Rücksendung der Urkunden zu entrichtenden sogenannten Besorgungsgebühren.

c) Die Herabsetzung der Hebegebühren (§ 30 Z. 3) findet, gleich allen übrigen Bestimmungen des § 30, auf öffentliche Versteigerungen keine Anwendung. Bei Theilungen greift somit diese Herabsetzung nur insoweit Platz, als es sich nicht um Steiggelder handelt.

d) Für die Berechnung der Schreibgebühren (§ 30 Z. 4) gilt das unter b Bemerkte. Nicht der Werth, auf welchen der Auszug sich bezieht, sondern der gesammte Vertragswerth ist der Berechnung zu Grunde zu legen.

e) Die Ermäßigung der Reisegebühr (§ 30 Z. 5) greift nicht Platz, wenn der Notar auf einer Reise zugleich Geschäfte erledigt, welche nicht unter § 30 Z. 5 fallen. In solchem Falle ist der Notar berechtigt, die volle Gang- und Reisegebühr das § 14 des Notariats-Tarifs zu berechnen. Bei der gemäß § 14 Abs. 4 des Tarifs zu bewirkenden Vertheilung der Gebühr auf die einzelnen Geschäfte darf aber auf ein unter § 30 Z. 5 fallendes Geschäft keinenfalls mehr als die Hälfte der Sätze des § 14 ausgeworfen werden.

f. Die Anwendung der Bestimmungen des § 30 wird dadurch nicht ausgeschlossen, daß die Urkunde außer einem der im § 30 bezeichneten Rechtsgeschäfte noch ein anderes nicht unter § 30 fallendes Rechtsgeschäft enthält. In solchem Falle steht dem Notar gemäß § 8 Abs. 1 des Tarifs die Wahl zu, für welches derselben er die Gebühren erheben will. Dies gilt insbesondere auch für den Fall eines Kaufs mit Cession, da der Notar durch den eine Vergünstigung bezweckenden Vorbehalt des § 8 Abs. 2 des Tarifs nicht behindert wird, auf die allgemeinen Vorschriften des § 8 Abs. 1 zurückzugreifen. Das Wahlrecht bezieht sich aber nur auf die Hauptgebühren der §§ 1—7, nicht auch auf die in den folgenden §§ des Tarifs und im Anschluß hieran in § 30 Z. 2—5 geregelten Nebengebühren, welche vielmehr jeweils nach demjenigen Geschäfte zu berechnen sind, auf welches sich die betreffende Verrichtung bezieht. Die Anwendung dieses letzteren Grundsatzes führt zu folgenden Ergebnissen:

α) Die Ermäßigung der Gebühr des § 9 des Tarifs für Besorgung hypothekenamtlicher Förmlichkeiten (§ 30 Z. 2) greift Platz, sofern nur das Rechtsgeschäft, welches zur Ueberschreibung oder Einschreibung Anlaß giebt, unter § 30 fällt. Soweit hiernach § 30 Z. 2 anzuwenden ist, ist bei Berechnung der Gebühr ausschließlich der Vertragswerth des betreffenden Rechtsgeschäfts zu Grunde zu legen.

β) Die Geld-Vereinnahmungs-Gebühr ist von Geldbeträgen, welche aus einem unter § 30 fallenden Geschäfte vereinnahmt werden, nach dem ermäßigten Satze des § 30 Z. 3 zu berechnen. Erfolgt die Vereinnahmung dagegen aus Anlaß eines anderen in der nämlichen Urkunde enthaltenen Geschäfts, so bewendet es bei den der vertragsmäßigen Festsetzung unterliegenden Sätzen des § 11 des Tarifs. So berechnet sich z. B. in dem praktisch häufigen Falle eines Kaufs mit Cession die Gebühr für die durch den Notar betheiligte Vereinnahmung des Cessionspreises nach § 11 des Tarifs, während für die spätere Empfangnahme des Kaufpreises § 30 Z. 3 zur Anwendung zu kommen hat.

(γ Die Schreibgebühren sind, wenn ein Auszug sich nur auf ein unter § 30 Z. 4 fallendes Rechtsgeschäft bezieht, nach § 30 Z. 4, und wenn derselbe ausschließlich ein nicht hierher gehörendes Rechtsgeschäft betrifft, nach § 13 des Tarifs zu berechnen.

Handelt es sich um Ausfertigungen, Abschriften und Auszüge, welche mehrere Geschäfte umfassen, von denen das eine außerhalb, das andere innerhalb der Sphäre des § 30 und der Werthgrenze des § 30 Z. 4 liegt, so sind die Schreibgebühren für diese Urkunden, soweit letztere das Rechtsgeschäft des § 30 Z. 4 betreffen, nach dieser Vorschrift, und hinsichtlich des ganzen übrigen Inhalts, einschließlich Eingang und Schluß, nach § 13 des Tarifs zu berechnen. Mit Rücksicht darauf, daß die Schreibgebühr blattweise berechnet wird, ergeben sich aus diesem Verfahren keine Schwierigkeiten. Es ist in der Weise zu verfahren, daß zunächst für das zweite Geschäft blattweise und zwar mindestens für ein Blatt die Gebühr nach § 13 des Tarifs und sodann für den Raum, welcher über diese Blattzahl hinausgeht, die Gebühr nach § 30 Z. 4, gleichfalls blattweise, berechnet wird.

Uebrigens wird ein Auszug ꝛc., als mehrere Rechtsgeschäfte umfassend nur dann anzusehen sein, wenn er den Inhalt der Urschrift bezüglich eines jeden thatsächlich wiedergiebt. Ist z. B. im Falle eines Kaufs bis zu 2000 M. mit Cession dem Käufer ein Auszug (Kaufbrief) ertheilt, welcher, indem er den Inhalt der getroffenen Vereinbarungen nur hinsichtlich des Kaufs, nicht aber hinsichtlich der Cession ersichtlich macht, der letzteren nur gedenkt, um den zum Empfang des Kaufpreises berechtigten Cessionar erkennen zu lassen, so darf nur die Gebühr des § 30 Z. 4 in Anspruch genommen werden.

δ) Die Gang- und Reisegebühren werden in der Regel nach § 14 des Tarifs zu berechnen sein, weil der Notar wegen des nicht unter § 30 fallenden Geschäfts diese Gebühr zu beanspruchen hat. Sollte jedoch ausnahmsweise der Gang oder die Reise nur aus Anlaß des die Anwendung des § 30 Z. 5 bedingenden Geschäfts unternommen sein, wie solches z. B. im Falle gesonderter Aufnahme der Erklärungen der einzelnen Parteien zutreffen kann, so ist auch § 30 Z. 5 maßgebend.

g) Die vorstehenden Erörterungen (unter f.) treffen nicht den Fall, wenn die Urkunde ein einheitliches Rechtsgeschäft (Kauf oder Tausch) enthält, dieses aber seinem Gegenstand nach, weil Immobilien und Mobilien zugleich umfassend, über die Sphäre des § 30 hinausgeht. Der Mindestbetrag der Werthtaxe beträgt hier schlechthin drei Mark. Für die Berechnung der Gebühren des § 30 Z. 2 u. 4 wird dagegen nur der Werth der Grundstücke in Betracht kommen, wie deßgleichen von dem Betrage der vereinnahmten Immobiliargelder die Hebegebühren nach dem ermäßigten Satze des § 30 Z. 3 zu berechnen sind. Immerhin ist diese letztere Folgerung im Hinblick auf die einheitliche Natur des Rechtsgeschäfts Zweifeln unterworfen.

§ 31.

Die Gebühr des § 6 des Tarifs wird für die Beglaubigung von Unterschriften auf eine Mark herabgesetzt.

1. Die im § 31 vorgesehene Gebühren-Ermäßigung beschränkt sich nicht auf die Beglaubigung von Unterschriften, welche auf die in diesem Gesetze erwähnten Rechtsgeschäfte Bezug haben, sondern greift überall Platz.

2. Die Gebühr darf für jede Beglaubigung, wenn gleich diese mehreren Unterschriften zum Gegenstande hat, nur einmal erhoben werden (vgl. Z. 3 der Allgem. Verf. des O. St. v. 19. Mai 1891).

§ 32.

Im Falle eines Austausches von Grundstücken gemäß § 3 des Gesetzes vom 11. Mai 1877, betreffend Abänderung der Gesetzgebung hinsichtlich des Wasserrechts (Gesetzblatt Seite 12) und § 1 Absatz 2 des Gesetzes vom 14. April 1884, betreffend die Anlage und Unterhaltung von Feldwegen (Gesetzblatt S. 87), wird die Werthtaxe (§ 1 des Tarifs vom 26. Dezember 1873) im Höchstbetrag auf zehn Mark festgesetzt.

Das Gleiche gilt für Tauschverträge über unüberbaute ländliche Grundstücke, sofern für dieselben nach den gesetzlichen Bestimmungen eine Ermäßigung der Enregistrementsgebühren einzutreten hat.

1. Für den Austausch von Grundstücken bei Durchführung von Unternehmungen, für welche sich autorisirte Genossenschaften bilden können, gewährt schon die bestehende Gesetzgebung in Würdigung der Bedeutung solcher Verträge für eine rationelle Bewirthschaftung des Landes eine Kostenerleichterung, indem § 3 des Ges. v. 11. Mai 1877 in Verbindung mit § 1 Abs. 2 des Ges. v. 14. April 1884, die betreffenden Vertrags- und Gerichtsverhandlungen, Transscriptionen, Einschreibungen und Löschungen in den Hypothekenbüchern von Staatskosten befreit. Die fraglichen Verträge, welche bisher in gewissem Umfange privatschriftlich beurkundet wurden, unterliegen zufolge des § 1 künftig dem Notariatszwang. Damit hieraus eine merkliche Kostenvermehrung nicht entsteht, empfahl es sich, den Höchstbetrag der Werthtaxe auf 10 M. festzusetzen. Eine weitergehende Befreiung erschien nicht angezeigt, da auch durch die Privatbeurkundung Kosten entstanden sind (M.).

2. Die im Abs 2 erwähnte Ermäßigung von Enregistrementsgebühren tritt ein, wenn

a) die vertauschten Güter innerhalb derselben Gemeinde oder in aneinander grenzenden Gemeinden belegen sind, oder, sofern dies nicht der Fall ist,

b) eine der vertauschten Liegenschaften an andere Grundstücke des Erwerbers angrenzt, welche dieser entweder durch Erbschaft oder elterliche Voraustheilung oder durch einen seit mindestens zwei Jahren registrirten anderen Vertrag erworben hat.

Das Nähere vgl. § 4 des Ges. v. 27. Mai 1888 (G. Bl. S. 47) u. Art. 4 des Finanzges. v. 27. Juli 1870.

Abschnitt V.

Uebergangs. und Schlußbestimmungen.

§ 33.

An Stelle des § 26 Absatz 1 des Gesetzes vom 30. April 1880, betreffend die Zwangsvollstreckung in das unbewegliche Vermögen (Gesetzblatt Seite 93) tritt folgende Bestimmung:

Die nach der Ueberschreibung des Zwangsvollstreckungsbeschlusses von dem Schuldner vorgenommenen Veräußerungen, Belastungen, Verpfändungen, Vermiethungen und Verpachtungen sind dem betreibenden Gläubiger, den bis dahin eingetragenen Hypothekargläubigern, sowie dem zukünftigen Ansteigerer gegenüber unwirksam.

1. Nach § 26 Abs. 1 des Ges. v. 30. April 1880 hatte die Ueberschreibung des Zwangsvollstreckungsbeschlusses zu Gunsten des betreibenden Gläubigers, der bis dahin eingetragenen Hypothekengläubiger und des künftigen Ansteigerers die nach § 32 daselbst mit der Vollziehung des dinglichen Arrestes verbundenen Wirkungen. Da § 32 durch dieses Gesetz aufgehoben wird (vgl. § 40), so war § 26 in geeigneter Weise zu ergänzen.

2. Im Kommissionsbericht ist zu dem § bemerkt:

„Für die Durchführung der Zwangsvollstreckung erscheint es angezeigt, die bisherigen Beschränkungen beizubehalten, es also bei der Vorschrift zu belassen, durch welche dem Schuldner verboten wird, nach der Ueberschreibung des Zwangsvollstreckungsbeschlusses die Grundstücke weiter zu veräußern oder dinglich zu belasten, zu vermiethen und zu verpachten.

Das Verfahren beruht nämlich auf einem vollstreckbaren Titel, und wird meistens rasch durchgeführt; die Grundstücke selbst werden der Gewalt des Schuldners (§ 24 des Ges. v. 30. April 1880) entzogen; es tritt eine Immobilisirung der bezogenen Früchte beziehungsweise der fällig werdenden Pachtzinsen ein."

§ 34.

Die in den §§ 1 Schlußabsatz, 5 Absatz 2, 14 Schlußabsatz, 37 und 47 des Gesetzes vom 30. April 1880 vorgeschriebene Benennung eines Zustellungsbevollmächtigten ist nur erforderlich, wenn die Personen, auf welche jene Vorschrift sich bezieht, nicht in Elsaß-Lothringen wohnen. Auch genügt es, daß die zu benennenden Zustellungsbevollmächtigten in Elsaß-Lothringen wohnen.

1. Der erste Satz des § 34, dessen Vorschriften aus dem Rahmen des vorliegenden Gesetzes heraustreten, ist von der Spezialkommission des Landesausschusses vorgeschlagen worden; der zweite, welcher die folgerichtige Ergänzung des ersten bildet, beruht auf einem von dem Abgeordneten Dr. Petri in der Sitzung v. 3. Mai 1889 gestellten Amendement.

2. Nach den angeführten Bestimmungen des Ges. v. 30. April 1880 mußten:

a) im Zwangsvollstreckungs-Verfahren der betreibende Theil, der Schuldner und Drittbesitzer sowie der Ansteigerer,

b) im Hypotheken-Reinigungs-Verfahren der Erwerber und überbietende Gläubiger,

c) im Vertheilungsverfahren der anmeldende Gläubiger,

sofern sie selbst nicht im Bezirk des Vollstreckungsgerichts wohnten, einen in diesem Bezirke wohnhaften Zustellungsbevollmächtigten benennen. Die Erfüllung dieser Auflage führte in der Praxis zu Schwierigkeiten, weil nicht in allen Bezirken geeignete Mandaten zu finden waren. Anderseits konnte ein Bedürfniß für die Beibehaltung derselben im Hinblick auf die seit Einführung der C. P. O. erleichterten Formen der Zustellung nicht anerkannt werden. Die Kommission beschloß daher, das Erforderniß der Benennung eines Zustellungsbevollmächtigten in den bezeichneten §§ auf den Fall zu beschränken, daß die betreffenden Personen nicht in Elsaß-Lothringen wohneu. Im Anschluß hieran wurde bestimmt, daß auch der Zustellungsbevollmächtigte nicht mehr im Bezirke des Vollstreckungsgerichts zu wohnen braucht, sondern daß es genügt, wenn derselbe seinen Wohnsitz in Elsaß-Lothringen hat.

§ 35.

Für die Bevollmächtigung zum Abschluß der im § 1 Absatz 1 bezeichneten Rechtsgeschäfte genügt eine nicht beglaubigte Urkunde unter Privatunterschrift, sofern dieselbe vor dem Inkrafttreten dieses Gesetzes registrirt worden ist.

1. Der Paragraph beruht auf einem Beschlusse der Spezialkommission des Landesausschusses. Derselbe bezweckt insbesondere, Personen, welche unter der Herrschaft der früheren Gesetzgebung mit Hinterlassung einfacher Privatvollmachten das Land verlassen haben, vor Belästigungen und Rechtsnachtheilen zu schützen. Um einen Mißbrauch der Vorschriften mittels Vordatiruug zu verhindern, ist bestimmt, daß die Vollmacht vor dem Inkrafttreten des Gesetzes registrirt sein muß.

Zu den §§ 36—39.

Durch die Vorschriften der §§ 36—39 ist die Durchführung der Grundsätze der Publizität und Spezialität auch hinsichtlich derjenigen Hypotheken und Vorzugsrechte sichergestellt, welche schon vor dem Inkrafttreten des Gesetzes bestanden. Wenn diese Rechte zwar als wohlerworbene Rechte zu schützen waren, so erschien es anderseits doch geboten, dieselben innerhalb angemessener Frist in die neuen Formen überzuführen und mit den allgemeinen Grundsätzen dieses Gesetzes in Einklang zu bringen. Die vertragsmäßigen Hypotheken konnten hierbei außer Betracht bleiben, da dieselben schon nach dem Code civil jenen Grundsätzen in der Hauptsache unterlagen.

Im Wesentlichen ist was folgt bestimmt:

a) Die noch nicht eingeschriebenen Vorzugsrechte und gesetzlichen Hypotheken müssen spätestens bis zum 1. Jan. 1891 eingeschrieben werden, widrigenfalls sie nur noch den Anspruch auf eine Hypothek begründen, welche Wirksamkeit und Rang erst vom Tage der späteren Einschreibung nimmt (§ 38 Abs. 1). Vgl. aber § 38 Anm. 1 b.

Die Ehefrau ist zur Einschreibung ihrer gesetzlichen Hypothek in dieser Frist auch dann verpflichtet, wenn Seitens eines subrogirten Gläubigers schon eine Einschreibung für dieselbe genommen war (§ 39 Abs. 1).

b) Die schon eingeschriebenen gesetzlichen und richterlichen Hypotheken müssen bei Vermeidung der gleichen Folge (a, Abs. 1) spätestens bis zum 1. Jan. 1894 erneuert werden. Ist die Frist des Art. 2154 des Code civil schon vor diesem Zeitpunkte abgelaufen, so muß die Erneuerung schon vorher bethätigt werden; jedoch kann, insofern nicht auch die Frist des Art. 8 des Ges. v. 23. März 1855 oder die Fristen von § 15 Abs. 2 u. § 17 Abs. 4 dieses Gesetzes schon abgelaufen sind, noch bis zum 1. Jan. 1891 gültig auf's Neue eingeschrieben werden.

c) Sowohl bei der Einschreibung (a) als bei der Erneuerung (b) sind — vorbehaltlich der Ausnahme des § 39 Abs. 2 — die Grundsätze der Spezialität zu beachten. Die in dieser Weise erneuerten gesetzlichen Hypotheken sind, gleich den neu eingeschriebenen, von weiterer Erneuerung nach Maßgabe des § 21 befreit (§ 36). Ferner gelten, sowohl was die Art der Erwirkung der Einschreibung und Erneuerung, als was den Umfang derselben sowie die Zulässigkeit und Form der Beschränkung anlangt, die Grundsätze dieses Gesetzes (§ 38 Abs. 3).

d) Die erst nach dem Inkrafttreten dieses Gesetzes von dem Schuldner erworbenen Grundstücke werden von einer gegen ihn eingeschriebenen allgemeinen Hypothek nicht mehr erfaßt. Es bedarf hierzu einer besonderen Einschreibung, deren Datum für Wirksamkeit und Rang der Hypothek maßgebend ist (§ 37).

§ 36.

Die Vorschriften des § 9 Absatz 2, 3 finden auf die Erneuerung der vor dem Inkrafttreten dieses Gesetzes erfolgten Einschreibungen und die Vorschrift des § 21 auf die daselbst bezeichneten Hypotheken, deren Einschreibung nach diesem Zeitpunkte erneuert ist, entsprechende Anwendung.

1. Nach § 36 kommen die Grundsätze dieses Gesetzes auch zur Anwendung, wenn eine bereits früher eingeschriebene Hypothek in Zukunft erneuert wird. In den Motiven des Gesetzentwurfs ist dazu bemerkt: „Würde das Gesetz sich darauf beschränken, die Grundsätze der Publizität und Spezialität für die nach dem Inkrafttreten desselben entstehenden Vorzugsrechte und Hypotheken vorzuschreiben, so würde einerseits die Verbesserung des jetzigen Rechtszustands eine wenig durchgreifende sein, anderseits aber in dem Bestehen so vieler Rechte, welche den Grundsätzen des Grundbuchsystems nicht entsprechen, für die demnächstige Einführung des Grundbuchs eine erhebliche Erschwerung und Hemmung sich ergeben. Es bedarf daher der Unterwerfung auch der bestehenden Rechte unter jene Prinzipien. Zu diesem Zwecke läßt der Entwurf die Vorschrift des § 9 Abs. 2, wonach die Eintragung der Vorzugsrechte wie der Hypotheken nud für bestimmte Beträge und auf bestimmte Grundstücke genommen werden kann, sowie die im Abs. 3 daselbst ausgesprochene formelle Erleichterung auch auf die Erneuerung der vor dem Inkrafttreten des Gesetzes erfolgten Einschreibungen entsprechende Anwendung finden. Auch soll die Befreiung der Mündel- und Ehefrauenhypotheken von der zehnjährigen Erneuerung (§ 21) auch auf eine nach dem Inkrafttreten des Gesetzes erneuerte Einschreibung Anwendung finden."

2. Die Verpflichtung zur Erneuerung wird, insoweit sie wie bezüglich der gesetzlichen Hypotheken früher nicht bestand, durch § 38 Abs. 2 begründet. Bei Erneuerung der gesetzlichen Hypotheken muß außer der genauen Bezeichnung der Forderung und der Grundstücke auch der Zeitpunkt der Vormundschaftseröffnung bezw. des Eheabschlusses angegeben werden.

§ 37.

Die vor dem Inkrafttreten dieses Gesetzes begründeten gesetzlichen und gerichtlichen Hypotheken werden in Ansehung der erst nach diesem Zeitpunkte von dem Schuldner erworbenen Grundstücke nur nach Maßgabe des § 9 Absatz 1, 2 wirksam.

1. In wohlerworbene Rechte darf nicht eingegriffen werden. Den gesetzlichen und gerichtlichen Hypotheken, welche schon vor dem Inkrafttreten des Gesetzes begründet waren, ist daher bezüglich der Grundstücke, für welche sie vor diesem Zeitpunkte rechtlich wirksam geworden sind, diese Wirksamkeit und der damit verbundene Rang unter der Voraussetzung rechtzeitiger Erneuerung gewahrt. Dagegen werden jene Hypotheken, insoweit eine rechtliche Wirksamkeit noch nicht vorlag, also bezüglich aller erst nach dem Inkrafttreten des Gesetzes von dem Schuldner erworbenen Grundstücke, nur mittels besonderer den neuen Vorschriften entprechenden Einschreibungen, deren Rang sich nach ihrem Datum bestimmt, wirksam.

§ 38.

Die vor dem Inkrafttreten dieses Gesetzes begründeten Vorzugsrechte aus Artikel 2103 Nr. 1, 2 des Code civil, sowie die vor diesem Zeitpunkte entstandenen gesetzlichen Hypotheken der Mündel und Ehefrauen müssen vor dem 1. Januar 1891 eingetragen werden, widrigenfalls sie nur noch den Anspruch auf eine Hypothek begründen, welche Wirksamkeit und Rang erst vom Tage der späteren Einschreibung erlangt. Die vor jenem Zeitpunkte erwirkte Einschreibung der vorbezeichneten gesetzlichen Hypotheken ist ungeachtet der etwa bis dahin überschriebenen Rechtsgeschäfte wirksam.

Sind die im Absatz 1 erwähnten Hypothekarrechte oder die bestehenden gerichtlichen Hypotheken vor dem Inkrafttreten dieses Gesetzes bereits eingeschrieben, so muß die Einschreibung bei Vermeidung der im Absatz 1 bezeichneten

Folge innerhalb der im Artikel 2154 des Code civil bestimmten Frist, zugleich aber spätestens bis zum 1. Januar 1894 erneuert werden. Die bezeichnete Frist wird hinsichtlich der gerichtlichen Hypotheken, sofern sie vor dem 1. Januar 1891 endigt, auf den letzeren Zeitpunkt erstreckt. Die Kosten der Erneuerung trägt der Schuldner.

Auf die Einschreibung der gesetzlichen Hypotheken der Mündel und Ehefrauen, sowie auf die Erneuerung derselben finden die Bestimmungen der §§ 11 bis 15, 17, 19 mit der Maßgabe Anwendung, daß, sofern die Vormundschaft oder Ehe vor dem Zeitpunkte des Inkrafttretens dieses Gesetzes beendigt ist, die in den §§ 15 Absatz 2 und 17 Absatz 4 vorgesehene Jahresfrist mit diesem Zeitpunkte beginnt.

In der Einschreibung oder Erneuerung der vorerwähnten gesetzlichen Hypotheken muß der Zeitpunkt der Vormundschaftseröffnung, bezw. des Eheabschlusses angegeben werden.

1. Die vor dem Inkrafttreten dieses Gesetzes entstandenen Vorzugsrechte der Verkäufer und der Gläubiger, welche das Geld zum Erwerbe der Liegenschaft dargeliehen haben, sowie die vor diesem Zeitpunkte entstandenen gesetzlichen Hypotheken behalten auch unter der Herrschaft des neuen Gesetzes vorläufig ohne Einschreibung ihre Wirksamkeit. Dies kann aber, wenn nicht die durch das Gesetz zu erreichenden Zwecke vereitelt werden sollen, ohne Einschränkung nur für eine Uebergangszeit aufrecht erhalten werden. Deßhalb stellt Abs. 1 zwar den Satz auf, daß jenen Privilegien und Hypotheken der bisherige Rang verbleibt, bestimmt aber, daß sie spätestens bis zum 1. Jan. 1891 (Vorschlag der Kommission) eingeschrieben werden müssen. Wird diese Frist versäumt, so können die erwähnten Privilegien nur noch mit hypothekarischer Wirkung und die erwähnten Hypotheken, wie alle andern, nur noch mit dem Range vom Tage der Einschreibung eingetragen werden (B.).

a) § 38 Abs. 1 ergänzt hinsichtlich der Vorzugsrechte den § 10. Es ist in demselben eine Frist für die Einschreibung derjenigen Vorzugsrechte gesetzt, welche vor dem Inkrafttreten des Gesetzes entstanden, aber zur Zeit des Inkrafttretens noch noch nicht gewahrt waren, sei es daß eine Ueberschreibung oder Einschreibung niemals stattgefunden hatte oder aber die s. Z. genommene Einschreibung Mangels rechtzeitiger Erneuerung erloschen war. (Ueber die Nothwendigkeit der Erneuerung im Falle der Wahrung des Rechts durch Ueberschreibung vgl. Bem. 3 zu § 10.) Jene Vorzugsrechte mußten vor dem 1. Jan. 1891 eingetragen werden, widrigenfalls die Berechtigten derselben verlustig gingen. Wenn ein Vorzugsrecht zur Zeit des Inkrafttretens des Gesetzes gewahrt war, die Einschreibung aber vor dem 1. Jan. 1891 verfiel, so konnte dasselbe gleichfalls bis zu letzterem Termine durch neue Eintragung noch gewahrt werden. Dagegen ist mit jeder Einschreibung, welche für eine vor dem Inkrafttreten des Gesetzes entstandene Kaufpreisforderung erst nach dem 1. Jan. 1891 erwirkt wurde, sofern eine Einschreibung nach Art. 6 des Ges. v. 23. März 1855 überhaupt noch zulässig war, nur noch eine vom Tage der Einschreibung Rang nehmende Hypothek verbunden.

b) Der Vorschrift, daß die vor dem Inkrafttreten des Gesetzes entstandenen gesetzlichen Hypotheken der Mündel und Ehefrauen vor dem 1. Jan. 1891 einzutragen seien, widrigenfalls sie nur den Anspruch auf eine Hypothek begründen, welche Wirksamkeit und Rang erst vom Tage der Einschreibung erlangen, ist weder nach dem Wortlaute noch nach der Absicht des Gesetzgebers die Bedeutung beizumessen, daß mit jeder vor dem vor dem 1. Jan. 1891 erwirkten Einschreibung eine nach Maßgabe der Bestimmungen des Code civil wirksame Hypothek verbunden ist. (Auf dieser u. E. irrigen Auffassung beruhen die Ausführungen in der Notariats-Zeitschr. Bd. X S. 198 ff., über angebliche Widersprüche im § 38). Dies ist vielmehr nur unter der Voraussetzung der Fall, daß mit den Forderungen der Ehefrauen und Mündel zur Zeit der Einschreibung noch eine derartige hypothekarische Wirksamkeit verbunden war. Im Einzelnen ist zu beachten:

α) Wenn die Ehe oder Vormundschaft schon vor dem 1. Okt. 1888 beendigt und innerhalb eines Jahres seit der Beendigung keine Einschreibung genommen war, so bestand für die Forderungen der gewesenen Ehefrauen und Mündel am 1. Okt. 1889, dem Tage des Inkrafttretens des Gesetzes, gemäß Art 8 des Ges. v. 23. März 1855 nur noch der Anspruch auf eine Hypothek, welche Dritten gegenüber erst durch die Einschreibung Wirksamkeit erhielt. Es konnte somit nur noch eine Hypothek mit Wirksamkeit vom Tage der Einschreibung eingetragen werden.

β) Wenn die Ehe oder Vormundschaft in der Zeit zwischen dem 1. Okt. 1888 und 1. Okt. 1889 geendet hatte, so blieb die ursprüngliche Wirksamkeit der Hypothek nur erhalten, wenn vor Ablauf eines Jahres nach der Beendigung Einschreibung genommen wurde. Dies folgt nothwendig daraus, daß nach der früheren Gesetzgebung mit der stillschweigenden Hypothek nur bis zum Ablauf dieses Jahres jene Wirksamkeit verbunden war.

γ) War zur Zeit der Einschreibung seit Beendigung der Ehe oder Vormundschaft unter der Herrschaft des neuen Gesetzes mehr als ein Jahr verflossen, so war die Einschreibung gänzlich unwirksam. Denn gemäß § 15 Abs. 2 und § 17 Abs. 4 des Gesetzes (vgl. auch § 38 Abs. 3) erlischt die Hypothek der Ehefrauen und Mündel, wenn nicht innerhalb eines Jahres nach Auflösung der Ehe oder Aufhebung der Vormundschaft Einschreibung genommen ist. Demgemäß lief in allen Fällen, in welchen die Ehe oder Vormundschaft vor dem 1. Okt. 1889 beendigt war, die Frist zur Einschreibung schon am 1. Okt. 1890 ab.

c) Der Schlußsatz des Abs. 1 beruht auf der Voraussetzung, daß durch die Einschreibung die ursprüngliche Wirksamkeit der gesetzlichen Hypothek gewahrt ist. Die Bestimmung desselben greift nicht Platz, wenn mit der Hypothek nur Rang und Wirksamkeit vom Tage der Einschreibung verbunden ist.

2. Ist die Eintragung der im Abs. 1 erwähnten Vorzugs- und Hypothekarrechte oder der bestehenden gerichtlichen Hypotheken zur Zeit des Inkrafttretens dieses Gesetzes bereits bewirkt, so genügt deren Erneuerung, welche gemäß § 36 den

neuen Vorschriften zu entsprechen hat. Durch Art. 2154 des Code civil ist hierfür eine zehnjährige Frist vorgesehen, und konnte es hierbei bezüglich der Einschreibung des Verkäuferprivilegs wie der sonstigen Privilegien bewenden, da die für dieselbe geltenden Vorschriften im Wesentlichen mit dem neuen Rechte (§ 9 Abs. 2) zusammenfallen. Anders verhält es sich mit der Einschreibung der Mündel- und Ehefrauenhypotheken sowie der gerichtlichen Hypotheken, welche in Gemäßheit der jetzigen Bestimmungen der nach § 9 Abs. 2 erforderlichen Bestimmtheit in gewissem Maße entbehrt. Dazu kommt, daß nach Abs. 3 die Erneuerung der genannten gesetzlichen Hypotheken — wie deren Einschreibung — nach den formellen und materiellen Vorschriften der §§ 11—15, 17, 19 erfolgen soll. Hiernach erschien es geboten, auch bezüglich der Erneuerung der fraglichen Einschreibungen einen kürzeren Endtermin vorzusehen. Derselbe wird im Abs. 2 auf den 1. Jan. 1894 in dem Sinne bestimmt, daß die Frist des Art. 2154 des Code civil spätestens mit jenem Zeitpunkte endigt. Dabei war anderseits der Fall zu berücksichtigen, daß die Erneuerungsfrist kurz nach dem Inkrafttreten des Gesetzes abläuft, so daß die noch übrige Zeit zur Vervollständigung der früheren Eintragung, insbesondere zur Ermittelung der Grundstücke, nicht mehr hinreichen könnte (M.).

Um Mißständen in letzterer Richtung zu begegnen, wurde für gerichtliche Hypotheken im Abs. 2 die Frist zur Erneuerung, sofern sie vor dem 1. Jan. 1891 abläuft, auf diesen Zeitpunkt erstreckt. Hinsichtlich der gesetzlichen Hypotheken ist gleiche Fürsorge nicht für nothwendig erachtet worden.

Wird die Erneuerung nicht rechtzeitig vorgenommen, so treten die im § 18 Abs. 1 angedrohten Rechtsfolgen ein; die nachträglichen Einschreibungen begründen nur den Anspruch auf eine Hypothek, welche Wirksamkeit und Rang erst vom Tage der Einschreibung erlangt. Zu beachten ist aber, daß, wenn der Termin zur Erneuernng vor dem 1. Jan. 1891 lag, gemäß § 38 Abs. 1 die ursprüngliche Wirksamkeit der gesetzlichen Hypotheken noch bis zu diesem letzteren Tage mittels neuer Eintragung erhalten werden konnte, es sei denn daß auch die Frist des Art. 8 des Ges. v. 23. März 1855 oder aber die Fristen des § 17 Abs. 4 dieses Gesetzes schon abgelaufen waren (vgl. oben unter b α—γ).

3. Nach dem Wortlaute von Abs. 2 bezieht sich die Verpflichtung zu der hier vorgeschriebenen Erneuerung auf alle vor dem Inkrafttreten des Gesetzes erfolgten Einschreibungen von gesetzlichen und gerichtlichen Hypotheken; es sind daher auch diejenigen Einschreibungen, welche die durch den Grundsatz der Spezialität erforderte Bedingungen schon vollständig erfüllten, von dieser Verpflichtung nicht befreit. Dies möchte sich auch daraus ergeben, daß im § 38 für diese Erneuerungen nicht blos die Erfüllung der Erfordernisse der Spezialität, sondern auch die Erfüllung der andern besonderen Bestimmungen der §§ 11—15, 17 u. 19 des Ges. vorgeschrieben ist (A. A. Notariats-Zeitschr. Bd. X S. 225 ff.).

4. Auf die Einschreibung und Erneuerung der vor dem Inkrafttreten des Gesetzes entstandenen gesetzlichen Hypotheken finden die Bestimmungen der §§ 11—15, 17 u. 19 Anwendung. Demgemäß mußten seit dem Inkrafttreten des Gesetzes alle Einschreibungsgesuche den Erfordernissen der Spezialität entsprechen. Alle Mündelhypotheken konnten seitdem nur auf Ersuchen des Amtsgerichts, welchem gewöhnlich eine Beschlußfassung des Familienraths vorausgehen mußte, eingeschrieben oder erneuert werden. Die Einschreibung wie die Erneuerung der gesetzlichen Hypothek der Ehefrau setzte in allen Fällen voraus, daß eine Forderung nach Maßgabe des Art. 2135 Z. 2 des Code civil entstanden war.

5. Um klarzustellen, daß der Rang der gemäß § 38 Abs. 1 zum ersten Mal oder erneuert eingetragenen Hypotheken sich nicht nach dem Tage der Eintragung richtet, muß in der Einschreibung oder Erneuerung der Tag der Vormundschaftseröffnung, bezw. des Eheabschlusses, nach welchem sich der Rang des Rechts bestimmt, angegeben sein (Abs. 4). Hinsichtlich der Vorzugsrechte ergiebt sich das Erforderliche aus dem Datum der bei der Eintragung anzugebenden Urkunde (M.).

Im Kommissionsbericht ist zu § 38 Abs. 4 bemerkt:

„Die Bestimmung des letzten Absatzes, wonach der Zeitpunkt in der Eintragung angegeben werden muß, nach welchem sich der Rang des Vorzugsrechts oder der Hypothek richtet, schützt vorsorglich die Dritten gegen die Gefahr, welche für sie in Folge der irrigen Auffassung hervorgerufen werden könnte, daß die betreffenden Rechte sich nach dem Tage der Eintragung richten."

Der Unterlassung der Angabe ist im Hinblick auf die Fassung („muß") und den Zweck der Vorschrift die Wirkung beizumessen, daß die eingeschriebene oder erneuerte Hypothek nur Rang vom Tage der Einschreibung hat (vgl. Stern S. 87, Notariats-Zeitschr. a. a. O. S. 228).

§ 39.

Durch die vor dem Inkrafttreten dieses Gesetzes von subrogirten Gläubigern erwirkten Einschreibungen der gesetzlichen Hypothek der Ehefrau wird letztere von der Verpflichtung, selbstständig Einschreibung zu nehmen, nicht befreit.

Bei der Erneuerung dieser Einschreibungen ist die Angabe des Geldbetrages der der Ehefrau zustehenden Ansprüche nicht erforderlich. Die Bestimmungen des letztes Absatzes des § 38 und der §§ 17, 21 finden auf dieselbe keine Anwendung.

Die Erneuerung muß spätestens bis zum 1. Januar 1894 geschehen.

1. Da die vor dem Inkrafttreten des vorliegenden Gesetzes entstandenen gesetzlichen Hypotheken bis zum 1. Jan. 1891 in Spezialhypotheken umgewandelt sein müssen, so kann auch eine allgemeine Einschreibung, welche etwa von einem subrogirten Gläubiger genommen worden ist, ihre bisherige Bedeutung nicht mehr in Anspruch nehmen. Durch die Bestimmung des Abs. 1 wird daher der Ehefrau die Verpflichtung auferlegt, ungeachtet jener Einschreibung selbstständig Einschreibung zu nehmen (B.).

Im Art. 39 des bayerischen Ges. v. 26. April 1888 ist die dem Abs. 1 entsprechende Bestimmung klarer wie folgt gefaßt: „Die vor dem Inkrafttreten dieses Gesetzes von subrogirten Gläubigern erwirkten Einschreibungen der gesetzlichen Hypothek der Ehefrau sind nur für die Gläubiger wirksam, welche sie erwirkt haben."

2. Für die Erneuerung der Einschreibung des subrogirten Gläubigers ist anderseits die für die Erneuerung der Einschreibung der Ehefrauhypothek im § 38 Abs. 2 bezeichnete Frist gesetzt. Die Erneuerung selbst muß gemäß § 36 die Bezeichnung der einzelnen Grundstücke enthalten. Dagegen soll dieselbe von der Angabe des Geldbetrags und der Entstehungszeit der Ansprüche der Ehefrau befreit sein, da die Feststellung dieser Momente dem Gläubiger oft unmöglich sein würde. Auch soll er nicht den Beschränkungen der gesetzlichen Hypothek der Ehefrau in dem § 17 unterliegen, weil hierin ein Eingriff in erworbene Rechte liegen könnte. Anderseits soll der von ihm genommenen Einschreibung die Ausnahmsbestimmung des § 21 nicht zu Gute kommen (M.).

In Folge des Umstandes, daß die Ehefrau gesetzlich nicht verpflichtet ist, ihre gesetzliche Hypothek einzuschreiben, und dieselbe auch auf einzelne Grundstücke beschränken kann, wird es in der Uebergangszeit für die vor dem Inkrafttreten des Gesetzes erworbenen Rechte vorkommen, daß zwischen der Einschreibung, welche die Ehefrau, und derjenigen, welche der subrogirte Gläubiger genommen hat, keine Uebereinstimmung besteht. Der Gläubiger, welchem eine allgemeine Subrogation bewilligt worden ist, kann eine Einschreibung auf sämmtliche Liegenschaften des Mannes erwirken, während die Ehefrau dieselbe auf einzelne beschränkt hat. Diesem Uebelstande kann man indessen nicht abhelfen, ohne in wohl erworbene Rechte einzugreifen (B.).

§ 40.

Das Bergwerkseigenthum steht den Grundstücken im Sinne dieses Gesetzes gleich.

Bei Uebertragung des Eigenthums an einem Bergwerke ist das letztere auf Grund einer durch den Revierbeamten anzufertigenden Beschreibung zu bezeichnen. Diese Beschreibung muß den Namen des Bergwerks, das Mineral, worauf das Bergwerkseigenthum verliehen ist, die Feldgröße, den Kreis, in welchem das Feld liegt, und die demselben zunächst gelegene Gemeinde angeben.

1. Nach den Bestimmungen des Bergwerksgesetzes vom 16. Dez. 1873 gehört das durch die Verleihungsurkunde begründete Bergwerkseigenthum zu den unbeweglichen Sachen (§ 41) und finden auf das Bergwerkseigenthum hinsichtlich der Veräußerungen, der Verpfändung und des Arrestes die allgemeinen gesetzlichen Vorschriften Anwendung, welche in dieser Beziehung für das Grundeigenthum gelten (§ 42). Die betreffenden Bestimmungen des Entwurfs gelten sonach auch für das Bergwerkseigenthum, was im § 37 ausdrücklich ausgesprochen ist (B.).

2. Der Absatz 2 ist von der Spezialkommission hinzugefügt und dadurch gerechtfertigt, daß für die Bergwerke keine Katasterbezeichnung besteht. Vgl. § 29 Nr. 2 des Ges. v. 30. April 1880.

§ 41.

Alle diesem Gesetze entgegenstehenden Bestimmungen, insbesondere die Artikel 933 Absatz 2, 2137, 2138, 2143 bis 2145 des Code civil, der Artikel 7 des Gesetzes über die Ueberschreibung vom 23. März 1855, die §§ 31 bis 34 des Gesetzes, betreffend die Zwangsvollstreckung in das unbewegliche Vermögen, vom 30. April 1880 (Gesetzblatt Seite 93) und der § 9 des Gesetzes über die Vormundschaften vom 16. Juni 1887 (Gesetzblatt Seite 49) treten außer Kraft. [1])

1. Wegen Aufhebung der Artt. 933 Abs. 2, 2137, 2138, 2143 bis 2145 des Code civil sind die §§ 5 Abs. 2 a. E., 10, 13, Abs. 4, 14, 19 des Ges. zu vergleichen: Art. 7 des Ges. v. 23 März 1855 ist durch § 8 Abs. 1, die §§ 31 bis 35 des Ges. v. 30. April 1880 sind durch die §§ 24—27, § 9 des Vormundschaftsgesetzes ist durch § 13 Abs. 4 dieses Ges. ersetzt.

Vom 1. Jan. 1891 ab, wo alle gesetzlichen Hypotheken eingetragen sein müssen, werden auch die Artt. 2193, 2194 und 2195 des Code civil, betreffend das Legal-Purgationsverfahren, gegenstandslos.

§ 42.

Dieses Gesetz tritt am 1. Oktober 1889 in Kraft.

Gesetz,

betreffend die Hypothekengebühren, vom 24. Juli 1889.

(Gesetzblatt für Elsaß-Lothringen Nr. 13, S. 81.)

---

§ 1.

Die Vorschriften über die Stempelpflicht:

1. der hypothekenamtlichen Register;
2. der zum Zwecke der Einschreibung von Hypothekarforderungen vorzulegenden Verzeichnisse;
3. der zum Zwecke der Vornahme hypothekarischer Förmlichkeiten bei den Hypothekenämtern einzureichenden und daselbst verbleibenden Ausfertigungen und Auszüge;
4. der von den Hypothekenbewahrern ertheilten Abschriften, Auszüge, Bescheinigungen und Quittungen

werden aufgehoben.

Ebenso treten die Vorschriften über die Erhebung von Hypothekengebühren und Salarien außer Kraft.

Die Bestimmungen über Erhebung eines Zuschlags zu den Enregistrementsgebühren für die der Ueberschreibung unterliegenden Urkunden bleiben unberührt.

Für die Folge werden für die hypothekarischen Förmlichkeiten Gebühren nach Maßgabe der nachstehenden Bestimmungen erhoben.

1. Durch § 1 wurden alle die verschiedenartigen Gebühren aufgehoben, welche früher beim Verkehr mit den Hypothekenämtern für die Erfüllung hypothekarischer Förmlichkeiten zu entrichten waren. Nur die auf den Verkehr mit dem Hypothekenamte bezüglichen Gebühren, nicht auch die sonstigen den Hypothekenverkehr betreffenden Gebühren wurden aufgehoben. Unberührt blieb somit die Besteuerung derjenigen Urkunden, welche die Voraussetzung für die Erfüllung der Förmlichkeiten auf dem Hypothekenamte bilden, insbesondere der Urkunden über Hypothekenbestellungen, Löschungsbewilligungen, Uebertragungen hypothekarischer Forderungen, Einsetzungen in das Hypothekarrecht u. s. w. Auch die Ausfertigungen dieser Urkunden sind aber stempelfrei, soweit dieselben, wie bei Löschungsbewilligungen, Cessionen und Subrogationen, auf dem Hypothekenamte verbleiben und daher zu anderen Zwecken als zur Erfüllung hypothekarischer Förmlichkeiten nicht dienen können.

Unberührt blieben ferner die Vorschriften über die Erhebung der verhältnißmäßigen Ueberschreibungsgebühr von 1½ % für die ihrer Natur nach der Ueberschreibung unterliegenden Urkunden bei der Registrirung. Diese Gebühr hat ihren ursprünglichen Charakter als Hypothekengebühr durch das Ges. v. 28. April 1861 (Artt. 52 und 54) verloren, sie ist eine Enregistrementsgebühr geworden. Als Gebühr für die Erfüllung hypothekarischer Förmlichkeiten bestand dieselbe bis in die neuere Zeit nur fort für elterliche Theilungen (Art. 3 des Ges. v. 16. Juni 1824) und für solche Urkunden, bei denen an sich die Ueberschreibung nicht nothwendig ist, welche derselben aber doch hie und da unterworfen werden, wie Versteigerungen zu Gunsten eines Miteigenthümers u. a. m. Für elterliche Theilungen ist die verhältnißmäßige Ueberschreibungsgebühr schon durch § 3 des Ges. vom 27. Mai 1888 (G.=Bl. S. 47) in Wegfall gekommen, und erschien die Beibehaltung derselben für andere Urkunden, welche ohne innere Nothwendigkeit zur Ueberschreibung gebracht werden, nicht zweckmäßig und bei der geringen finanziellen Bedeutung derselben nicht geboten. Die Hypothekenämter haben daher die Ueberschreibungsgebühr zu 1½ % überhaupt nicht mehr zu erheben (M.).

§ 2.

Für die Einschreibung von Hypotheken, von Vorzugsrechten auf Antrag und von Arresthypotheken wird eine verhältnißmäßige Gebühr von zehn Pfennig für je hundert Mark oder einen Bruchtheil dieses Betrages und daneben eine Abstufungsgebühr erhoben, welche beträgt:

bei Werthen bis zu 500 M.		. . . .	50 Pf.
" " von mehr als	500— 1 000	M.	1 M.
" " "	1 000— 2 000	"	2 "
" " "	2 000— 3 000	"	3 "
" " "	3 000— 5 000	"	4 "
" " "	5 000—10 000	"	5 "
" " "	10 000—50 000	"	10 "
" " "	50 000 M.	. . . .	20 "

Die Gebühren werden berechnet nach der Höhe der einzuschreibenden Forderungssumme einschließlich der verfallenen Zinsen und Kosten, soweit der Betrag im Einschreibungsantrage angegeben ist. Bedingte Forderungen werden wie unbedingte behandelt.

Für die Einschreibungen der gesetzlichen Hypothek der Ehefrau, des Mündels und des Geisteskranken wird die Abstufungsgebühr nicht erhoben.

1. Für die Berechnung der Gebühren ist nach § 2 Abs. 2 die Höhe der einzuschreibenden Forderungssumme einschließlich der verfallenen Zinsen und Kosten, soweit der Betrag im Einschreibungsantrage angegeben ist, maßgebend. Das Erforderniß der Fälligkeit bezieht sich hierbei nur auf die Zinsen, nicht auch auf die Kosten. Wird somit nur eine Gesammtbauschsumme für Zinsen und Kosten angegeben, ohne daß eine Ausscheidung des von dieser Summe auf künftige Zinsen

und auf andere unbestimmte Forderungen treffenden Antheils erfolgt ist, so ist bei Berechnung der Gebühr die Gesammtsumme anzusetzen (D. Z. v. 18 Sept. 1890).

2. In der Begründung des Gesetzentwurfs wird ausgeführt, daß aus den vorgeschlagenen Gebührensätzen ein nicht unerheblicher Einnahmeausfall mit Sicherheit zu erwarten sei, und sodann bemerkt:

„Eine theilweise Ausgleichung sucht der Entwurf in der Heranziehung der Einschreibungen für bedingte Forderungen. Hierunter sind in erster Linie die sogenannten Kredithypotheken, d. h. Hypotheken zur Sicherung eines eröffneten Kredits, zu verstehen; bei denselben kommt nach der gegenwärtigen Praxis die verhältnißmäßige Gebühr nicht sofort bei der Einschreibung, sondern erst später in Ansatz, wenn von dem Kredit Gebrauch gemacht ist und dies zur Kenntniß der Steuerverwaltung gelangt. Während nun das erstere in den weitaus meisten Fällen geschieht, tritt das letztere nur verhältnißmäßig selten ein; die Folge ist, daß die Kredithypotheken eine steuerliche Begünstigung genießen, für welche es an innerer Berechtigung fehlt, und daß erfahrungsmäßig, um diese Begünstigung zu erlangen, die Form von Kredithypotheken häufig gewählt wird, um sofort in Wirksamkeit tretende Darlehen zu verschleiern. In manchen Fällen schlägt dies allerdings zum Nachtheil des Gläubigers aus; denn die Thatsache des Eintretens der Bedingung, d. h. des von dem eröffneten Kredit gemachten Gebrauchs kommt zumeist nur durch Anmeldung der Forderung im Konkurs des Schuldners oder durch Zwangsverkauf zur Kenntniß der Steuerverwaltung; in solchen Fällen muß der Gläubiger die Gebühr nachentrichten, meist ohne Ersatz von dem Schuldner zu erlangen."

§ 3.

Für Löschungen von Einschreibungen sowie für Minderungen der Forderungssumme wird die im § 2 bezeichnete Abstufungsgebühr, jedoch nicht mehr als der Betrag von 5 Mark erhoben. Dieselbe berechnet sich nach der Höhe der Summe, bezüglich welcher die Löschung vorgenommen oder um welche die Einschreibung ermäßigt wird.

Für Befreiungen einzelner Liegenschaften von der Hypothek, ohne daß in der Höhe der Forderung eine Aenderung eingetreten ist, wird eine Gebühr von 2 Mark erhoben. Wäre für die Löschung der Einschreibung ein geringerer Betrag zu entrichten, so kommt nur dieser in Ansatz.

Für die im Vertheilungsverfahren gemäß §§ 54 und 58 des Gesetzes über die Zwangsvollstreckung in das unbewegliche Vermögen u. s. w. vom 30. April 1880 (Gesetzblatt Seite 93) gerichtlich angeordnete Löschung der Eintragungen nicht angewiesener Gläubiger wird eine Gebühr von je 1 Mark für jede Eintragung erhoben.

1. Für Löschungen von Einschreibungen und Minderungen einer eingeschriebenen Forderungssumme sieht das Gesetz nur eine Abstufungsgebühr, nicht auch eine verhältnißmäßige Gebühr vor. Die Gebühr ist, wenn die Löschung oder Minderung hinsichtlich mehrerer Einschreibungen beantragt ist, von jedem einzelnen Betrage der verschiedenen Einschreibungen besonders zu erheben, auch wenn der Schuldner überall dieselbe Person ist (D. Z. v. 9. Sept. 1889 Z. 6).

2. Bei der Löschung von Einschreibungen von unbestimmtem Werthe (gegen Vormünder, Ehemänner) erscheint Mangels weiterer Anhaltspunkte für die Feststellung der in Frage kommenden Summen die Erhebung der Abstufungsgebühr im Höchstbetrage von 5 M. gerechtfertigt (D. Z. v. 28. März 1890 Z. 5).

3. Wenn ein Gläubiger die Löschung folgender Einschreibung bewilligt:

a) der gegen seinen Schuldner genommenen ersten Einschreibung,
b) der Erneuerung derselben,
c) der Einschreibung, welche er in Folge einer bei dem Verkaufe des verpfändeten Grundstücks ertheilten Anweisung gegen den Käufer genommen hatte,

so ist für die Löschung sowohl der unter a als der unter c erwähnten Einschreibung, da denselben zwei verschiedene auf verschiedenen Rechtsgeschäften beruhende Rechtsverhältnisse zu Grunde liegen, die ganze Abstufungsgebühr zu erheben. Für die Löschung der Erneuerungs-Einschreibung ist dagegen in entsprechender Anwendung des § 10 Abs. 1, — sofern die Abstufungsgebühr nicht weniger beträgt, — die feste Gebühr zu erheben (D. Z. v. 28. März 1890 Z. 6).

4. Beschränkungen der Hypothek bezüglich der belasteten Liegenschaften, ohne daß eine Verminderung der Forderungssumme stattgefunden hat, wurden früher wie Löschungen behandelt. Die Gleichstellung derselben mit diesen letzteren auch bezüglich der Abstufungsgebühr war jedoch, wie in der Begründung des Gesetzentwurfs hervorgehoben wird, nicht thunlich, weil diese Abgabe nicht nach der Höhe der Forderung, sondern nur nach dem Werthe des entlasteten Grundstücks im Verhältniß zum Gesammtwerthe der Liegenschaften, welche durch die Einschreibung getroffen waren, bemessen werden könnte, und die aus einer solchen Grundlage der Besteuerung entstehenden Schwierigkeiten mit der finanziellen Bedeutung derselben nicht in Einklang stehen würden. Der Paragraph 3 schlägt deßhalb für solche Geschäfte eine feste Gebühr von 2 M. vor, mit der Maßgabe, daß, wenn die Gebühr für vollständige Löschung der Einschreibung geringer wäre, diese in Ansatz kommt. War die Einschreibung bereits herabgemindert, so kommt selbstverständlich für die Berechnung dieser Gebühr nur der noch verbleibende Theil in Anrechnung.

5. Die im Schlußabsatze vorgesehene Gebühr kommt auch zur Erhebung, wenn ein Gläubiger nur mit einem Theil seiner Forderung ausfällt und somit nur eine Minderung der Forderungssumme kraft der Löschungsverfügung eintritt.

Die Löschung der Eintragungen, für welche im Vertheilungsverfahren Anweisung erfolgt ist, fällt unter § 3 Abs. 1.

§ 4.

Für Randvormerkungen, welche eine Aenderung in der Person des Gläubigers oder im hypothekarischen Range bekunden, wird die im § 2 bezeichnete Abstufungsgebühr, jedoch nicht mehr als der Betrag von 5 Mark erhoben.

Dieselbe berechnet sich nach dem Forderungsbetrage, auf welchen sich die Randvormerkung bezieht.

Für andere Randvormerkungen wird der nach Absatz 1 zu berechnende Betrag, jedoch nicht mehr als 2 Mark erhoben. [1])

1. Für diejenigen Vormerkungen, welche eine Aenderung in der Person des Gläubigers zum Gegenstand haben (Cessionen, Subrogationen, Delegationen, gerichtliche Ueberweisungen u. s. w.), oder eine Aenderung im hypothekarischen Range, ist eine Abstufungsgebühr, für Randvormerkungen lediglich formaler Natur (Wohnsitzänderungen), ferner für Pfändungen ohne gleichzeitige Ueberweisung, sofern solche vorkommen, dagegen eine feste Abgabe, welche jedoch die verhältnißmäßige nicht übersteigen darf, vorgesehen (M.). Eine verhältnißmäßige Abgabe wird nicht erhoben.

2. Für Randvormerkungen von Theilungen, Gläubigereinsetzungen u. s. w. sind die Gebühren so oft zu erheben, als Theilungsinteressenten vorhanden sind, bezüglich deren die Vormerkungen gemacht werden. Daß mehrere derartige Aenderungen in einer Randvormerkung zusammengefaßt werden können, ist auf die Gebührenerhebung ohne Einfluß (D. Z. v. 28. März 1890 Z. 7).

3. Wenn eine Rechtseinsetzung nicht bloß am Rande der zu Gunsten des Gläubigers genommenen Einschreibung sondern auch am Rande der Offizial-Einschreibung, welche in Folge der Veräußerung des verpfändeten Grundstücks durch den Schuldner zu Gunsten des letzteren genommen wurde, vorvermerkt wird, so ist a, die Abstufungsgebühr, ev. im Höchstbetrage von 5 M. und b, in entsprechender Anwendung des § 10 Abs. 1die feste Gebühr von 2 M. zu erheben, sofern die Abstufungsgebühr nicht geringer ist (D. Z. v. 28. März 1890 Z. 3).

§ 5.

Für die Ueberschreibung von Erklärungen, Verträgen und Urtheilen wird die im § 2 bezeichnete Abstufungsgebühr erhoben. [1]) Für die Berechnung des Werthes sind die Vorschriften über die Erhebung der Enregistrementsgebühren maßgebend.

Für die Einschreibung des Vorzugsrechts von Amtswegen wird die halbe Abstufungsgebühr besonders erhoben.[2]) Dieselbe berechnet sich nach der Höhe der Kaufpreisforderung einschließlich Zinsen und Lasten, soweit der Betrag in der Einschreibung angegeben ist.

Für Vormerkung eines Auflösungsurtheils am Rande einer überschriebenen Urkunde kommt die für die Ueberschreibung selbst zu entrichtende Gebühr, jedoch nicht mehr als 2 Mark, in Ansatz.[3])

1. Für die Ueberschreibungen wird — wie in den Fällen der §§ 3 u. 4 — nur eine Abstufungsgebühr, nicht auch eine verhältnißmäßige Abgabe erhoben. Die Gebühr hat sich nach dem Werthe des Gegenstandes in gleicher Weise zu berechnen wie für die Registrirung, also für Schenkungen nach dem Zwanzigfachen des Ertrags u. s. w. (M.).

2. Die Abstufungsgebühr des § 5 Abs. 1 ist auch für die Ueberschreibung von elterlichen Voraustheilungen zu erheben. § 3 des Ges. v. 27. Mai 1882 ist durch § 1 Abs. 2 u. 4 dieses Gesetzes aufgehoben (D. Z. v. 9. Sept. 1889 Z. 7).

Bei Güterverkäufen und Versteigerungen sind die Abstufungsgebühren von jedem einzelnen Verkaufe und Zuschlage zu erheben, da jeder Uebertrag unter besonderer Nummer des Ueberschreibungsregisters vorzutragen ist (D. Z. v. 22. März 1890 Z. 9).

3. Die für die Berechnung des Werths maßgebenden Vorschriften über die Erhebung der Enregistrements-Gebühren sind insbesondere in den Artt. 14—16 des Ges. v. 22 Frim. VII, in dem Dekret v. 26. April 1808 und im Art. 75 des Ges. v. 15. Mai 1818 enthalten.

Die Berechnung der zu besteuernden Summen bei der Ueberschreibung von Tauschverträgen ist davon abhängig, ob eine Herausgabe bezw. ein Mehrwerth vorhanden ist oder nicht. Im letzteren Falle ist die Abstufungsgebühr von dem kapitalisirten Ertragswerthe (des einen) der vertauschten Grundstücke, in dem ersten Falle von dem kapitalisirten Ertragswerthe des geringwerthigeren Grundstücks zusätzlich des Betrages der Herauszahlung bezw. des Mehrwerthes zu erheben. Es ist ohne Bedeutung, daß bei der Registrirung von Tauschverträgen mit Herausgabe Gebühren nach verschiedenen Sätzen zur Erhebung kommen und ebenso ist es gleichgültig, ob die Herausgabe mit dem Unterschied zwischen den Ertragswerthen beider Grundstücke im Einklang steht oder nicht (D. Z. v. 28. März 1890 Z. 10).

4. Wenn eine mit dem Vorbehalt der Genehmigung errichtete Veräußerungsurkunde gleichzeitig mit der Genehmigungsurkunde zur Ueberschreibung vorgelegt wird, so kann die Abstufungsgebühr nur einmal erhoben werden. Denn die Genehmigungsurkunde bildet nur die Ergänzung der Veräußerungsurkunde, weshalb beide Urkunden nur als eine zu betrachten sind. Wird die Genehmigungsurkunde aber erst später zur Ueberschreibung vorgelegt, so ist auf dieselbe in entsprechender Anwendung des § 10 Abs. 1 eine feste Gebühr von 2 M. zu erheben, sofern die Abstufungsgebühr nicht geringer ist (D. Z. v. 22. März 1890 Z. 11).

5. Bei der Ueberschreibung von Eheverträgen, welche in vollständiger Ausfertigung ohne einen einschränkenden Auftrag vorgelegt werden, ist die Abstufungsgebühr nur auf diejenigen Bestimmungen zu erheben, welche Handänderungen irgend welcher Art zum Gegenstande haben, also sowohl auf die unbedingten Schenkungen, als auch auf die Entliegenschaftungen und die bedingten (eventuellen) Schenkungen, nicht aber auch auf die einfachen Erklärungen der Brautleute über ihr Einbringen an beweglichem und unbeweglichem Gut. Die Berechnung und Erhebung hat für jedes einzelne, im Ehevertrage verbriefte, eine Eigenthumsübertragung enthaltende Rechtsgeschäft getrennt zu erfolgen, wenngleich es sich um dasselbe Objekt handelt (z. B. bei Schenkung und Entliegenschaftung desselben Grundstücks), da keine gesetzliche Bestimmung die Erhebung zweifacher Ueberschreibungsgebühren ausschließt, wenn eine und dieselbe Urkunde zwei verschiedene Rechtsgeschäfte bezüglich derselben Liegenschaft enthält. Im Uebrigen sind die Bestimmungen der Gen. Instr. 2324 § 4 zu beachten (D. Z. v. 28. März 1890 Z. 12).

Aus den vorstehenden Ausführungen folgt, daß, wenn die Ueberschreibung einer elterlichen Vorausstheilung, in welcher mit den geschenkten Liegenschaften andere, den Schenknehmern schon in ungetheiltem Zustande gehörende Liegenschaften vertheilt werden, ohne Einschränknngen verlangt wird, zwei Abstufungsgebühren zu erheben sind, die eine berechnet auf den kapitalisirten Ertragswerth der geschenkten Liegen=schaften, die andere auf den eventuell noch abzuschätzenden Verkaufswerth der den Theilungsinteressenten schon gehörenden unvertheilten Liegenschaften. S. Gen. Instr. 2367, 5 (D. Z. v. 28. März 1890 Z. 13).

6. Bei Vorlage von Servitutenbestellungen zur Ueberschreibung ist nach § 16 des Frimaire=Gesetzes eine Schätzung der Parteien einzufordern, wenn der Werth der Servituten nicht angegeben ist. Ist dies mit Rücksicht darauf, daß die Hypothekenbewahrer die Ueberschreibung nicht verzögern dürfen, unthunlich, oder wird die Schätzung nicht abgegeben, so ist der Höchstbetrag der Abstufungsgebühr zu erheben (D. Z. v. 28. März 1890 Z. 14).

7. Für die Einschreibung des Vorzugsrechts von Amtswegen wird nur die Abstufungsgebühr, und auch diese nur zur Hälfte erhoben. Die Erhebung erfolgt von demjenigen Betrage, für welchen eine Einschreibung genommen worden ist.

Sofern bei Erschaftskäufen trotz der erfolgten Zahlung gegen den Käufer wegen der von demselben zu tragenden, auf dem gekauften Erbantheile ruhenden Lasten eine Einschreibung von Amtswegen zu nehmen ist, erscheint die Erhebung der halben Abstufungsgebühr im Höchstbetrage von 10 M. begründet, wenn eine Erklärung der Parteien über die Höhe der auf dem Erbtheil ruhenden Lasten (Schulden) in oder zu dem Vertrage nicht abgegeben und auch nicht zu erhalten ist (D. Z. v. 28. März 1890 Z. 16).

8. Zu § 5 Abs. 3 ist in der Begründung des Gesetzentwurfs bemerkt:

„Von einer Besteuerung der Auflösungsvermerke gemäß dem Werthe des Gegenstandes ist sowohl mit Rücksicht auf die bisherige Gesetzgebung als auch um deßwillen abgesehen worden, weil die Auflösung häufig rückwirkende Kraft hat."

§ 6.

Für die Ueberschreibung von einstweiligen Verfügungen und Zwangsvollstreckungsbeschlüssen sowie für die Eintragung von Eröffnungen und Wiederaufnahmen von Konkursen beträgt die Gebühr 2 Mark.

Für Randvormerkungen zu solchen Ueberschreibungen und Eintragungen sowie für Löschungen derselben wird 1 Mark erhoben.

§ 7.

Für die Ertheilung von Auszügen aus dem Hypothekenregister wird eine Gebühr von 80 Pfennig für jede Einschreibung, für die Ertheilung von Abschriften aus den sonstigen hypothekenamtlichen Registern wird eine Gebühr von 1 Mark für jede einzelne Urkunde und neben der einen oder anderen Gebühr eine Schreibgebühr erhoben.

Die Schreibgebühr beträgt für die Seite, welche mindestens 20 Zeilen von durchschnittlich 12 Silben enthält, 10 Pfennig, auch wenn die Herstellung auf mechanischem Wege stattgefunden hat. Jede angefangene Seite wird voll berechnet.

1. Die Regierungsvorlage hatte für Auszüge beider Arten gleichmäßig eine feste Gebühr von 1 M. für jede Urkunde vorgeschlagen. In der Spezialkommission war man aber der Ansicht daß der bisherige Satz von 80 Pf. für die Auszüge aus den Inskriptionsregistern beizubehalten sei.

2. Die Bestimmungen über die Schreibgebühr entsprechen denjenigen im § 80 G. K. G. Befindet sich auf einem Auszuge ein Vordruck, dessen Angaben einen wesentlichen Bestandtheil des Auszugs bilden, so ist der Vordruck bei Bemessung der Zeilenzahl für die Schreibgebühr in die Berechnung einzubegreifen (D. Z. v. 10. Jan. 1890).

§ 8.

Für Bescheinigungen, daß Einschreibungen oder Ueberschreibungen nicht bestehen, beträgt die Gebühr je 1 Mark Dieselbe wird für jede Person, bezüglich deren die Bescheinigung ertheilt wird, besonders erhoben.

1. Für die einem Einschreibungs- oder Ueberschreibungsauszuge (§ 7) beigesetzte Bescheinigung, daß weitere Einschreibungen und Ueberschreibungen gegen die Personen, auf welche die Auszüge lauten, nicht bestehen, wird eine Gebühr nach § 8 nicht erhoben; einer besonderen Hervorhebung im Gesetze bedurfte dieser Grundsatz nicht. Wohl aber kommt die Gebühr nach § 8 in Ansatz, wenn die Bescheinigung auf andere Personen als diejenigen lautet, auf welche die Auszüge sich beziehen (M.).

2. Eine besondere Gebühr wird auch in dem Falle nicht erhoben, wenn am Schlusse eines Auszugs aus den Einschreibungsregistern bescheinigt wird, daß Ueberschreibungen von Zwangsvollstreckungsbeschlüssen ꝛc. nicht bestehen. Voraussetzung ist hierbei selbstverständlich, daß diese Bescheinigung mit dem Auszug zusammen verlangt worden ist (D. Z. v. 9. Sept. 1889 Z. 8).

3. Die Gebühr des § 8, nicht diejenige des § 7, kommt zur Anwendung, wenn gleichzeitig mit dem Antrag auf Einschreibung einer Hypothek ein Auszug sämmtlicher seit zehn Jahren bis zum Tage der Einschreibung einschließlich genommenen und noch bestehenden Einschreibungen verlangt wird und der Auszug nur die neue Einschreibung aufweist. Denn dem Gläubiger ist es in der Regel nur um einen Auszug bezüglich derjenigen Hypotheken zu thun, welche vor oder gleichzeitig mit seiner Hypothek eingetragen sind, so daß in dem gegebenen Falle — jene Voraussetzung als zutreffend unterstellt — thatsächlich ein Freischein ertheilt worden ist (D. Z. v. 12. Juli 1890).

§ 9.

Für die Bescheinigung der Hinterlegung von Urkunden zum Zwecke der Ueberschreibung oder Randvormerkung, von Anträgen auf Einschreibung von Hypothekarforderungen, sowie von Anträgen auf Ertheilung von Auszügen, Abschriften oder Bescheinigungen beträgt die Gebühr 50 Pfennig. Dieselbe wird für jede hinterlegte Urkunde oder für jeden hinterlegten Antrag erhoben. Die Bescheinigung wird nur auf Verlangen ertheilt.

1. In der Begründung des Gesetzentwurfs ist zu § 9 bemerkt: „Nach Art. 2200 Code civil haben die Hypothekenbewahrer den Rechtsuchenden bei allen Anträgen auf Einschreibungen und Ueberschreibungen eine auf Stempelpapier geschriebene Bescheinigung über die erfolgte Hinterlegung der erforderlichen Schriftstücke zu ertheilen. In der Praxis werden diese Bescheinigungen zwar ausgestellt und es wird hierfür neben der Stempelgebühr von 40 Pf. ein Salar von 20 Pf. erhoben; aber nur in seltenen Fällen nehmen die Betheiligten dieselben an sich. Die Bescheinigungen bleiben vielmehr auf dem Hypothekenamte und haben thatsächlich keine andere Bedeutung, als daß die Kosten erhöht werden. Der Entwurf setzt die Gebühr für jede Urkunde &c., auf welche sich die Hinterlegungsbescheinigung erstreckt, auf 50 Pf. fest, bestimmt aber, daß die Bescheinigung nur auf Verlangen ertheilt wird. Auf diese Weise werden den Betheiligten Kosten und den Hypothekenämtern wird zwecklose Arbeit erspart werden. Die Vorschrift des Code civil über die Vormerkung der Hinterlegungen in dem bezüglichen Register, welche wesentliche rechtliche Bedeutung hat, wird dadurch in keiner Weise berührt."

„Der Entwurf sieht auch die Ertheilung von Hinterlegungsbescheinigungen über Anträge vor, welche gegenwärtig nicht in dem Hinterlegungsregister vorgemerkt werden, auf Löschungen, Randvormerkungen, Ertheilung von Auszügen, Bescheinigungen u. s. w. Die Nichteintragung in das bezeichnete Register schließt nicht aus, daß derartige Bescheinigungen auf Verlangen ertheilt werden; übrigens unterliegt es der Erwägung, ob nach Inkrafttreten des Gesetzes nicht auf dem Verwaltungsweg die dann mit besonderen Kosten für die Betheiligten nicht mehr verbundene Eintragung von Anträgen auf Löschuug und Randvormerkung in das Hinterlegungsregister im Interesse der in rechtlicher Beziehung oft wichtigen Festhaltung des Datums derselben anzuordnen ist."

Eine Anordnung in letzterem Sinne ist inzwischen getroffen worden. Die Verfügung des Direktors der Zölle und indirekten Steuern v. 9. Sept. 1889 bestimmt, daß zum Zweck der Eintragung der behufs Vornahme von Löschungen und Randvormerkungen einschließlich derjenigen von Auflösungsurtheilen hinterlegten Urkunden, Anträge und Verzeichnisse ein sogenanntes Anmelde- und Abfertigungs-Register — zum Unterschiede von dem eigentlichen Hinterlegungsregister — zur Einführung gelangt.

§ 10.

Wird für eine Forderung, für welche bereits bei einem Hypothekenamte Einschreibung genommen ist und die Gebühren des § 2 Absatz 1 entrichtet sind, auf einem andern Amte Einschreibung verlangt, so wird für die letztere eine feste Gebühr von 2 Mark erhoben. Sind jedoch die Gebühren des § 2 Absatz 1 geringer, so kommen nur diese in Ansatz. Gleiches gilt, wenn für eine bereits eingeschriebene Forderung auf demselben Hypothekenamte Einschreibung auf andere Liegenschaften verlangt wird.

Auf die in den §§ 3—5 vorgesehenen Förmlichkeiten finden diese Vorschriften entsprechende Anwendung.

1. Zu § 10 ist in der Begründung des Gesetzentwurfs bemerkt: „Die Einschreibungsgebühr soll für dieselbe Forderung nur einmal in Ansatz kommen, auch wenn die Thätigkeit mehrerer Hypothekenämter oder die desselben Amtes mehrfach in Anspruch genommen wird. Der gleiche Grundsatz bestand unter der bisherigen Gesetzgebung für Einschreibungen auf mehreren Aemtern (Art. 22 des Ges. v. 21 Vent. VII), während die Ausdehnung einer Einschreibung auf andere Liegenschaften wie eine neue Einschreibung behandelt wurde. Ein innerer Grund für diese Unterscheidung besteht nicht, und die Beseitigung

derselben empfiehlt sich um so mehr, als in dem Gesetzentwurf über Grundeigenthum 2c. der Wegfall der sog. Generalhypothek vorgesehen ist, der Fall der Ausdehnung also häufiger vorkommen wird. Der Entwurf erstreckt die Begünstigung auch auf die Abstufungsgebühr für Löschungen und Randvormerkungen und auch für Ueberschreibungen. An Stelle der bisher bei den folgenden Einschreibungen zur Erhebung kommenden Stempel und Salarien ist eine feste Gebühr von 2 M. vorgesehen, sofern nicht die regelmäßige Abgabe niedriger wäre."

„Findet gegen die Ausdehnung einer Einschreibung auf bisher nicht belastete Liegenschaften eine Befreiung bisher betroffener Grundstücke von der Hypothek, also gleichsam ein Austausch hinsichtlich der Belastung statt, so kommt die in § 3, Abs. 2 vorgesehene feste Gebühr neben derjenigen des vorliegenden Paragraphen in Ansatz, weil auch dann, wenn die bezüglichen Erklärungen gleichzeitig und im Zusammenhang beurkundet werden, doch zwei verschiedene und vom Hypothekenbewahrer verschieden zu behandelnde Rechtsgeschäfte vorliegen."

2. Darüber, wie der Nachweis, daß die Gebühren des § 2 Abs. 1 schon bei einem anderen Amte entrichtet sind, zu führen ist, vgl. Minist.=Verf. v. 24. Aug. 1889 Z. 4 (unten bei Art. 14 abgedruckt).

§ 11.

In Angelegenheiten, in welchen nach der bestehenden Gesetzgebung Befreiung von Hypothekengebühren und Salarien gewährt ist, kommen nur die Schreibgebühren (§ 7 Absatz 2) in Ansatz.

1. Ueber Fälle, in welchen die frühere Gesetzgebung Befreiung von Hypothekengebühren und Salarien gewährte, vgl. Art. 58 des Ges. v. 3. Mai 1841, betreffend die Zwangs=enteignung, § 10 des Ges. v. 21. Nov. 1876, betreffend die Errichtung von Marksteinen, § 3 des Ges. v. 11. Mai 1877, betreffend Abänderung der Gesetzgebung hinsichtlich des Wasserrechts, §§ 1 und 2 des Ges. v. 14. April 1884, über die Feldwege u. a. m.

§ 12.

Die Zahlung der Gebühren hat durch den Antragsteller und zwar, mit Ausnahme der in den §§ 7 und 8 vorgesehenen Gebühren, im Voraus zu erfolgen; für letztere kann Sicherstellung verlangt werden. Insoweit die hypothekarischen Förmlichkeiten jedoch durch Gerichte oder gerichtliche Beamte veranlaßt sind, erfolgt die Einweisung und Einziehung der Gebühren nach den für die Gerichtskosten geltenden Vorschriften.

Nachforderungen wegen irrigen Ansatzes sind in den Fällen, in welchen die Gebühr durch öffentliche Beamte gezahlt ist, gegen diejenigen Personen zu richten, in deren Interesse dieselben gehandelt haben.

Ueber die erfolgten Zahlungen ertheilen die Hypothekenbewahrer am Fuße der Einschreibungsverzeichnisse, Urkunden, Ausfertigungen, Auszüge oder Bescheinigungen Quittung; der Betrag ist dabei in Zahlen und Buchstaben anzugeben. Auf Verlangen sind jederzeit Doppelquittungen zu ertheilen; für letztere wird eine Gebühr von 50 Pfennig erhoben.

1. In der Begründung des Gesetzentwurfs ist bemerkt: „Die Zahlung der Gebühren im Voraus durch den Antragsteller entspricht dem gegenwärtigen Verfahren (Art. 27 des Ges. v. 21 Vent. VII). Die in Art. 2155 Code civil vorgesehene Ausnahme für die gesetzlichen Hypotheken fernerhin aufrecht zu erhalten, erschien nach den Aenderungen, welche bezüglich der Einschreibung dieser Hypotheken durch die in dem Gesetzentwurf über Grundeigenthum und Hypothekenwesen beabsichtigte Reform eintreten werden, weder als erforderlich noch als zweckmäßig. Insoweit die Thätigkeit der Hypothekenämter durch Gerichte oder gerichtliche Beamten von

Amtswegen veranlaßt wird, sind dagegen die Gebühren wie bisher erst nachträglich einzuziehen.“

2. Hinsichtlich der Einweisung und Einziehung der Kosten der durch die Gerichte oder gerichtliche Beamten veranlaßten hypothekarischen Förmlichkeiten bestimmt die Ministerialverfügung vom 16. Sept. 1889 (Z. A. Bl. S. 237) was folgt:

1. Die Einweisung der erwähnten Kosten erfolgt mittels Aufnahme in das für die Einweisung der Civilgerichtskosten bestimmte Einzugsregister. In Spalte 6 des Registers sind dieselben als Hypothekengebühren, unter Bezeichnung des Hypothekenamtes und der von demselben mitgetheilten Nummer des Handbuches, besonders vorzutragen.

2. Eine Zahlungsanweisung für die Kosten hypothekenamtlicher Geschäfte (vgl. Verfügung vom 21. Sept. 1881, Samml. VI S. 254) ist vom 1. Okt. d. J. ab nicht mehr zu ertheilen. Auch in den Angelegenheiten, in welchen bisher Zahlungsanweisung erforderlich und erst daraufhin die Einweisung zu bewirken war, hat in Zukunft lediglich Einweisung stattzufinden.

3. Die Gerichtsschreiber haben die Berechnung der Kosten, welche nach dem Gesetze betreffend Grundeigenthum und Hypothekenwesen ꝛc. vom 24. Juli d. J. (s. §§ 11, 13, 14, 16, 38) von Mündeln oder Geisteskranken zu tragen sind, entweder auf den Beschluß, welcher die Einschreibung oder Löschung zum Gegenstande hat, oder auf ein besonderes, den Gerichtsakten beizuheftendes Blatt zu setzen. Die Einweisung dieser Kosten hat alsbald nach Erledigung des an das Hypothekenamt gerichteten Ersuchens zu erfolgen; in Spalte 3 des Einzugsregisters ist dabei außer der Bezeichnung der Schuldner anzugeben, wer deren Vormund oder vorläufiger Verwalter ist. Einweisungsgebühren kommen für solche Einweisungen nicht in Ansatz.

4. Die auf Grund der Einweisung erhobenen Hypothekengebühren sind von den Enregistrements-Einnehmern nach Maßgabe der von dem Direktor der Zölle und indirekten Steuern zu erlassenden Verwaltungsvorschriften

an das Hypothekenamt abzuliefern oder mit demselben zu verrechnen.

Zu Z. 4 vgl. Verfügungen des Direktors der Zölle und indirekten Steuern vom 5. und 26. Okt. 1889.

3. Zu der Vorschrift des 2. Absatzes ist in der Begründung des Entwurfs bemerkt:

„Bezüglich der Gebühren für die von Amtswegen gemäß § 7 des Gesetzes, betreffend Grundeigenthum und Hypothekenwesen sowie die Notariatsgebühren, (von den Notaren) zu veranlassenden Ueberschreibungen ist in Abs. 2 dortselbst Bestimmung getroffen. Auch abgesehen von diesem Falle werden die hypothekarischen Förmlichkeiten vielfach von Notaren für Rechnung Dritter veranlaßt. Dem Hypothekenamte gegenüber ist dann der Notar der Antragsteller und zur Zahlung der Gebühren verpflichtet. Der Entwurf will ausschließen, daß in solchen Fällen Nachforderungen, welche wegen unrichtiger Gebührenberechnung sich etwa zu einer Zeit, in welcher der Notar mit den Betheiligten bereits abgerechnet hat, ergeben, noch gegen den Notar geltend gemacht werden."

4. § 12 Abs. 3 tritt an Stelle von Artt. 22 Abs. 2, 27 Abs. 3 des Ges. 21 Vent VII. Vgl. über die Quittungsertheilung Art. 57 des Ges. v. 22 Frim. VII. Die verhältnißmäßigen und die Abstufungsgebühren sind in der Quittung auseinander zu halten (D. Z. v. 9. Sept. 1889 Z. 12).

5. Im Fall der Zurückziehung von Anträgen auf Ertheilung von Hypothekenauszügen kann, wie in der Verfügung des Direktors der Zölle und indirekten Steuern v. 10. Dez. 1890 ausgeführt wird, von der Anfertigung von Hypothekenauszügen Abstand genommen werden, wenn die Antragsteller in glaubhafter Weise darthun, daß die betreffenden Anträge entweder versehentlich s. Zt. gestellt oder durch das Nichtzustandekommen des beabsichtigten Rechtsgeschäfts hinfällig geworden sind. Was die Gebührenerhebung in solchen Fällen anlangt, so werden in der nämlichen Verfügung folgende Anweisungen ertheilt: „Wenn die gestellten Anträge zur Zeit ihrer Zurückziehung noch vollständig unerledigt sind, so sind dieselben als nicht gestellt zu betrachten und demgemäß Gebühren nicht zu erheben. Wenn dagegen zur Zeit der Zurückziehung der Anträge schon festgestellt ist, welche Einschreibungen u. s. w. in den Auszug aufzunehmen sind, so haben die festen Gebühren von 0.80 M.

oder 1 M. für jede Einschreibung oder Ueberschreibung und so viele feste Gebühren zu 1 M., als Freischeine zu ertheilen sein würden, zur Erhebung zu gelangen; Schreibgebühren hingegen sind außer Ansatz zu lassen. Wenn schließlich zur Zeit der Zurückziehung der Anträge die Auszüge bereits theilweise oder ganz fertiggestellt sind, so müssen selbstverständlich die Gebühren nach Maßgabe der Anzahl der geschriebenen Seiten und nach Vollendung der ganzen Abschriften in ihrem vollen Betrage in Ansatz kommen. Den Parteien bleibt es aber auch in diesen Fällen überlassen, eine Erstattung zu beantragen."

§ 13.

Die Einziehung von Gebührenrückständen, die Erhebung von Ansprüchen auf Rückerstattung zu Unrecht erhobener Gebühren sowie die Verjährung richten sich nach den bezüglichen Vorschriften über die Enregistrementsgebühren.

1. Die Bestimmungen des § 13 entsprechen dem früheren Rechte (Art. 24 Abs. 2 des Ges. v. 21 Vent. VII u. Ges. v. 24. März 1806).

2. Die zwangsweise Einziehung der im § 13 bezeichneten Forderungen erfolgt auf dem Wege des Zwangsbefehls, der von dem Enregistrements-Einnehmer ausgestellt und vom Amtsrichter für vollstreckbar erklärt wird (Art. 64 des Ges. v. 22 Frim. VII u. § 18 des A. G. z. C. P. O. v. 8. Juli 1879). Ueber die Zwangsvollstreckung aus diesen Zwangsbefehlen und das Verfahren bei Einwendungen dagegen vgl. §§ 17 u. 19 des A. G. z. C. P. O. v. 8. Juli 1879).

3 Die Verjährungsfrist beträgt zwei Jahre, Art. 61 Z. 1 des Ges. v. 22 Frim. VII.

§ 14.

Dieses Gesetz tritt am 1. Oktober 1889 in Kraft. Die Ausführungsbestimmungen zu demselben erläßt das Ministerium.

1. Vgl. Minist.=Verf. v. 24. Aug. 1889 (Z. A. Bl. Nr. 36, S. 213):

Auf Grund des § 14 des Ges., betreffend die Hypothekengebühren, vom 24. Juli 1889 (G. Bl. S. 81) wird hiermit zur Ausführung dieses Gesetzes bestimmt:

1. Auf die vor dem 1. Okt. 1889 bei den Hypothekenämtern beantragten, aber erst nach diesem Tage erledigten hypothekenamtlichen Geschäfte finden die bisher geltenden Vorschriften über die Erhebung von Stempel= und Hypothekengebühren, sowie von Salarien Anwendung.
2. Zu den von den Hypothekenbewahrern zu ertheilenden Abschriften, Auszügen, Bescheinigungen und Quittungen ist Papier gewöhnlichen Aktenformats zu verwenden. Die vorkommenden Zahlen mit Ausnahme der Werthbeträge sind mit Ziffern zu schreiben.
3. Zu den bei den Hypothekenämtern einzureichenden Einschreibungsverzeichnissen ist, insoweit sie nicht auf die Urkunden selbst gesetzt werden, Papier von Aktenformat, zu den gleichfalls einzureichenden und daselbst verbleibenden Ausfertigungen und Auszügen gleiches Papier oder solches von der Größe des Stempelpapiers mittleren Formats zu verwenden.
4. Wenn auf Grund des § 10 des Gesetzes für eine hypothekarische Förmlichkeit, welche bereits auf einem Hypothekenamte vorgenommen worden ist, auf einem anderen Amte nur die feste Gebühr von 2 M. zur Erhebung kommen soll, ist die auf dem ersten Amte erfolgte Zahlung der Gebühren durch Vorlage einer Doppelquittung nachzuweisen, welche auf dem Amte als Registerbelag zu verbleiben hat.
5. Die Einziehung der Kosten der durch die Gerichte oder gerichtliche Beamte veranlaßten hypothekarischen Förmlichkeiten (§ 12 Abs. 1 des Ges.) erfolgt durch die Enregistrements=Einnehmereien nach den für die Gerichtskosten bestehenden Vorschriften.

Zu Z. 5 vgl. die zu § 12 abgedruckte Minist.=Verf. v. 16. Sept. 1889.

Gesetz,

betreffend die Einrichtung von Grundbüchern, vom 22. Juni 1891.

(Gesetzblatt für Elsaß-Lothringen Nr. 11 S. 41.)

Erster Abschnitt.

Von der Anlegung der Grundbücher.

§ 1.

Für Gemeinden oder Gemeindetheile, in welchen das Kataster erneuert ist, wird von Amtswegen ein Grundbuch angelegt, in welches die in dem Bezirke der Gemeinde oder des Gemeindetheils liegenden Grundstücke auf Grundlage des Katasters aufgenommen werden.

Grundstücke, welche zum öffentlichen Eigenthum gehören, sind in das Grundbuch nicht aufzunehmen.

1. Durch § 1 Abs. 1 ist die Anlegung von Grundbüchern vorgeschrieben. Die Grundbücher sind für räumlich abgegrenzte Bezirke anzulegen. Der Grundbuchbezirk soll in der Regel mit dem Bezirk einer Gemeinde zusammenfallen; ausnahmsweise ist auch ein Gemeindetheil als Grundbuchbezirk zugelassen.

Die Anlegung des Grundbuchs für den Theil einer Gemeinde empfiehlt sich namentlich für größere Gemeinden, bei welchen die Erneuerung des ganzen Gemeindebezirks (vgl. Bem. 2) längere Jahre dauert; denn in solchem Falle könnten die Vortheile der Erneuerung wieder verloren gehen, wenn mit der Anlegung bis zur Vereinigung des Katasters der ganzen Gemeinde gewartet würde (B.).

Bezüglich der Bergwerkbezirke vgl. § 25.

2. Die Anlegung des Grundbuchs darf nur für Gemeinden oder Gemeindetheile erfolgen, in welchen das **Kataster erneuert** ist. Die Gemeinden Elsaß-Lothringens sind schon seit etwa 50 Jahren sämmtlich mit Katasterurkunden versehen. Die mangelhafte Fortführung machte aber eine Erneuerung derselben nothwendig, welche sich kraft des Ges. v. 31. März 1884 (G. Bl. S. 59) theils auf dem Wege der Berichtigung der vorhandenen Urkunden, theils durch Neuvermessung vollzieht. Erst wenn nach Maßgabe dieses Gesetzes eine Erneuerung des Katasters stattgefunden hat, darf und muß mit Anlegung des Grundbuchs vorgegangen werden.

Das Kataster, in welchem alle Grundstücke nach Lage, Größe und Kulturart beschrieben sind, besteht:

a) aus der Mutterrolle, worin die einzelnen Grundstücke unter dem Namen des Steuerpflichtigen (Eigenthümers) zusammengestellt sind,

b) aus dem Flurbuch bezw. Parzellen-Register, in welchem die Liegenschaften in topographischer Ordnung auf einander folgen,

c) aus den Katasterplänen.

3. In das Grundbuch sind die in dem Bezirke der Gemeinde oder des Gemeindetheils liegenden Grundstücke **auf Grundlage des Katasters** aufzunehmen. Damit ist ausgedrückt:

a) daß die Bezeichnung der Grundstücke im Grundbuch sich genau an diejenige im Kataster anzuschließen hat,

b) daß im Grundbuch gleichwie in der Mutterrolle bei jedem Grundstücke der Eigenthümer zu bezeichnen ist und die Ermittlung des Eigenthümers auf Grundlage der Angaben des Katasters erfolgt.

4. Die in dem Bezirke der Gemeinde oder des Gemeindetheils liegenden Grundstücke sind **sämmtlich** in das Grundbuch aufzunehmen. Als Grundstücke im Sinne des Gesetzes gelten nicht bloß unüberbaute Bodenflächen, sondern auch Häuser, sowie Stockwerke von Häusern, welche in getrenntem

Eigenthum stehen und andere Baulichkeiten. Hinsichtlich der Bergwerke s. §§ 25 u. 26.

Ausgenommen von der Aufnahme ist nur das öffentliche Eigenthum. Hierzu gehören die öffentlichen Wege, das Bett der (schiff- und nicht schiffbaren) Gewässer, sowie das Glacis und die Wälle der Festungen (vgl. Artt. 538 u 540 des Code civil). Dagegen bilden die Gebäude, welche einem öffentlichen Dienste gewidmet sind (z. B. Schulhäuser, Gemeindehäuser, Gerichte ꝛc.), nach richtiger Ansicht keinen Bestandtheil des domaine public und sind somit der Aufnahme unterworfen (Ducrocq Z. 466, vgl. indessen dagegen Aubry u. Rau § 169 Z. 9).

Im Entwurfe des Gesetzes war vorgesehen, daß die Eintragung der im Privateigenthum des Reichs oder Landes stehenden Grundstücke nur im Fall der Veräußerung oder der Belastung oder im Falle des Antrags des Eigenthümers oder eines Berechtigten geboten sei. Vom Landesausschuß wurde jedoch diese Bestimmung gestrichen, damit die Gleichförmigkeit des Grundbuchs mit dem Gemeindekataster möglichst gewahrt bleibe.

5. Bei Anlegung des Grundbuchs werden nur die Grundstücke und das Eigenthum an denselben ermittelt; die in die Hypotheken-Register sonst eingetragenen Rechte bleiben im Anlegungsverfahren außer Betracht. Die Uebertragung derselben vollzieht sich erst, nachdem das Grundbuch angelegt ist, auf Grund der §§ 6 u. 34.

§ 2.

Die Grundbücher werden von den Amtsgerichten auf Grund der von dem Ministerium zu erlassenden Anweisungen und nach Formularen, welche von diesem festgestellt werden, angelegt und geführt.

Zur Anleguug und Führung der Grundbücher können außer den Hypothekenbewahrern, welche bei dem Inkrafttreten dieses Gesetzes im Amte sind, nur Personen bestellt werden, welche die Fähigkeit zu dem Amte eines Richters oder Notars erlangt haben.

Die Anlegung erfolgt kostenfrei. Die zur Anlegung erforderlichen Vollmachten sind frei von Staatsgebühren.

1. Die Anlegung und Führung der Grundbücher erfolgt auf Grund der von dem Ministerium zu erlassenden Anweisungen durch die Amtsgerichte. Das Ministerium bezeichnet die Gemeinden, in welchen die Anlegung zu bewirken ist, regelt das bei der Anlegung zu beobachtende Verfahren und trifft die für den Geschäftsgang erforderlichen Ausführungsbestimmungen. Auch die nähere Feststellung der Pflichten, welche dem Richter und Gerichtsschreiber obliegen, ist der Ministerialverordnung vorbehalten. Dagegen bezieht sich auch in Grundbuchsachen die Befugniß des Ministeriums zur Ertheilung von Anweisungen nicht auf die erkennende Thätigkeit des Amtsgerichts (vgl. § 31).

2. Gemäß § 2 Abs. 1 sind ferner die Formulare, also auch die Form und innere Einrichtung des Grundbuchs durch das Ministerium festzustellen. Dem Muster entsprechend, welches dem Gesetzentwurf beigeheftet war, wird die innere Einrichtung der Grundbücher in der Weise erfolgen, daß auf je zwei gegenüberstehenden Folioseiten oben querdurchlaufend der Name des Eigenthümers, darunter sämmtliche Liegenschaften desselben mit den darauf haftenden Rechten und Beschränkungen eingetragen werden.

In der Spezialkommission des Landesausschusses war die Frage angeregt worden, ob an Stelle der vorgeschlagenen „Personalfolien oder Artikel" nicht richtiger Realfolien anzulegen seien. Nach dem System der Realfolien, so wird im Kommissionsberichte bemerkt, erhält nicht der Eigenthümer, sondern jedes Grundstück ein besonderes Blatt; im Falle einer Veräußerung braucht somit nur der Name des Eigenthümers geändert zu werden; eine Uebertragung der Hypotheken und Lasten ist nicht nöthig. Ungeachtet dieser Vorzüge war jedoch die Mehrheit der Kommission der Ansicht, daß die Personalfolien vorzuziehen seien, weil die Zerstückelung des Grundbesitzes im Lande einen so hohen Grad erreicht habe, daß bei Anlage von Realfolien die Zahl der Register für die einzelnen Gemeinden zu groß werde. Außerdem wurde darauf hingewiesen, daß die Umschreibung der Lasten und Hypotheken nicht zu sehr in's Gewicht falle, weil die hypothekarische Belastung auf dem Lande nicht sehr bedeutend sei. Im Uebrigen wird, wie auch in dem Berichte hervorgehoben wird, durch den Entwurf nicht ausgeschlossen, daß beispielsweise in Städten, wo sich dies empfiehlt, Realfolien angelegt werden.

Mit jedem Grundbuch werden Anlagebände verbunden, welche, nach Jahrgängen geordnet und geheftet, die die einzelnen Eintragungen begründenden Urkunden enthalten. Diese Anlagebände bilden die nothwendige Ergänzung des Grundbuchs, auf welche bei allen Eintragungen im Grundbuch zu verweisen ist. Dadurch wird erreicht, daß die Eintragungen sich auf kurz gefaßte Angaben beschränken können (M.).

3. Der § 2 Abs. 2 lautete in der Vorlage wie folgt: „Zur Anlegung und Führung der Grundbücher können auch Personen bestellt werden, welche die Fähigkeit zum Richteramt nicht erlangt haben. Dieselben sind den Amtsgerichten beizuordnen". Die abweichende Fassung des Gesetzes beruht auf den Beschlüssen der Spezialkommission, welche es für geboten erachtete, die Voraussetzungen der Befähigung zum Grundbuchrichter im Gesetze selbst festzustellen. Mit den richterlichen Geschäften bei Anlegung und Führung der Grundbücher können hiernach nur Personen betraut werden, welche die Fähigkeit zu dem Amte eines Richters oder Notars erlangt haben. Eine Ausnahme besteht nur zu Gunsten der Hypothekenbewahrer. Im Uebrigen hat das Gesetz, gleichwie die Vorlage, nur die dauernde Wahrnehmung der Funktionen im Auge, und läßt die allgemeinen Bestimmungen über die Befähigung zur zeitweiligen Wahrnehmung der amtsrichterlichen Geschäfte unberührt (vgl. Art. 3 des Ges. v. 29 Vent. IX).

Die Bestimmung der Vorlage, daß die nicht richterlichen Beamten den Amtsgerichten beizuordnen seien, ist, wie aus dem Kommissionsberichte erhellt, als selbstverständlich gestrichen worden. Ebendaselbst wird bemerkt, daß in der Kommission eine Uebereinstimmung darüber festgestellt wurde, daß zu den im Abs. 2 erwähnten Personen auch alle diejenigen gehören, welche zur Zeit das Amt als Richter oder Notar ausüben, wenngleich sie die heute geltenden Bestimmungen über die Erlangung zur Befähigung dieser Aemter nicht erfüllt haben.

4. Die Anlegung der Grundbücher erfolgt kostenfrei. Diese Befreiung bezieht sich nicht nur auf die Eintragung, sondern

auch auf das der Eintragung vorausgehende Verfahren und begreift sowohl die Gebühren als alle baaren Auslagen.

Vollmachten, welche im Anlegungsverfahren von dem Vertreter einer Partei vorzulegen sind, brauchen weder auf Stempel geschrieben noch registrirt zu werden.

Zweiter Abschnitt.

Von der Eintragung in die Grundbücher.

§ 3.

Die Grundbücher sind dazu bestimmt, die nachbezeichneten Rechte und Rechtsverhältnisse offenkundig zu machen:

1. das Eigenthum an Grundstücken,
2. Grunddienstbarkeiten (Code civil, Art. 637 ff.), persönliche Dienstbarkeiten (Code civil, Art. 578 ff.), das Erbbaurecht (Superficies) und das Recht des antichretischen Gläubigers, insofern diese Rechte durch Rechtsgeschäft unter Lebenden begründet oder übertragen werden,
3. das Recht des Pächters, insoweit die Dauer des Pachtvertrags zwölf Jahre, und das Recht des Miethers, insoweit die Dauer des Miethvertrags neun Jahre übersteigt,
4. die Vorauszahlung und Abtretung nicht fälliger Pacht- und Miethzinsen, wenn sich dieselben auf einen Zeitraum von mehr als 3 Jahren erstrecken,
5. Hypotheken und Vorzugsrechte,
6. Verfügungsbeschränkungen (§ 8).

1. Die Grundbücher, welche in Elsaß-Lothringen angelegt werden, sind, abweichend von den Grundbüchern des preußischen Rechts, nur zur Kundbarmachung von Rechten und Rechts-

verhältnissen bestimmt. Diese Kundbarmachung ist nach ihrer rechtlichen Wirksamkeit betrachtet nur eine andere Form der Ueberschreibung (vgl. § 4); ein öffentlicher Glaube ist mit den Eintragungen im Grundbuch nicht verbunden.

Ueber die Gründe dieser besonderen Gestaltung, mit welcher in Verbindung im Entwurfe die Führung von Grundbuchregistern in den nicht bereinigten Gemeinden vorgesehen war, wird im Berichte der Spezialkommission unter Hinweis auf die gesetzgeberischen Verhandlungen zu dem Ges. v. 24. Juli 1889 Folgendes bemerkt:

„Sowohl in der damals niedergesetzten Spezialkommission als im Landesausschuß selbst ist ohne Widerspruch zum Ausdruck gekommen, daß die (mit dem Ges., betr. Grundeigenthum und Hypothekenwesen, sowie die Notariatsgebühren) begonnene Reform alsbald fortzusetzen sei. Auch hat die Landesvertretung mittelst einer Resolution, welche in der Sitzung vom 3. Mai 1889 gefaßt wurde, den Weg angedeutet, auf welchem die weitere Reform sich zu bewegen habe. Zwei Dinge sind es, welche nach dem Inhalte dieser Resolution vor allem zu erstreben sind, nämlich eine einfachere Art der Kundbarmachung des Eigenthums an Stelle der Transscription und eine gesichertere Fortführung des Katasters."

„Nach den zutreffenden Ausführungen des damaligen Berichterstatters Herrn Dr. Gunzert leidet das französische Transscriptionssystem vor allem daran, daß die Nothwendigkeit der Ueberschreibung nur für den Fall besteht, daß Eigenthum durch Rechtsgeschäfte unter Lebenden übertragen wird, während die Theilungen nicht veröffentlicht werden. Das Transscriptionsregister vermag daher stets nur ein unvollständiges Bild über den Immobiliarbesitz eines Jeden zu geben. Von demselben Berichterstatter wurde ferner hervorgehoben, daß mit der Transscription ein sehr umfangreiches, Zeit und Kosten beanspruchendes Schreibwerk verbunden sei, daß die Abschriften, welche auf Grund der Register gegeben werden, sehr unübersichtlich seien, daß endlich die Register nur mit Mühe und großem Zeitverlust benutzt werden können. In der That eignen sich die Hypothekenregister in Folge der Art, in welcher die Eintragung sich vollzieht, nicht dazu, in rascher Weise Aufklärung über die

Eigenthumsverhältnisse einer Person zu geben. Nicht die Rechte sondern die über die Rechtsgeschäfte errichteten Urkunden werden vollständig und in unterschiedloser Reihenfolge in dieselben eingetragen. Dies hat zur Folge, daß es unmöglich ist, den Parteien die Bücher zur Einsichtnahme zur Verfügung zu stellen. Dieselben sind vielmehr auf Auszüge angewiesen, welche nicht bloß sehr kostspielig sind, sondern auch mit Rücksicht auf die Nachforschungen, welche sie erfordern, stets erst nach Ablauf einer gewissen Zeit ausgehändigt werden können. Seit dem Gesetze von 1855 ist die Zahl der Register der Art angewachsen, daß es nur mit einem großen Aufwande von Mühe möglich ist, Feststellungen aus den Büchern zu machen, welche sich auf einen längeren Zeitraum erstrecken, weßhalb in der Regel Wochen, bisweilen Monate vergehen, ehe die Parteien in den Besitz derselben gelangen."

„Was das Kataster anlangt, so wird nach zwei Richtungen Klage über dasselbe geführt. Vor allem wird es allseitig als ein Mißstand empfunden, daß das Kataster keiner regelmäßigen Fortführung unterliegt sondern nur alljährlich einmal richtig gestellt wird. Dieser Mißstand, welcher alle Zeit fühlbar war, tritt in erhöhtem Maße hervor, seitdem die gerichtliche Hypothek als allgemeine Hypothek beseitigt ist. Die allgemeine Hypothek, welche mit dem Urtheile verbunden war, enthob nach den zutreffenden Ausführungen in der Begründung der Vorlage den Gläubiger, welcher für seine Forderung Sicherheit suchte, der Nothwendigkeit, schon vor der Einschreibung sich über den Immobiliarbesitz seines Schuldners Gewißheit zu verschaffen; denn mit der Einschreibung wurde die nach Lage der Verhältnisse mögliche Deckung erlangt. Nach jetzigem System muß der Gläubiger, bevor er Einschreibung nachsucht, die im Eigenthum seines Schuldners stehenden Grundstücke ermitteln, und welches Hülfsmittel dazu bleibt ihm, wenn das Kataster die Auskunft versagt? Als zweiter Mißstand wird hervorgehoben, daß die Fortführung in den Händen von Beamten liegt, welche zum Theile nicht das erforderliche Maß technischer und juristischer Vorbildung besitzen. Auf diese Weise geschieht es, daß sich Irrthümer im Kataster ansammeln, und daß auch die bereinigten Kataster, welche seit einigen Jahren mit einem großen Kostenaufwande hergestellt werden, schon kurze Zeit nach ihrer Herstellung viele Unrichtigkeiten aufweisen."

„Die Regierungsvorlage sucht den vom Landesausschuß hervorgehobenen Mißständen dadurch abzuhelfen, daß sie vorschlägt, an Stelle der jetzt bestehenden Kundbarmachung des Eigenthums und der dinglichen Rechte in die Hypothekenregister die Kundbarmachung in Grundbüchern und Grundbuchregistern zu setzen und die Führung dieser Bücher und Register den Amtsgerichten anzuvertrauen. Nur die Form der Kundbarmachung, nicht das materielle Recht soll, von wenigen Punkten abgesehen, geändert werden; die Veränderung der Form allein genügt aber auch nach Ansicht der Regierung, um die erstrebten Verbesserungen zu erreichen. Denn das Wesen der Grundbuchform besteht darin, daß alle auf das Grundstück bezüglichen Rechtsverhältnisse, sowohl das Eigenthum als die darauf ruhenden Lasten, auf dem nämlichen Blatte dargestellt werden. Diese tabellarische Form bedingt es, daß die einzelnen Eintragungen in knapper Weise bewirkt werden und durch einfache Einsichtnahme des Buches für Jedermann leicht zu Tage treten. Diese Form hat ferner zur nothwendigen Folge, daß alles Eigenthum, nicht blos das durch Vertrag anfallende, zur Eintragung gelangt, da die Lasten und Beschränkungen des Eigenthums nur veröffentlicht werden können, wenn das Grundstück bezw. das Eigenthum eingetragen ist. Endlich wird es dadurch ermöglicht, eine fortlaufende und geordnete Fortführung des Katasters zu erlangen, indem mittels der Vorschrift, daß eine Fortschreibung im Kataster erst nach vorgängiger Richtigstellung des Grundbuchs zulässig ist, die Mutationen im Kataster einer vorgängigen Prüfung durch den Grundbuchrichter unterworfen werden, und indem ferner eine derartige Verbindung zwischen den Amtsgerichten und Katasterbehörden hergestellt wird, daß alle in das Grundbuch eingetragenen Eigenthumsänderungen in kurzen Zeiträumen in den Katastern nachgetragen werden können."

„Die Durchführung des vorgeschlagenen Systems ist von dem Entwurfe in doppelter Art in Aussicht genommen. In den Gemeinden, wo die Katasterbereinigung durchgeführt ist, sollen in die Register, welche mit dem Inkrafttreten des Gesetzes an Stelle der Hypothekenregister treten, alsbald auf Grund einer kurzen Revision der Eigenthumsnachweise sämmtliche in der Gemarkung gelegene Grundstücke, jeweils unter dem Namen der Eigenthümer, eingetragen werden. Die so vervollständigten Register, welche ein genaues Inventar des unbeweglichen Vermögens eines jeden Eigenthümers enthalten, werden von dem Entwurfe als Grundbücher bezeichnet. In den übrigen Gemeinden soll dagegen, weil die sofortige Ermittlung sämmtlicher Eigenthümer daselbst mit Rücksicht auf den schlechten Zustand der Katasterurkunden mit großem Müheaufwand und mit großen Kosten verbunden wäre, die Eintragung nur von Fall zu Fall, also nur wenn die Veräußerung oder Belastung eines Grundstücks erfolgt, nothwendig werden. Diese Bücher werden von dem Entwurf als Grundbuchregister bezeichnet, was sie so lange bleiben, bis die Vereinigung der betreffenden Gemarkungen durchgeführt ist, worauf erst die Bezeichnung der Grundstücke ergänzt und die Register zu Grundbüchern vervollständigt werden. Hiermit ist nothwendig zugleich ein weiterer Unterschied zwischen Grundbuch und Grundbuchregister gegeben, der darin besteht, daß nur das erstere zuverlässige Angaben über den Umfang und den Bestand der einzelnen Grundstücke gibt, was in den nicht bereinigten Gemeinden nicht überall im gleichen Maße möglich ist. Im Uebrigen sind aber Grundbuch und Grundbuchregister im Wesentlichen dieselbe Einrichtung. Insbesondere werden auch beim Grundbuch die Hypotheken und dinglichen Rechte nicht sofort bei der Anlegung in das Grundbuch einzutragen sein, sondern diese Eintragung wird wie beim Grundbuchregister, vorbehaltlich der Bestimmung in § 32, nur von Fall zu Fall erfolgen, also nur dann, wenn ein solches Recht entsteht oder erneuert werden muß. Ferner sind die Art der Eintragung, die Voraussetzungen und die Wirkungen derselben bei beiden gleich, so daß formell und materiell im ganzen Lande ein einheitliches Recht gewahrt bleibt."

„Es liegt die Frage nahe, ob nicht mit Einführung der Grundbuchform auch der gute Glaube des Buches zu begründen sei. Könnte dies geschehen, so wäre zweifellos ein weiterer großer Vorzug erreicht. Die Regierung hat indessen aus verschiedenen Gründen davon absehen zu sollen geglaubt. Der gute Glaube des Buches kann nur erklärt werden, wenn vorher die Eigenthums- und Rechtsverhältnisse an den Grundstücken in unzweifelhafter Weise festgestellt sind. In den Gemeinden, in welchen das Kataster nicht erneuert ist, wäre dies aber nur mit sehr bedeutendem Aufwande an Kosten und nur unter Heranziehung vieler Hülfskräfte möglich. Wollte man sich andererseits auf die Gemeinden beschränken, in welchen das Kataster erneuert ist, so hätte dies zur Folge, daß ein zweifaches Rechtssystem im Lande bestände, was um so empfindlicher wirken müßte, als der gute Glaube nicht ohne eingreifende Aenderungen im materiellen Recht begründet werden kann. Die Regierung ist daher der Ansicht, daß allen Interessen am besten gedient wäre, wenn das in Vorschlag gebrachte Uebergangssystem angenommen würde, welches die sofortige Anlegung von Grundbüchern, jedoch nur für Gemeinden mit erneuerten Katastern vorsieht und zugleich die Einheit des Rechts und der Rechtsformen mit den übrigen Landestheilen aufrecht erhält."

Der von der Regierung eingenommene Standpunkt wurde auch von der Mehrheit der Spezialkommission als zutreffend anerkannt, weßhalb letztere die Gesammtvorlage zur Annahme empfahl. Bei der zweiten Lesung im Plenum wurde aber der auf die Einführung von Registern bezügliche Paragraph gestrichen. Hiernach ist die erstrebte Rechtseinheit vorerst nicht gegeben und damit einer der Hauptgründe, welche für die Abweichung vom preußischen Rechte bestimmend waren, hinfällig geworden. Hervorgehoben sei indessen, daß der Einwand, welcher aus dem mangelnden öffentlichen Glauben entnommen werden kann, nicht allzusehr in's Gewicht fällt, weil die Uebertragung des Eigenthums durch Privaturkunden ausgeschlossen ist. Denn dadurch ist nicht nur die Zahl der anfechtbaren Eigenthumsübertragungen auf ein sehr geringes Maß zurückgeführt, sondern es darf im Hinblick auf die sorgfältige Untersuchung der Eigenthumstitel, welche jeder notariellen Verbriefung von Veräußerungen und Theilungen vorauszugehen hat, auch angenommen werden, daß nur ausnahmsweise ein Nichteigenthümer zur Eintragung gelangen wird. In Wirklichkeit wird daher das Grundbuch auch ohne den Grundsatz des öffentlichen Glaubens eine in der Regel untrügliche Erkenntnißquelle der Rechte an den Grundstücken sein (M.).

2. Der § 3 enthält eine Zusammenstellung der Rechte und Rechtsverhältnisse, welche nach der Vorlage im Grundbuch offenkundig gemacht werden sollen. Anders als bei dem

Transskriptionssystem sollen nicht die Urkunden sondern die darin verbrieften Rechte und Rechtsverhältnisse eingetragen werden. Materiell ist jedoch insofern eine Uebereinstimmung zwischen beiden Systemen gewahrt, als nur solche Rechte und Rechtsverhältnisse zur Eintragung gelangen sollen, hinsichtlich welcher auch eine Ueberschreibung der darüber aufgenommenen Urkunden angeordnet ist. Eine Ausdehnung findet nur, wie gleich hervorgehoben wird, hinsichtlich des Eigenthums statt. Selbstverständlich ist, daß von der Aenderung des bestehenden Rechts, welche durch § 3 und die folgenden Paragraphen eingeführt wird, nur diejenigen Rechtsgeschäfte berührt werden, welche nach dem Inkrafttreten des neuen Gesetzes d. h. nach dem Zeitpunkte, von welchem ab das Grundbuch als angelegt gilt, abgeschlossen werden. Es entspricht dies dem allgemeinen Grundsatze, daß Gesetze keine rückwirkende Kraft haben (B.). Anderseits kann, insoweit eine Wahrung jener Rechtsgeschäfte durch Ueberschreibung noch nicht statt hatte, die in der Folge bewirkte Eintragung im Grundbuch nur die nach vorliegenden Gesetze damit verbundenen Wirkungen äußern. S. Bem. zu § 34.

Im Einzelnen ist Folgendes hervorzuheben:

a) Eigenthum.

Gemäß § 3 Z. 1 sind die Grundbücher dazu bestimmt, das Eigenthum an Grundstücken offenkundig zu machen. Diese Vorschrift ist allgemein und unbeschränkt. Während eine Ueberschreibung der Eigenthumstitel in die Hypotheken-Register nur erfolgt, wenn das Eigenthum durch Rechtsgeschäft unter Lebende übertragen wird, soll im Grundbuch das gesammte im Grundbuchbezirk gelegene Eigenthum jedes Einzelnen zu Tage treten, gleichgültig wann und unter welchem Titel es erworben wurde. Bei den Kommissions-Berathungen ist die Frage aufgeworfen worden, ob auch im Falle einer Schenkung unter Ehegatten während der Ehe das Recht des Schenknehmers in das Grundbuch einzutragen sei. Die Frage wurde verneint, weil der Schenkgeber die Dispositionsbefugniß über die verschenkten Güter behalte. Immerhin kann dies nur in dem Sinne verstanden werden, daß die Eintragung des neuen Eigenthums erst zu erfolgen hat, nachdem dasselbe in Folge des Ablebens des Schenkgebers unwiderruflich geworden ist.

Es ist davon abgesehen worden, einen unmittelbaren Zwang zur Herbeiführung der Eintragung zu begründen. Bei der Anlegung des Grundbuchs werden die Eigenthümer zwar aufgefordert werden, ihre Rechte zur Eintragung anzumelden. Die Anwendung von Zwangsmitteln behufs Herbeiführung der Anmeldung ist aber auch hier nicht gestattet; die Nicht-Anmeldung hat nur den Rechtsnachtheil zur Folge, daß der Eigenthümer der Gebührenfreiheit verlustig geht, welche mit der Eintragung im Anlegungs-Verfahren verbunden ist. Im Uebrigen findet die Eintragung nur statt, wenn ein darauf gerichteter Antrag vorliegt. Die Eintragung des Eigenthumes wird aber dadurch allgemein erforderlich, daß nach den Bestimmungen des Gesetzes:

a) im Falle einer Veräußerung der Erwerber sein Recht nicht wahren kann, wenn das Recht des Veräußerers nicht eingetragen ist (§ 10);

b) die Eintragung von Hypotheken und Vorzugsrechten dadurch bedingt ist, daß der Schuldner als Eigenthümer eingetragen ist (§ 12);

c) die Fortschreibung des Eigenthums im Kataster in der Folge nur zulässig ist, wenn die Person, welcher das Grundstück zugeschrieben werden soll, vorher im Grundbuch als Eigenthümer eingetragen worden ist (§ 41).

Ueber die Nachweise, welche von dem Antragsteller vorzulegen sind, vgl. § 16.

b) Dienstbarkeiten.

Grunddienstbarkeiten, persönliche Dienstbarkeiten (Nießbrauch, Gebrauchs- und Wohnungsrecht) das Erbbaurecht (Superficies) und das Recht des antichretischen Gläubigers sind in das Grundbuch nur einzutragen, insofern diese Geschäfte durch Rechtsgeschäft unter Lebenden begründet oder übertragen werden. Die Eintragung findet somit nicht statt, wenn das Recht nicht auf einem Rechtsgeschäft unter Lebenden sondern auf letzwilliger Verfügung oder dem Gesetze beruht. Als „auf Gesetz" beruhend sind von der Eintragung namentlich ausgeschlossen der Nießbrauch der Eltern an dem Vermögen der minderjährigen Kinder (Code civil Art. 384 ff.), der Nutzgenuß der Gütergemeinschaft und des Ehemannes an den Grundstücken der Eheleute bezw. der Ehefrau (Code civil

Artt. 1401, 1403, 1409, 1530, 1533, 1549, 1562), und die in den Artt. 639, 640 u. 651 des Code civil bezeichneten Grunddienstbarkeiten. Auch die durch «destination du pére de famille» begründeten Dienstbarkeiten oder durch Ersitzung erworbenen Rechte fallen nicht unter § 3 Z. 2. Dagegen ist, wenn das Recht zwar auf dem Gesetze beruht, die Ausübung derselben aber eine besondere Vereinbarung voraussetzt, so in den Fällen des Art. 682 des Code civil (Nothweg) u. der §§ 11, u. 14 des Gesetzes, betr. Wasserbenutzung und Wasserschutz, v. 2. Juli 1891, die Eintragung für erforderlich zu erachten. (Vgl. bezüglich der Ueberschreibung Aubry u. Rau § 228 Z. 7, 8 u. 9 Bd. II S. 471, § 250 Z. 15 Bd. III S. 74 u. Flandin I Z. 417 ff.).

Im § 3 Z. 2 der Vorlage war auch die Erbpacht (Emphyteusis) genannt. Ein Mitglied der Spezialkommission machte gegen diese Anführung geltend, daß nach den Bestimmungen des Code civil die Erbpacht als besonderes Rechtsverhältniß nicht mehr begründet werden könne, und daß die von Alters her noch etwa bestehenden Verträge den Grundsätzen der Pachtverträge unterworfen seien. Die Anführung sei daher überflüssig. Die Kommission schloß sich diesen Ausführnngen an, weshalb die betreffenden Worte gestrichen worden sind (B.).

c) Das Recht des Pächters und Miethers.

Art. 2 Nr. 4 des Ges. v. 23. März 1855 erfordert die Ueberschreibung der Mieth- und Pachtverträge erst, wenn dieselben auf länger als achtzehn Jahre abgeschlossen sind. Abweichend hiervon sollte nach der Regierungsvorlage sowohl das Recht des Pächters als dasjenige des Miethers der Eintragung in das Grundbuch unterliegen, insoweit die Dauer der Pacht oder des Vertrags neun Jahre übersteigt, weil, wie in der Begründung hervorgehoben wird, schon die Verpachtung oder Vermiethung auf einen die Dauer von neun Jahren überschreitenden Zeitraum in der Regel außerhalb der Grenzen einer ordnungsmäßigen Verwaltung liege. Die Spezialkommission des Landesausschusses erkannte diesen Vorschlag bezüglich der Miethverträge als sachentsprechend an. In Betreff der Pachtverträge wurde dagegen mit Rücksicht auf die in Lothringen übliche Dauer der Verpachtung ländlicher Güter der Entwurf dahin geändert, daß das Recht des Pächters erst einzutragen sei, wenn die Dauer des Pachtvertrags zwölf Jahre überschreite.

Nur das Recht des Pächters oder Miethers ist der Eintragung unterworfen; eine Cession oder Untervermiethung bedarf der Kundbarmachung im Grundbuche nicht. (Vgl. bezüglich der Ueberschreibung Flandin I Z. 511. 523).

Wenn der Zeitraum, auf welchen ein Vertrag abgeschlossen wurde, in mehrere Abschnitte getheilt ist, vor deren jeweiligem Ablauf den Parteien das Recht der Kündigung zusteht, so ist die Eintragung erforderlich, sofern die Abschnitte zusammengerechnet 9 bezw. 12 Jahre überschreiten, wenngleich bei keinem der einzelnen Abschnitte eine solche Ueberschreitung vorliegt. Denn der Vertrag bleibt ungeachtet jener Eintheilung und des Vorbehalts der Kündigung ein einheitlicher, der von vornherein auf die Gesammtdauer gerichtet ist. Wird dagegen vor Ablauf eines Pacht- oder Miethverhältnisses ein neuer Vertrag zur Verlängerung derselben abgeschlossen, so ist eine Verpflichtung zur Eintragung nur begründet, insoweit einer der beiden Verträge sich auf einen die Dauer von 9 oder 12 Jahren überschreitenden Zeitraum erstreckt.

d) Die Vorauszahlung und Abtretung nicht fälliger Pacht- und Miethzinsen.

Die Bestimmung des § 3 Z. 4 ist derjenigen des Art. 2 Z. 5 des Ges. v. 23. März 1855 nachgebildet. Während nach letzterer aber die Ueberschreibung von „tout acte ou jugement constatant, même pour bail de moindre durée, quittance ou cession d'une somme équivalente à trois années de loyers ou fermages non échus“ vorgeschrieben ist, wird die Eintragung in das Grundbuch nur erfordert, wenn die nicht verfallenen Zinsen sich auf einen Zeitraum von mehr als drei Jahren erstrecken. Diese Abweichung rechtfertigt sich aus der Betrachtung, daß das Jahr und dessen Abschnitte die gewöhnlichen Zinsepochen bilden und es der Natur der Sache mehr entsprechen möchte, wenn der Fälligkeitstermin, welcher die Epoche abschließt, das Schicksal derselben theilt.

e) Vorzugsrechte und Hypotheken.

Vgl. die Bemerkungen zu §§ 6—9.

f) Verfügungsbeschränkungen.

Das Gesetz hat weder im Texte noch in der Begründung eine Begriffsbestimmung der Verfügungsbeschränkungen gegeben. Eine solche war, wie im Kommissionsbericht hervorgehoben wird, nicht erforderlich, weil aus der Verbindung mit § 10 erhellt, daß nur solche Beschränkungen der Eintragung unterliegen, in Ansehung welcher die' Ueberschreibung angeordnet ist. Da im Uebrigen alle Rechte und Rechtsbeschränkungen, hinsichtlich deren Eintragung geboten ist, besonders aufgeführt sind, so kann ein Zweifel darüber, was unter die Verfügungsbeschränkungen fällt, nicht wohl entstehen. Vgl. die Bemerkungen zu § 10.

§ 4.

Die mittels Rechtsgeschäfts unter Lebenden erfolgte Uebertragung des Eigenthums an einem Grundstücke, die in gleicher Weise erfolgte Begründung oder Uebertragung der im § 3 Z. 2 bezeichneten Rechte an einem Grundstücke sowie die im § 3 Z. 3 und 4 erwähnten Rechte und Rechtsgeschäfte sind bis zur Eintragung in das Grundbuch gegenüber Dritten, welche durch Rechtsgeschäft unter Lebenden das Eigenthum oder eines der im § 3 Z. 2 und 3 bezeichneten Rechte an dem Grundstücke erworben und durch Eintragung offenkundig gemacht oder welche eine hypothekarische Eintragung erlangt haben, rechtlich unwirksam.

Unter der Uebertragung und Erwerbung mittels Rechtsgeschäfts unter Lebenden im Sinne dieses und der folgenden Paragraphen ist auch die auf dem Wege der Zwangsversteigerung oder einer gerichtlich angeordneten Versteigerung, dagegen nicht auch die auf Grund einer Zwangsenteignung erfolgte Uebertragung und Erwerbung verstanden.

1. Der § 4 Abs. 1 bezeichnet bestimmte Folgen, welche sich an die Unterlassung der durch § 3 vorgeschriebenen Eintragung

knüpfen. Die Bestimmung des Paragraphen bezieht sich aber nicht auf alle Fälle, in welchen eine Eintragung vorgeschrieben ist, sondern nur auf die ausdrücklich hervorgehobenen; dieselbe ist anderseits nicht die einzige Sanktion zu § 3, sondern wird durch die Vorschriften der §§ 9 Abs. 1, 13 und 41 ergänzt.

2. In der Vorschrift des § 4 Abs. 1, welche dem Art. 3 des Ges. v. 23. März 1855, über die Ueberschreibung, nachgebildet ist, sind folgende Rechtssätze enthalten:

a) Wenn zwei Personen nacheinander mittels Rechtsgeschäfts unter Lebenden das Eigenthum an dem nämlichen Grundstücke erworben haben, so gilt, welches auch das Datum der Erwerbung sei, als Eigenthümer derjenige, dessen Recht zuerst zur Eintragung gelangt ist.

b) Wer das Eigenthum an einem Grundstücke mittels Rechtsgeschäfts unter Lebenden erworben hat, muß sich die von dem Rechtsvorgänger vertragsmäßig bestellten Dienstbarkeiten oder diesen gleichgestellten Rechte (§ 3 Z. 2), sowie die von dem Rechtsvorgänger bestellten oder gegen ihn gerichteten Hypotheken, welche vor Eintragung seines Eigenthums eingetragen worden sind, auch dann gefallen lassen, wenn diese Rechte erst, nachdem er das Eigenthum schon erworben hatte, begründet worden sind.

c) Anderseits können die im § 3 Z. 2 u. 3 bezeichneten Rechte, wenngleich sie vor der Veräußerung des Grundstückes entstanden sind, dem Erwerber nur unter der Voraussetzung entgegen gesetzt werden, daß die Eintragung derselben der Eintragung des erworbenen Eigenthums vorausging.

Hinsichtlich der Hypotheken und Vorzugsrechte s. §§ 14 u. 15.

d) Unter mehreren Personen, welche nach einander mittels Rechtsgeschäfts unter Lebenden eine Dienstbarkeit, ein Erbbaurecht, ein Nutzpfand oder eines der im § 3 Z. 3 bezeichneten Rechte erworben haben, geht im Kollisionsfalle derjenige vor, dessen Recht zuerst im Grundbuche veröffentlicht worden ist.

e) Die Vorauszahlung und Abtretung nicht fälliger Pacht- und Miethzinsen ist, wenn die Zinsen sich auf einen Zeitraum von mehr als drei Jahren erstrecken, gegenüber Personen, welche mittels Rechtsgeschäfts unter Lebenden das Eigenthum oder den Nutzgenuß an dem verpachteten bezw. vermietheten Grundstücke erworben und durch Eintragung offenkundig gemacht oder welche eine hypothekarische Eintragung auf diese Grundstücke genommen haben, nur wirksam wenn die Abtretung oder Vorauszahlung vorher eingetragen war.

Die Vorschrift des § 4 und bezw. des Art. 3 des Ges. v. 23. März 1855 bedingt, wie in der Begründung des Gesetzentwurfs hervorgehoben wird, den Uebelstand, daß sie eine Duplizität des Rechts schafft, indem ein dingliches Recht, jenachdem diese oder jene Person ihm gegenüber tritt, in seinem Bestand anerkannt oder verneint werden muß. Immerhin enthält dieselbe einen nicht zu unterschätzenden Schutz für den Immobiliar- und Hypothekenverkehr.

3. Die Rechtsunwirksamkeit, welche § 4 in Ansehung der darin bezeichneten Rechte an die Unterlassung der Eintragung knüpft, tritt nur ein, wenn diese Rechte durch Rechtsgeschäft unter Lebenden begründet sind. Die Erwerbung des Eigenthums auf Grund eines originären Rechtstitels (Ersitzung, Accession), durch Erbfall, letztwillige Verfügung oder Zwangsenteignung hat, wenngleich § 3 Z. 1 auch die Eintragung des in dieser Weise erworbenen Eigenthums verlangt, allen Dritten gegenüber auch ohne Eintragung volle Rechtswirksamkeit.

Unter den Rechtsgeschäften unter Lebenden sind die Schenkungen begriffen. Der Vorbehalt, welcher im Ueberschreibungsgesetze zu Gunsten der besonderen Bestimmungen der Art. 941 ff. des Code civil gemacht ist, hat in das vorliegende Gesetz keine Aufnahme gefunden. Vgl. § 43, worin die Artt. 939 bis 941 und die auf die Ueberschreibung bezüglichen Bestimmungen des Art. 942 des Code civil ausdrücklich aufgehoben werden.

Ferner ist der Uebertragung und Erwerbung mittelst Rechtsgeschäfts unter Lebenden nach § 4 Schlußabsatz die auf dem Wege der Zwangsversteigerung oder einer gerichtlich angeordneten Versteigerung erfolgte Uebertragung und Erwerbung gleichgestellt.

Die in den Artt. 1082, 1088 und 1093 des Code civil erwähnten Schenkungen — die sog. institutions contractuelles — sind, auch insoweit sie das gegenwärtige Vermögen zum Gegenstand haben, in der Regel als Verfügnugen auf den Todesfall zu betrachten. Die Bestimmung des § 4 findet daher in Ansehung der Rechte, welche auf Grund solcher Verfügungen erworben sind, keine Anwendung (B.). Vgl. indessen § 10 Bem. 1.

Hinsichtlich der Schenkungen unter Ehegatten, welche während der Ehe gemacht werden, vgl. § 3 Bem. 2a.

4. Die Bestimmung des § 4 findet nur Anwendung, wenn das Eigenthum ꝛc. durch Rechtsgeschäfte unter Lebenden übertragen worden ist. Die Erwerbung des Eigenthums oder eines Nutzungsrechts mittels Theilung wird in Anbetracht der deklaratorischen Natur der letzteren durch die Bestimmung nicht berührt. Als Theilung ist jede Vereinbarung unter den Miteigenthümern anzusehen, durch welche die Gemeinschaft gänzlich aufgehoben wird, gleichgültig wie der Vertrag bezeichnet wird (Flandin Z. 196). Bezüglich des Falles, daß das Allein-Eigenthum dem Rechtsnachfolger eines Miteigenthümers zugewiesen wird, vgl. Kass. v. 27. Jan. 1857 (D. P. 57—1—5) und Bemerkungen dazu.

Auch der Rückfall des Eigenthums an den früheren Eigenthümer in Folge einer ex tunc erfolgten Vertrags-Auflösung (wegen Nichterfüllung von Bedingungen oder wegen Betrugs ꝛc.) wird von § 4 nicht betroffen. In diesem Falle liegt gleichfalls eine Uebertragung nicht vor, indem die Sachlage rechtlich so aufzufassen ist, als wenn die erste Uebertragung nicht stattgefunden hätte.

5. Die im § 4 angedrohte Rechtsunwirksamkeit ist keine absolute. Zu den Personen, welche berechtigt sind, sich auf den Mangel der Eintragung zu berufen, gehören nur diejenigen, welche ihrerseits mittels Rechtsgeschäfts unter Lebenden das Eigenthum oder eines der im § 3 Z. 2 u. 3 bezeichneten Rechte an dem Grundstücke erworben und in gehöriger Form gewahrt, oder welche eine hypothekarische Eintragung erlangt haben. Gegenüber dem Veräußerer selbst, den allgemeinen Rechtsnachfolgern, Legataren und Chirographar-Gläubigern desselben ist ein erworbenes Recht auch ohne Eintragung rechtswirksam. Aus allgemeinen Rechtsgrundsätzen folgt ferner, daß der Mangel der Eintragung nicht von Personen geltend gemacht werden kann, welche verpflichtet waren, die Eintragung herbeizuführen, also z. B. nicht von Ehemännern oder Vormündern in Ansehung der von ihren Ehefrauen oder Mündeln erworbenen Rechte.

Unter hypothekarischer Eintragung ist sowohl die Eintragung von Hypotheken als diejenige von Vorzugsrechten verstanden (B.).

6. Der Umstand, daß der Erwerber eines Rechts zur Zeit der Erwerbung Kenntniß davon hatte, daß einem Dritten das Eigenthum des Grundstücks übertragen oder ein Recht an dem Grundstücke bestellt worden ist, hindert ihn nicht, die Rechtsunwirksamkeit dieser Rechte Mangels Eintragung geltend zu machen. § 4 Abs. 1 verlangt nicht, daß die darin bezeichneten Dritten sich in gutem Glauben befinden müssen. Vgl. Flandin Nr. 871 ff.

7. Die Eintragung betrifft nur die Wirksamkeit, nicht die Entstehung des Rechts. Das einzutragende Recht wird als wohl begründet vorausgesetzt. Der Rechtssatz: „nemo plus juris transferre potest quam ipse habet" und die eine Anwendung derselben enthaltende Bestimmung des Art. 2132 Abs. 2 des Code civil: „Le vendeur ne transmet à l'acquéreur que la propriété et les droits qu'il avait lui-même sur la chose vendue" behalten sonach auch gegenüber den eingetragenen Rechten ihre volle Tragweite. Aus demselben Grunde vermag die Eintragung die Mängel nicht zu heilen, welche dem Rechtsgrunde (Titel) ankleben.

8. Pacht- und Miethverträge sind gemäß § 3 Z. 3 der Eintragung nur insoweit unterworfen, als sie die Dauer von 9 bezw. 12 Jahren überschreiten. Verträge von längerer Dauer, deren Eintragung versäumt worden ist, können sonach trotz letzteren Umstandes den im § 4 bezeichneten Dritten bis zur Dauer von 9 bezw. 12 Jahren entgegengesetzt werden. Bei Feststellung dieses Zeitraumes ist die bereits abgelaufene Zeit der Pacht- oder Miethperiode einzurechnen.

Die Vorauszahlung und Abtretung nicht fälliger Pacht- und Miethzinsen ist dagegen, wenn diese Zinsen sich auf einen Zeitraum von mehr als 3 Jahren erstrecken und die Abtretung oder Vorauszahlung nicht durch Eintragung in das Grundbuch offenkundig gemacht ist, gegenüber den im § 4 bezeichneten Dritten schlechthin d. h. bezüglich der ganzen Vorauszahlung oder Abtretung unwirksam.

Die gleichen Grundsätze gelten für den Bereich des Ueberschreibungs-Gesetzes. Vgl. Aubry u. Rau § 174 Anm. 17, 18, 22 (Bd. II S. 60, 61) u. Flandin Z. 1266, 1267.

9. Hinsichtlich des Erwerbs des Eigenthums auf dem Wege der Zwangsversteigerung vgl. die Artt. 15 bis 19 des Ges. v. 3. Mai 1841 u. § 39 dieses Gesetzes. S. auch Aubry u. Rau § 209 Anm. 43 (Bd. II S. 297).

§ 5.

Die Uebertragung des Eigenthums an einem Grundstücke kann wegen Nichterfüllung vertragsmäßiger Verbindlichkeiten zum Nachtheile Dritter, welche das Eigenthum oder eines der im § 3 Z. 2 und 3 bezeichneten Rechte an dem Grundstücke mittels Rechtsgeschäfts unter Lebenden erworben und durch Eintragung in das Grundbuch offenkundig gemacht, oder welche gegen den Erwerber oder dessen Rechtsnachfolger eine hypothekarische Eintragung erlangt haben, nur rückgängig gemacht werden, wenn in der Veräußerungsurkunde ausdrücklich festgesetzt worden ist, daß die Nichterfüllung die Auflösung des Vertrags zur Folge haben soll, und hierüber vor der Eintragung genannter Rechte ein Vermerk im Grundbuch gemacht war.

Die vorstehenden Bestimmungen finden im Falle eines vertragsmäßigen Vorbehalts der Rückgängigmachung entsprechende Anwendung.

1. Der im § 8 Abs. 2 des Ges. v. 24. Juli 1889 ausgesprochene Grundsatz wird durch § 5 verallgemeinert. Davon ausgehend, daß die Befugniß zur Rückgängigmachung eines Vertrags mit der Wirkung ex tunc den Realkredit in höchstem Maße beeinträchtige und folgeweise möglichst zu beschränken sei, ist bestimmt, daß die Ausübung der fraglichen Befugniß, sei es wegen Nichterfüllung vertragsmäßiger Verbindlichkeiten, sei es auf Grund eines vertragsmäßigen Vorbehalts (z. B. eines Rückkaufsrechts) in allen Fällen zum Nachtheile von Dritten, welche das Eigenthum oder dingliche Rechte erworben und gehörig gewahrt haben, nur zulässig sein solle,

wenn die Rückgängigmachung ausdrücklich vorbehalten und ein bezüglicher Vermerk im Grundbuch gemacht ist. Auch die Auflösungsklage wegen Nichtzahlung des Kaufpreises unterliegt somit den genannten Voraussetzungen (B.). Vgl. die Bem. zu § 8 des Ges. v. 24. Juli 1889.

2. Die auf gesetzlicher Bestimmung beruhenden Rechte auf Rückgängigmachung einer Eigenthumsübertragung werden durch die Vorschrift des § 5 nicht betroffen. Insbesondere bleiben unberührt in Kraft die gesetzlichen Vorschriften über Widerruf einer Schenkung wegen späterer Geburt von Kindern (Art. 960 Code civil) oder wegen Undanks (Art. 955 Code civil) sowie das im Art. 930 Code civil erwähnte Recht der Vorbehaltserben auf Minderung oder Einziehung verschenkter Liegenschaften (B.).

3. Ueber die Ausschließung der Auflösungsklage wegen Erlöschens des Vorzugsrechts s. § 7 Abs. 2.

§ 6.

Die Eintragung der Hypotheken und Vorzugsrechte in das Grundbuch tritt mit den gesetzlich vorgeschriebenen Wirkungen an Stelle der Einschreibung und Erneuerung der Einschreibung derselben in die Hypotheken-Register.

Die Eintragung einer Hypothek auf den Antheil eines Miteigenthümers ist ausgeschlossen.

1. Der § 6 Abs. 1 bringt zum Ausdruck, daß hinsichtlich der Hypotheken und Vorzugsrechte die im § 3 Z. 5 vorgeschriebene Kundbarmachung im Grundbuche rechtlich an Stelle der Einschreibung und Erneuerung der Einschreibung derselben in die Hypotheken-Register tritt. Sowohl die Entstehungsgründe der Hypotheken und Vorzugsrechte (Vertrag, Gesetz, Urtheil und Arrest), als die Voraussetzungen einer wirksamen Eintragung (insbesondere das Erforderniß der Spezialität) als, von der Frage der Erneuerung abgesehen, die mit der Eintragung verbundenen Wirkungen (vgl. u. A. § 9 Abs. 1 u. § 10 des Ges. v. 24. Juli 1889), sind grund-

sätzlich die nämlichen, gleichgültig ob die Kundbarmachung durch das Grundbuch oder die Hypotheken=Register erfolgt.

2. Zu § 6 Abs. 2 bemerkt der Kommissionsbericht:

„Der Ausschluß von Theilhypotheken fand den Beifall der Kommission Nach dem herrschenden Rechte kann ein Miteigenthümer ein ihm gemeinschaftlich mit anderen zustehendes Grundstück nur mit der Wirkung hypothekarisch belasten, daß die Belastung in Kraft tritt, falls ihm das ganze Grundstück oder ein Theil desselben zufällt, andernfalls aber gegenstandslos wird. Derartige Hypotheken sind nur geeignet, irrthümliche Anschauungen und Enttäuschungen hinsichtlich einer vermeintlichen Sicherheit hervorzurufen, und daher wirthschaftlich nicht zu begünstigen. Ueberdies ist der Wegfall der Theilhypothek nur eine Folgerung der Bestimmungen des Gesetzes vom 24. Juli 1889, durch welche die Einschreibung auf zukünftige Grundstücke des Schuldners ausgeschlossen wurde. Hervorzuheben ist übrigens, daß die in Frage stehende Bestimmung sich nur auf Hypotheken, nicht auch auf das Vorzugsrecht bezieht, welches dem Miteigenthümer, der seinen Antheil an einen Dritten verkauft, eventuell zusteht."

3. Die Bestimmung des § 6 Abs. 2 bezieht sich nicht auf Hypotheken, welche Seitens des Ehemannes auf gütergemeinschaftliche Grundstücke bestellt werden Diese Hypotheken erfassen das ganze Grundstück (Code civil Art. 1421 Abs. 2).

§ 7.

Die Vorzugsrechte des Verkäufers, Darleihers und Theilungsgenossen (Code civil Artikel 2108, 2109) werden durch die Eintragung auf die Dauer von zehn Jahren gewahrt, insofern nicht eine andere Frist unter den Parteien vereinbart und im Grundbuch vermerkt ist. Liegt ein solcher Vermerk nicht vor, so hört die Wirkung der Eintragung auf, wenn letztere nicht vor Ablauf der zehnjährigen Frist erneuert ist.

Ist das Vorzugsrecht des Verkäufers oder Darleihers erloschen, so kann die Uebertragung des Eigenthums wegen

Nichterfüllung von Verbindlichkeiten, zu deren Sicherheit das Vorzugsrecht diente, zum Nachtheile der im § 5 angeführten Dritten nicht mehr rückgängig gemacht werden.

Die Wirksamkeit der übrigen Vorzugsrechte ist an keine Frist gebunden; eine Erneuerung dieser Rechte findet nicht mehr statt.

§ 8.

Die gesetzlichen Hypotheken der Mündel werden durch die Eintragung in das Grundbuch nur bis zum Ablauf eines Jahres nach Beendigung der Vormundschaft und die gesetzlichen Hypotheken der Ehefrauen nur bis zum Ablauf eines Jahres nach Auflösung der Ehe gewahrt. Die Wirkung der Eintragungen hört auf, wenn dieselben nicht vor Ablauf dieser Frist erneuert sind.

Im Uebrigen ist die Wirksamkeit der in das Grundbuch eingetragenen Hypotheken an keine Frist gebunden; eine Erneuerung dieser Hypotheken findet nicht mehr statt.

1. Die Vorschrift des Art. 2154 des Code civil, gemäß welcher Hypothekar-Einschreibungen vor Ablauf von 10 Jahren zu erneuern sind, ist vornehmlich aus der Erwägung hervorgegangen, daß ohne solche zeitliche Beschränkung der Wirksamkeit der Hypotheken auf den Hypothekenbewahrern, welche alsdann bei Ertheilung eines jeden Auszugs die Register auf 30 Jahre zurück nachschlagen mußten, eine zu schwere Verantwortlichkeit lasten, und daß überdieß durch die hierbei unausbleiblichen Irrthümer und Auslassungen die Sicherheit des Hypothekenverkehrs gefährdet würde (Aubry u. Rau. § 280 Anm. 3, Bd. III S. 372). Da diese Erwägung für die Grundbucheinrichtung nicht mehr zutrifft, so war in der Regierungs-Vorlage vorgeschlagen worden, die Verpflichtung zur Erneuerung bezüglich aller Hypotheken und Vorzugsrechte zu beseitigen. Die Spezialkommission des Landesausschusses pflichtete nach dem

Standpunkte der Vorlage im Allgemeinen bei. „Es dürfte", so wird im Berichte bemerkt, „im Interesse des Hypothekarkredits liegen, den Hypothekargläubiger von einer Verpflichtung zu befreien, deren Erfüllung mit Kosten verbunden ist, und deren Versäumniß sein ganzes Recht in Frage stellt". Nur hinsichtlich der im § 7 Abs. 1 erwähnten Vorzugsrechte des Verkäufers, Darleihers und Theilungsgenossen glaubte die Kommission den Satz, daß die Eintragung das Recht nur auf bestimmte Zeit wahre, und in Verbindung damit die Verpflichtung zur Erneuerung aufrecht erhalten zu sollen, weil bei diesen Rechten oft unbedeutende Forderungen in Frage seien, sodaß selbst bei verminderten Kosten die Löschung leicht unterlassen werde. Erst bei der zweiten Lesung des Gesetzentwurfs im Plenum wurde auf Antrag des Abgeordneten Krafft noch die weitere im § 8 Abs. 1 enthaltene auf die gesetzlichen Hypotheken der Mündel und Ehefrauen bezügliche Ausnahme hinzugefügt.

2. Die Bestimmung des § 7 Abs. 1 bezieht sich nach ihrem Wortlaute nur auf die Vorzugsrechte des Verkäufers, Darleihers und Theilungsgenossen. Wenn somit mit den Forderungen der erwähnten Personen wegen verspäteter Eintragung nur eine Hypothek verbunden ist (§ 10 des Ges. v. 24. Juli 1889, Art. 2113 des Code civil), so bedarf es der Erneuerung zur Erhaltung des Rechts nicht. Die ratio legis würde allerdings auch hier zutreffen.

3. Durch die rechtzeitige Erneuerung der Vorzugsrechte wird der ersten Eintragung in der Regel für weitere zehn Jahre vom Tage der Erneuerung an gerechnet die Wirksamkeit gesichert, welche sie ursprünglich hatte. Dies wird im Zweifel, vorausgesetzt daß nach dem Inhalte der Vereinbarung eine Erneuerung zulässig ist, auch hinsichtlich der Erneuerung von Eintragungen gelten, in Ansehung welcher eine besondere Frist vereinbart und im Grundbuch vermerkt war.

Bei Berechnung der Fristen ist der Tag der Eintragung nicht mitzuzählen. (Vgl. Aubry u. Rau, § 280, Anm. 27, 28).

4. Zu § 7 Abs. 2 vgl. die Bemerkungen zu § 8 Abs. 1 des Ges. v. 24. Juli 1889.

5. Sowohl die Mündel-Hypothek als die Hypothek der Ehefrau sind ihrer Natur nach Sicherheits-Hypotheken. Erst nach Beendigung der Vormundschaft oder Auflösung der

Ehe läßt sich übersehen, ob wirklich Forderungen bestehen, welche durch die Eintragung gedeckt werden. Nur wenn solche Forderungen vorhanden sind, ergiebt sich aber — gelegentlich der Tilgung derselben — auch ein Anlaß zur Löschung der Hypothek, während im anderen Falle die Löschung, insbesondere wenn die eingetragenen Berechtigten abwesend sind, auf Schwierigkeiten stoßen kann und leicht einen größeren Kostenaufwand erfordert. Um dem zu begegnen, schreibt § 8 Abs. 1 vor, daß die erwähnten Hypotheken durch die Eintragung nur bis zum Ablauf eines Jahres nach Beendigung der Vormundschaft oder Auflösung der Ehe gewahrt werden und zur Erhaltung ihrer Wirksamkeit vor Ablauf dieser Frist zu erneuern sind. Eine weitere Erneuerung ist nicht erforderlich. Selbstverständlich bezieht sich § 8 Abs. 1 nur auf Hypotheken, welche vor Beendigung der Vormundschaft oder Auflösung der Ehe eingetragen worden sind.

6. Durch die Vorschriften der §§ 7 Abs. 2 u. 8 Abs. 2 wird, wie aus dem Zusammenhang erhellt, lediglich die Anwendung des Art. 2154 des Code civil auf die Eintragungen im Grundbuch ausgeschlossen. Die Bestimmung des Art. 2180 Z. 4 des Code civil über die Verjährung wird durch jene Vorschriften nicht berührt.

§ 9.

Das Amtsgericht hat, wenn die in § 7 Absatz 1 und § 8 Absatz 1 erwähnten Fristen abgelaufen sind und, was die gesetzlichen Hypotheken der Ehefrauen anlangt, wenn außerdem die Auflösung der Ehe nachgewiesen ist, die nicht erneuerten Vorzugsrechte und Hypotheken, deren Erneuerung erforderlich war, von Amtswegen zu löschen.

1. Um die in § 9 vorgesehene Löschung von Amtswegen zu erleichtern, sind Anordnungen erforderlich, durch welche

a) eine Uebersicht über die in jedem Jahre zur Eintragung gelangenden Vorzugsrechte hergestellt wird, und

b) die Amtsgerichte Kenntniß von dem Zeitpunkte der Beendigung der Vormundschaften erlangen, in Ansehung welcher eine Eintragung genommen ist.

2. Die Löschung erfolgt kostenfrei (§ 6 Schlußabs. des Ges., betr. die Kosten in Grundbuchsachen).

§ 10.

Die Eintragung von Verfügungsbeschränkungen in das Grundbuch tritt mit den gesetzlich vorgesehenen Wirkungen an Stelle der Ueberschreibung derselben in die Hypothekenregister.

Die auf Grund der §§ 326 und 332 der Strafprozeßordnung, des § 246 der Militär-Strafgerichtsordnung sowie der §§ 93 nnd 140 des Strafgesetzbuchs verhängte Beschlagnahme ist auf Antrag der zuständigen Behörde gleichfalls in das Grundbuch einzutragen.

I. Als Verfügungsbeschränkungen, in Ansehung welcher die Ueberschreibung angeordnet ist, kommen namentlich in Betracht:

1. der Zwangsvollstreckungsbeschluß (§§. 5, 25 u. 26 des Ges. v. 30. April 1880, G. Bl. S. 93, und § 33 des Ges. v. 24. Juli 1889),
2. die Eröffnung und Wiederaufnahme des Konkursverfahrens (§ 30 des A. G. vom 8. Juli 1879, G. Bl. S. 67),
3. einstweilige Verfügungen (§§ 26 u. 27 des Ges. vom 24. Juli 1889),
4. letztwillige Verfügungen, welche eine erlaubte Substitution enthalten (Code civil Art. 1069).

Mit der Eintragung dieser Beschränkungen sollen alle bisher durch die Ueberschreibungen bedingten Rechtswirkungen und nur diese verbunden werden. Insoweit besondere Rechtswirkungen hinsichtlich der Ueberschreibung nicht vorgesehen sind, wird sonach auch die Eintragung solche nicht haben (M.).

Auch die im Art. 1084 des Code civil erwähnten Schenkungen des gegenwärtigen und zukünftigen Vermögens, welche in der

Regel als Verfügungen über den Nachlaß zu betrachten sind (vgl. § 4 Bem. 3), können zur Eintragung einer Verfügungsbeschränkung Anlaß geben. Wenn nämlich einer derartigen Schenkung ein Verzeichniß der Schulden und Lasten, welche zur Zeit der Schenkung auf dem Vermögen des Gebers hafteten, sowie ein Verzeichniß der geschenkten Mobiliargegenstände nebst Werthtaxe beigefügt ist, so hat der Schenknehmer das Recht, nach dem Tode des Gebers zu theilen und sich nur an die Schenkung desjenigen Vermögens zu halten, welches der Schenkgeber zur Zeit der Schenkung hatte, und der Erklärung, durch welche der Schenknehmer von diesem Rechte Gebrauch macht, wird von der herrschenden Ansicht, sofern die Schenkung s. Zt. überschrieben worden ist, rückwirkende Kraft beigemessen. Es wird in solchem Falle angenommen, daß von Anfang an nur eine donatio inter vivos vorgelegen habe und daß folgeweise die seit der Ueberschreibung Seitens des Schenkgebers über die Grundstücke getroffenen Verfügungen, also auch diejenigen sub titulo oneroso, gegenüber dem Schenknehmer ungültig sind (Aubry u. Rau § 740 Anm. 22). Diese Rückwirkung kann nun, wo Grundbücher angelegt sind, nur durch den Vermerk der Schenkung in Spalte 15 des Formulars gewahrt werden.

Die Vorschrift des Art. 1083 des Code civil, derzufolge derjenige, welcher eine Nachlaß-Schenkung gemacht hat, über die geschenkten Gegenstände nicht mehr freigebig verfügen kann, ist durch eine Kundbarmachung der Schenkung nicht bedingt.

2. Die Bestimmung des 2. Absatzes dient gleich derjenigen, welche die Veröffentlichung der Konkurseröffnung vorschreibt, nur zur Warnung Dritter. Die reichsgesetzlich geregelte Rechtswirksamkeit der Beschlagnahme wird dadurch nicht berührt (M.).

3. Zur Eintragung genügt ein kurzer Hinweis auf die Entscheidungen und Verfügungen, auf welchen die Beschränkung beruht.

§ 11.

Ein aus Versehen des Amtsgerichts gelöschtes oder bei Ab- und Umschreibungen des Eigenthums nicht mit übertragenes Recht ist auf Verlangen des Berechtigten oder von

Amtswegen mit seinem früheren Range wiederherzustellen oder zu übertragen. Diese Eintragung wirkt jedoch nicht zum Nachtheile Dritter, welche in der Zwischenzeit das Eigenthum oder eines der im § 3 Ziffer 2 und 3 bezeichneten Rechte an dem Grundstücke mittelst Rechtsgeschäfts unter Lebenden erworben und durch Eintragung in das Grundbuch offenkundig gemacht haben oder eine Hypothek haben eintragen lassen.

Dasselbe gilt im Falle der Nichtübertragung oder Löschung von Verfügungsbeschränkungen, insofern deren Wirksamkeit von der Eintragung in das Grundbuch bedingt ist.

1. In der Begründung des Gesetzentwurfs ist zu diesem Paragraphen bemerkt; „Es sind Bestimmungen für den Fall erforderlich, daß das Gericht aus Versehen eine unrichtige Löschung vornimmt oder bei einem Eigenthumswechsel es unterläßt, auch die (in solchem Falle erforderliche) Uebertragung der eingetragenen Rechte auf das andere Grundbuchblatt zu bewerkstelligen. § 11 ermächtigt das Amtsgericht, diese Versehen durch nachträgliche Eintragung oder Wiedereintragung wieder gut zu machen. Der Eigenthümer oder der Inhaber eines dem gelöschten gleich- oder nachstehenden Rechts haben keinen Anspruch, von einem solchen Versehen Nutzen zu ziehen, und sind daher nicht befugt, die Wiedereintragung oder Uebertragung zu verhindern oder als unwirksam anzufechten. Dagegen können die gelöschten Rechte nicht zum Nachtheile derjenigen geltend gemacht werden, welche, solange die Löschung bestand, Rechte an dem Grundstücke erworben und gehörig gewahrt haben. Das geltende Recht enthält eine analoge Bestimmung im Art. 2198 Code civil".

Bei den Kommissionsberathungen wurde von einem Mitgliede der Kommission ausgeführt, daß es ihm nicht angängig erscheine, einmal bewirkte Löschungen ohne Anhörung der Parteien wieder aufzuheben. Seitens des Vertreters der Regierung wurde hierauf erwidert, daß es sich hier lediglich darum handle, einen ohne Vorwissen der Parteien gemachten

Irrthum zu berichtigen, und man die Befugniß hierzu dem für die Folge des Irrthums verantwortlichen Beamten einräumen müsse. Wollte man die Ausübung dieser Befugniß von der vorherigen Anhörung der Parteien abhängig machen, so könnte es leicht vorkommen, daß inzwischen andere Rechte eingetragen und dadurch große Vermögensnachtheile für den Fiskus und für den Beamten herbeigeführt würden (B.).

2. Daß dem Amtsgerichte die Pflicht obliege, bei Uebertragung eines Grundstückes auf einen anderen Eigenthümer die auf dem Grundstücke lastenden Rechte, Beschränkungen 2c. mit zu übertragen, brauchte nicht direkt ausgesprochen zu werden, weil sich dies aus der Grundbuch-Einrichtung nothwendig ergiebt. Bei Ausübung dieser Verpflichtung steht dem Richter ein Prüfungsrecht nach der Richtung, ob die Rechte noch bestehen, nicht zu; er hat dieselben daher auch zu übertragen, wenngleich sie z. B. wegen Rückgängigmachung des Rechts des Autors hinfällig geworden sind. Eine Löschung der im § 3 Z. 2, 3, 4, 5 u. 6 bezeichneten Rechte, Rechtsgeschäfte und Verfügungsbeschränkungen ist nur unter den im § 23 aufgeführten Voraussetzungen gestattet.

3. Hinsichtlich der Schadenersatzpflicht der mit Führung des Grundbuchs beauftragten Beamten s. § 32.

§ 12.

Im Falle der Uebertragung des Eigenthums mittelst Rechtsgeschäfts unter Lebenden kann die Eintragung des Erwerbers nur erfolgen, wenn der unmittelbare Rechtsvorgänger desselben, auf welchem Rechtsgrunde auch dessen Eigenthum beruhen mag, eingetragen ist.

Es genügt jedoch die Eintragung des Erblassers, wenn die Veräußerung ein Grundstück betrifft, welches Erben und allgemeinen Rechtsnachfolgern auf Todesfall, sowie dem mit denselben in Rechtsgemeinschaft stehenden Ehegatten des Erblassers gemeinschaftlich angehört.

1. Nach § 12 kann im Falle der Uebertragung des Eigenthums mittels Rechtsgeschäfts unter Lebenden die Eintragung des Erwerbers nur erfolgen, wenn der unmittelbare Rechtsvorgänger desselben, auf welchem Rechtsgrunde auch dessen Eigenthum beruhen mag, eingetragen ist. Hierdurch wird der Zusammenhang unter den einzelnen Eintragungen und damit die Uebersichtlichkeit des Grundbuchs gewahrt, ohne daß bezüglich der rechtlichen Voraussetzungen der Eigenthumsübertragung eine Aenderung eingetreten ist Ferner wird dadurch darauf hingewirkt, daß auch solche Eigenthümer, welche zur Wahrung ihres Rechts der Eintragung nicht bedürfen, die Eintragung als Eigenthümer alsbald herbeiführen, um eintretendenfalls in der Bethätigung ihres Verfügungsrechts nicht behindert zu sein. Aus diesen Gründen ist das Erforderniß vorheriger Eintragung als eine durch die Grundbucheinrichtung gebotene Formalität zu betrachten, von welcher nur in dem Falle abgesehen werden konnte, daß Erben und sonstige allgemeine Rechtsnachfolger auf Todesfall sowie der mit denselben in Rechtsgemeinschaft stehende Ehegatte des Erblassers ein ihnen gemeinschaftliches Grundstück veräußern. Diese Ausnahme, welche sich theoretisch dadurch rechtfertigt, daß der Erbe in die Rechtsverhältnisse des Erblassers eintritt, findet im Uebrigen ihre Begründung in der praktischen Erfahrung, daß die sofortige Weiterveräußerung des ererbten Grundstücks in vielen Fällen dem Interesse der Betheiligten entspricht und es eine nutzlose und lästige Formalität wäre, zur Realisirung dieses Interesses die vorherige Eintragung der Eigenthümer zu verlangen (M.).

2. Nur die Eintragung des Eigenthumsübergangs, nicht aber die Gültigkeit des Veräußerungsvertrags ist von der vorherigen Eintragung des Veräußerers bedingt. Vgl. hinsichtlich des preuß. Grundbuchrechts Achilles S. 92: „Die Ordnung im Buche fordert nur die Ausschließung von Eintragungen gegen den nicht eingetragenen Berechtigten. Es ist daher ganz sachgemäß, wenn das Gesetz davon ausgeht, daß eine Eintragung nur vorgenommen werden darf, sofern derjenige, gegen den sie sich richten soll, selbst im Grundbuche eingetragen ist. Mit andern Worten: Zu Verfügungen bei dem Grundbuche ist die Eintragung des Verfügenden zu der Zeit erforderlich, wo die Verfügung zur Eintragung gelangt.

Weßhalb aber die Verfügung wirkungslos sein soll, wenn sie vor der Eintragung des Verfügenden erklärt wird, ist nicht erfindlich. Weder juristische noch geschäftliche Rücksichten rechtfertigen einen solchen Schluß". S. indessen § 17.

3. Die Bestimmung des § 12 Abs. 2 setzt zu ihrer Anwendbarkeit voraus, daß das zu veräußernde Grundstück entweder mehreren Erben (oder allgemeinen Rechtsnachfolgern), oder mehreren Erben und dem überlebenden Ehegatten oder auch nur einem Erben und dem überlebenden Ehegatten gemeinschaftlich angehört. Steht das Grundstück im Alleineigenthum einer Person, welcher es als einzigem Erben oder allgemeinem Rechtsnachfolger anerfallen ist, so greift die Ausnahme nicht Platz. Der Alleinerbe muß daher als Eigenthümer eingetragen sein, bevor sein Rechtsnachfolger als Eigenthümer eingetragen werden kann.

4. Die Anwendbarkeit des § 12 Abs. 2 wird dadurch nicht ausgeschlossen, daß ein Miterbe seinen Antheil an einen Dritten verkauft hat. Die Eintragung des letzteren wird durch den im § 13 Abs. 3 zugelassenen Vermerk ersetzt.

§ 13.

Ist die Wirksamkeit der Uebertragung eines Grundstücks an eine aufschiebende Bedingung geknüpft, so ist die Eintragung des Eigenthumsübergangs erst nach Eintritt der Bedingung zulässig. Der Erwerber ist zur Erhaltung seines Rechts befugt, einen Vermerk des bedingten Eigenthumsübergangs im Grundbuch zu verlangen.

Die vorstehenden Bestimmungen finden im Falle der Veräußerung des Antheils eines Miteigenthümers an einem Grundstücke oder des Antheils an einer ein Grundstück umfassenden Gemeinschaft entsprechende Anwendung. Die Eintragung des Vermerks kann gegenüber den im § 12 bezeichneten allgemeinen Rechtsnachfolgern schon vor deren Eintragung als Eigenthümer erfolgen. Der Vermerk hat ferner hinsichtlich der im Miteigenthum stehenden oder zur Gemeinschaft gehörenden Grundstücke die gemäß Artikel 882 des Code civil mit Zustellung des Einspruchs verbundene Rechtswirkung.

1. Derjenige, welcher unter einer aufschiebenden Bedingung ein Grundstück erwirbt, wird dadurch nicht Eigenthümer; er hat aber ein eventuelles Recht, welches bei Eintritt der Bedingung gemäß Art. 1179 des Code civil als vom Tage des Vertrages an bestehend angesehen wird. Um dieser Rückwirkung rechtliche Wirksamkeit zu sichern, muß der Erwerber den Vertrag überschreiben lassen, widrigenfalls ihm Rechte Dritter, welche in der Zwischenzeit erworben und gehörig gewahrt sind, vorgehen. Damit nun der genannte Erwerber auch im Geltungsgebiete dieses Gesetzes in der Lage bleibt, seine Rechte zu erhalten, verstattet ihn § 13 Abs. 1 zu einem Vermerk im Grundbuch (M.).

Durch die Worte „zur Erhaltung seines Rechts" soll ausdrücklich werden, daß, wenn die Bedingung eintritt, die in der Zwischenzeit von dem Veräußerer etwa bewirkten Veräußerungen und Belastungen des Grundstücks dem Erwerber gegenüber nichtig sind (B.).

Der Vermerk ist unter den Eigenthumsbeschränkungen (Spalte 15) einzutragen.

2. Zu den unter einer aufschiebenden Bedingung abgeschlossenen Verträgen gehört die Veräußerung des Antheils an einem Grundstücke oder an einer ein Grundstück umfassenden Gemeinschaft durch einen Miteigenthümer, da das Recht desselben gemäß der deklaratorischen Natur der Theilung von dem Ausgange der Theilung bedingt ist. § 13 Abs. 2 erklärt daher die Bestimmungen des ersten Absatzes auf diese Veräußerungen anwendbar. Die Eintragung des Vermerks mußte gegenüber den allgemeinen Rechtsnachfolgern auf den Todesfall, (worunter selbstverständlich auch die Erben begriffen sind), schon vor deren Eintragung als Eigenthümer gestattet werden, da sonst die Bestimmung in den meisten Fällen nicht ausführbar wäre.

Die Bestimmung im Schlußsatze beruht auf der Erwägung, daß die im Art. 882 des Code civil vorgesehene besondere

Mittheilung an die Miterben neben der allgemeinen Kund-barmachung durch das Grundbuch überflüssig erscheint. Der Vermerk erhält dadurch eine doppelte Funktion; er schützt nicht nur gegen etwaige Weiterveräußerungen Seitens des Verkäufers, sondern wahrt auch entstehenden Falls das Recht der Anfechtung einer Theilung durch den Käufer (M.).

3. Zu den Verkäufen unter einer Suspensivbedingung sind auch die vente à l'arbitrage d'un tiers (Code civil Art. 1592) sowie die vente alternative (Code civil Art. 1584 Abs. 2) zu rechnen.

4. Ist die Wirksamkeit der Uebertragung nicht an eine Bedingung geknüpft, sondern an sich sicher und nur auf einen späteren Termin verschoben, so ist nicht bloß ein Vermerk, sondern der Eigenthumsübergang einzutragen.

§ 14.

Die Eintragung der in § 3 Ziffer 2 und 3 bezeichneten Rechte sowie der vertragsmäßigen Hypotheken kann nur auf Bewilligung des eingetragenen oder gleichzeitig mit jenen Rechten zur Eintragung gelangenden Eigenthümers der belasteten Grundstücke erfolgen.

1. Nach der Natur der Grundbucheinrichtung können dingliche Rechte und Unterpfandsrechte nur eingetragen werden, wenn das belastete Grundstück in das Grundbuch aufgenommen, also der Eigenthümer eingetragen ist. Dies allein rechtfertigt jedoch die Eintragung nicht, sondern es muß der eingetragene Eigenthümer auch verpflichtet sein, sich die Belastung gefallen zu lassen, was z. B. dann nicht der Fall ist, wenn er das Grundstück mittels Rechtsgeschäfts unter Lebenden erworben hat und die Belastung von seinem Rechtsvorgänger herrührt. Mit Rücksicht hierauf schreibt § 14 vor, daß die Eintragung dinglicher Rechte nnd vertragsmäßiger Unterpfandsrechte nur mit Bewilligung des eingetragenen oder mit jenen Rechten zur Eintragung gelangenden Eigenthümers erfolgen kann. Eine ausdrückliche Bewilligung wird indessen nicht erforderlich sein, wenn zur Zeit der Antragstellung der Besteller oder dessen allgemeiner Rechtsnachfolger als Eigenthümer eingetragen sind

oder zur Eintragung gelangen, da in der Bestellung regelmäßig auch die Ermächtigung zur Eintragung liegt (M.).

2. Entsprechend den Grundsätzen, welche für die Uebertragung des Eigenthums gelten (vergl. § 12 Bem. 2) ist nur die Eintragung, nicht die Bestellung der im § 3 Z. 2 und 3 bezeichneten Rechte sowie der Hypotheken von der vorherigen oder gleichzeitigen Eintragung des Eigenthums bedingt. Die Bestellung ist somit gültig, wenngleich diese Voraussetzung nicht vorliegt. Es kann aber, insolange dies der Fall ist, die zur allseitigen Wirksamkeit erforderliche Kundbarmachung nicht herbeigeführt werden.

3. Die Ausnahme des § 12 Abs. 2 greift hier nicht Platz. Dingliche Rechte und Hypotheken, welche von Erben und allgemeinen Rechtsnachfolgern auf Todesfall bestellt worden sind, können nur zur Eintragung gelangen, wenn die Erben und Rechtsnachfolger vorher als Eigenthümer eingetragen worden sind oder gleichzeitig eingetragen werden.

4. Im Falle der Uebertragung von Hypotheken und Vorzugsrechten aus den Hypotheken-Registern in das Grundbuch zum Zwecke der Erneuerung braucht die durch § 14 erforderte Bewilligung des Eigenthümers nicht erbracht zu werden (§ 35 Abs. 3). S. auch § 34.

§ 15.

Die Eintragung der Vorzugsrechte, der gesetzlichen Hypotheken, der Urtheils- und Arrest-Hypotheken sowie der Verfügungsbeschränkungen ist nur gegen den als Eigenthümer eingetragenen oder gleichzeitig zur Eintragung gelangenden Schuldner zulässig.

Die Vorzugsrechte des Verkäufers, Darleihers und Theilungsgenossen können jedoch, ungeachtet etwaiger neuer Eintragungen im Grundbuch, innerhalb 45 Tagen nach der Veräußerung oder Theilung wirksam gewahrt werden. Im Falle einer Zwangsversteigerung oder eines Wiederverkaufs nach Uebergebot beginnt der Lauf der Frist mit der Rechtskraft des Zuschlags und im Falle einer gerichtlichen oder einer vertragsmäßigen, gerichtlich bestätigten Theilung mit den in § 19 Absatz 1, § 26 Absatz 6 des Gesetzes vom 14. Juni 1888 (Gesetzbl. S. 51) bezeichneten Zeitpunkten.

Das Vorzugsrecht des Verkäufers und Darleihers wird nur auf Antrag der Berechtigten eingetragen.

1. Vorzugsrechte, gesetzliche und gerichtliche Unterpfandsrechte sowie Verfügungsbeschränkungen können nach § 15 Abs. 1 stets nur unter der Voraussetzung eingetragen werden, daß der Schuldner (oder dessen allgemeiner Rechtsnachfolger) als Eigenthümer der Grundstücke, gegen welche das Pfandrecht oder die Verfügungsbeschränkung gerichtet ist, eingetragen ist oder gleichzeitig zur Eintragung gelangt; eine Bewilligung dürfte hier nicht in Frage kommen.

2. Nachdem § 23 des A. G. zur C. P. O. v. 8. Juli 1879 die allgemeinen Vorzugsrechte des Art. 2101 des Code civil beseitigt und diesen Artikel wie die Artt. 2104, 2105 und 2107 des Code civil aufgehoben hat, haben jetzt noch folgende Personen ein Vorzugsrecht an Grundstücken:

a) Der Verkäufer eines Grundstücks an letzterem wegen des rückständigen Kaufgeldes nebst Zinsen und Kosten (Code civil 2103 Nr. 1).

b) Diejenigen, welche zur Erwerbung eines Grundstücks Geld dargeliehen haben, an dem erworbenen Grundstücke, vorausgesetzt daß authentisch festgestellt worden ist durch die Darlehensurkunde, daß die Summe zu dieser Verwendung bestimmt war, und durch die Quittung des Verkäufers, daß die Zahlung mit dem geliehenen Gelde erfolgt ist (Code civil Art. 2103 Nr. 2).

Vergl. zu a und b hinsichtlich der Frist zur Eintragung § 10 des Ges. v. 24. Juli 1889 und, was das droit de suite anlangt, unten Bem. 3.

c) Miterben an den Grundstücken, welche zum Nachlaß gehörten, und zwar sowohl wegen der Gewährleistung, welche ein Miterbe für das auf ihn gefallene Loos von den übrigen Miterben zu fordern berechtigt ist, als wegen der Gelder, welche ein Miterbe dem andern zufolge der Theilung oder als Meistbietender bei einer Versteigeruug herauszuzahlen hat (Code civil Art. 2103 Nr. 3). Vergl. hierzu Aubry u. Rau § 263, Anm. 26 und 27, Bd. III, S. 172.

Dasselbe Vorzugsrecht steht auch andern Miteigenthümern zu, welche ein ihnen gemeinschaftliches Grundstück getheilt haben (Code civil Art. 1476, 1872).

Die Eintragung muß innerhalb einer Frist von 60 Tagen bewirkt werden (Code civil Art. 2109). Der Lauf dieser Frist beginnt von Aufnahme der Theilungsurkunde oder dem Zuschlage bei der Versteigerung und, was gerichtliche oder vertragsmäßige gerichtlich bestätigte Theilungen anlangt, mit den in § 19 Abs. 1, § 26 Abs. 6 des Ges. v. 14. Juni 1888 bezeichneten Zeitpunkten.

d) Baumeister und Bauunternehmer und, wenn der Bauherr ohne Vermittlung eines Baumeisters oder Bauunternehmers gebaut hat, Maurer und andere Arbeiter, welche verwendet worden sind, um Gebäude, Kanäle oder andere Werke aufzuführen, wieder herzustellen oder auszubessern, an dem Grundstücke, welches Gegenstand der Arbeiten war, für die Baukosten (Code civil Art. 2103 Nr. 4).

e) Diejenigen, welche zur Bezahlung der unter d erwähnten Gläubiger Geld dargeliehen haben, wenn diese Verwendung durch die Darlehensurkunde und durch die Quittung der Arbeiter in der unter b angegebenen Weise authentisch festgestellt ist (Code civil Art. 2103 Nr. 5).

Zur Rechtswirksamkeit der unter d und e aufgeführten Vorzugsrechte wird erfordert, daß der Zustand der Oertlichkeiten sowohl vor Beginn der Arbeiten als spätestens innerhalb sechs Monaten nach Abnahme der Arbeiten durch einen gerichtlich ernannten Sachverständigen festgestellt wird. Durch dieselben werden ferner die Baukosten nicht schlechthin, sondern nur bis zum Belaufe des Mehrwerths gesichert, welcher bei der Veräußerung des Grundstücks in Folge der Arbeiten besteht (Code civil Art. 2103 Nr. 4). Vgl. auch Bem. 4 zu § 22.

f) Im Falle der Entwässerung von Grundstücken

α) der Staat, für die zu diesem Zwecke von ihm gemachten Darlehen, β) die Syndikate für die Einziehung der Unterhaltungsbeiträge und der von ihnen gemachten Darlehen und Vorschüsse,

γ) die Darleiher für die Einziehung ihrer den Syndikaten gemachten Darlehen,

δ) die Unternehmer für die Bezahlung der von ihnen gemachten Entwässerungsarbeiten, und

ε) diejenigen, welche unter Beobachtung der im Art. 2103 Nr. 5 des Code civil vorgeschriebenen Formen Geld zur Bezahlung oder Befriedigung vorgeschossen haben,

an den entwässerten Grundstücken (Artt. 3 u. 4 des Ges., über die Entwässerung, v. 17. Juli 1856).

Das Vorzugsrecht ist innerhalb einer Frist von zwei Monaten, deren Beginn im Art. 7 des Ges. v. 17. Juli 1856 näher bestimmt ist, einzutragen. Die Wirksamkeit desselben ist dadurch bedingt, daß vor Beginn der Arbeiten der Zustand und Werth der zu entwässernden Grundstücke und binnen zwei Monaten nach Vollendung der Arbeiten der Werth der letzteren durch einen amtlich zu ernennenden Sachverständigen festgestellt wird. Der Betrag des Vorzugsrechts kann den im 2 Protokolle festgesetzten Werth nicht überschreiten und muß überdieß auf den Antrag eines Jeden, der eine bevorrechtete oder hypothekarische Forderung von früherem Datum hat, auf den zur Zeit der Veräußerung auf Grund der Entwässerungs-Arbeiten noch vorhandenen Mehrwerth beschränkt werden.

g) Der Staat oder die Unternehmer wegen der Vergütung für die Trockenlegung von Sümpfen an dem Mehrwerth der entsumpften Ländereien (Art. 23 des Ges. v. 16. Sept. 1807).

h) Der Staat für die Strafgerichtskosten und die Kosten des Entmündigungs-Verfahrens an den Grundstücken der Verurtheilten (Code civil Art. 2098, Ges. v. 5. Sept. 1807, betreffend die Beitreibung der Gerichtskosten, und Art. 119 der V. v. 18. Juni 1811). Die Eintragung muß innerhalb zweier Monaten vom Tage des Urtheils ab bewirkt werden (Art. 2 des Ges. v. 5. Sept. 1807).

Ueber das Rangverhältniß dieses Vorzugsrechts zu andern Vorzugsrechten und Hypotheken s. Art 4 des Ges. v. 5. Sept. 1807.

i) Der Staat wegen seines Guthabens an rechnungspflichtige Beamte hinsichtlich der Grundstücke, welche nach Ernennung des Beamten von diesem oder seiner Ehefrau mittelst entgeltlichen Titels erworben worden sind. Ausgenommen sind die von der Ehefrau erworbenen Grundstücke, in Betreff welcher der Nachweis erbracht wird, daß die für die Erwerbung verwendeten Gelder ihr Eigenthum waren. Die Eintragung muß innerhalb zweier Monate nach Einregistrirung der über den Eigenthumsübertrag errichteten Urkunde genommen werden (Art. 1, 3, 4, 5 Abs. 1 des Ges. v. 5. Sept. 1807, betr. die Rechte der Staatskasse an den Gütern der rechnungspflichtigen Beamten).

Ueber das Rangverhältniß dieses Vorzugsrechtes zu andern Vorzugsrechten und zu den Hypotheken vgl. Art. 5 Abs. 2 des Ges. v. 5. Sept. 1807.

Werden die Fristen, welche für Eintragung der Vorzugsrechte bestimmt sind, nicht gewahrt, so tritt in allen Fällen an Stelle des Vorzugrechtes der Anspruch auf eine Hypothek, welche Rang und Wirksamkeit vom Tage der Eintragung nimmt (Code civil Art. 2113).

Hervorzuheben ist, daß von den unter d—i erwähnten Vorzugsrechten thatsächlich kein Gebrauch gemacht wird.

3. Die Eintragung von Hypotheken und Vorzugsrechten ist nur gegen den als Eigenthümer eingetragenen oder gleichzeitig zur Eintragung gelangenden Schuldner zulässig. Der Antrag auf Eintragung einer Hypothek oder eines Vorzugsrechts ist somit abzuweisen, wenn der Schuldner das verhaftete Grundstück veräußert hat und der Erwerber als Eigenthümer eingetragen ist. Unerheblich ist, ob die Frist zur Eintragung des Vorzugsrechts schon abgelaufen ist oder noch läuft. Eine Ausnahme besteht nach § 15 Abs. 2, anschließend an Art. 6 Abs. 2 des Ges. v. 23. März 1855, nur zu Gunsten der Vorzugsrechte des Verkäufers, Darleihers und Theilungsgenossen.

4. Bei Berechnung der Frist des § 15 Abs. 2 wird der dies a quo nicht eingerechnet. Gründet sich das Vorzugsrecht auf eine elterliche Theilung, so ist, wenn die Theilung in der Form der Schenkung erfolgt ist, der Tag, an welchem die Schenkung angenommen worden ist, und wenn ein Testament

die Theilung enthält, der Todestag des Erblassers als dies a quo anzusehen (Code civil Artt. 1075 ff). Vgl. Flandin, Bd. II S. 1036, 1037.

5. Durch § 15 Abs. 3 wird für das Geltungsgebiet dieses Gesetzes die Offizial-Inscription aufgehoben. Mit letzterer ist, wie in dem Kommissionsberichte hervorgehoben wird, die nachtheilige Folge verbunden, daß die betr. Vorzugsrechte oft gegen den Willen der Berechtigten, welche eine hypothekarische Sicherheit weder verlangten noch einer solchen bedurften, in die Hypothekenregister eingeschrieben werden.

Die Bestimmungen der §§ 14 u. 15 Abs. 1 finden auch im Falle der Zwangsenteignung Anwendung. Vgl. § 37 Abs. 2 dieses Gesetzes.

§ 16.

Die Eintragung des Eigenthümers erfolgt, vorbehaltlich der Bestimmungen der §§ 18 bis 22, auf Vorlage eines Auszugs aus der über die Uebertragung, Zutheilung oder Anerkennung des Eigenthums errichteten Urkunde. Ist das Eigenthum oder die Uebertragung des Eigenthums gegenüber dem als Eigenthümer Eingetragenen, dessen Erben oder allgemeinen Rechtsnachfolgern durch Urtheil festgestellt, so bedarf es eines Auszugs des rechtskräftigen Urtheils.

Auszüge aus öffentlichen Urkunden sind von den Behörden zu ertheilen, welche die Urkuude errichtet haben. Auszüge aus gerichtlich bestätigten Theilungen unter Privatunterschrift werden durch das für die Bestätigung zuständige Gericht ertheilt.

Die Auszüge sollen enthalten:

1. die Bezeichnung der Art der Urkunden, aus welchen die Auszüge genommen sind, unter Angabe des Datums derselben, der Urkundspersonen oder Behörden, welche die Urkunde errichtet haben, oder bei

Theilungen, welche der gerichtlichen Bestätigung bedürfen, des Gerichts, welches die Bestätigung ertheilt hat;

2. die Bezeichnung des beurkundeten oder rechtskräftig festgestellten Rechtsgeschäfts, beziehungsweise des Rechtsgrundes des Eigenthums;

3. die Familien- und Vornamen, den Wohnort und den etwa gewählten Wohnsitz sowie das Gewerbe der Betheiligten und die Art ihrer Betheiligung;

4. die Grundstücke nach ihrer katastermäßigen Bezeichnung;

5. im Falle des § 5 die Abschrift der Vertragsbestimmungen.

1. Wer die Eintragung als Eigenthümer eines Grundstücks nachsucht, muß nachweisen, daß er das Eigenthum nach den Regeln des geltenden Rechts erworben hat. Im Falle Uebertragung oder Zutheilung mittels Rechtsgeschäfts unter Lebenden behauptet wird, muß somit dargethan werden, daß eine den Bestimmungen des § 1 des Ges. v. 24. Juli 1889 entsprechende Urkunde hierüber errichtet ist. Wird die Erwerbung auf Ersitzung (vgl. Bem. zu § 1 des Ges. v. 24. Juli 1889) oder das Gesetz (z. B. retrait d'indivision, Code civil Art 1408) gestützt, so erfolgt die Eintragung auf Grund der von dem eingetragenen Eigenthümer oder dessen Rechtsnachfolgern ausgestellten Bewilligung oder Anerkennung, welche privatschriftlich errichtet werden kann. Das Gericht ist aber in diesen letzteren Fällen für berechtigt zu erachten, die Vorlegung von Besitznachweisen und, soweit erforderlich, des Ehevertrags zu verlangen.

Die durch Accession (Alluvion, Inselbildung) bewirkte Erwerbung von Grundstücken gelangt auf Grund der von der Katasterverwaltung periodisch vorzulegenden Form- und Bestandsveränderungslisten in das Grundbuch.

Ueber den Nachweis der Eigenschaft als Erbe oder Vermächtnißnehmer trifft § 18 besondere Bestimmungen.

2. Die Vorschrift des § 16 Abs. 1 bezieht sich sowohl auf die durch Rechtsgeschäft als auf die durch obrigkeitlichen Akt vermittelten Uebertragungen und Zutheilungen (gerichtliche Theilungen, Zwangsvollstreckungen, Zwangsenteignungen). Die über die Rechtsgeschäfte (Uebertragung, Zutheilung oder Anerkennung) zu errichtenden Urkunden werden durch die gerichtliche Feststellung des Eigenthums ersetzt. Abweichend von den hinsichtlich der Ueberschreibung geltenden Grundsätzen läßt das Gesetz bei gerichtlicher Feststellung des Eigenthums die Eintragung nur auf Grund eines rechtskräftigen Urtheils zu. Es erschien dies zur Vermeidung unnöthiger Einträge geboten und im Hinblick auf die Bestimmung des § 236 der C. P. O. unbedenklich (M.).

Darüber, daß das rechtskräftige Urtheil an Stelle der notariellen Verbriefung tritt, vgl. Bem. 7 zu § 1 des Ges. v. 24. Juli 1889.

3. Der Antragsteller hat in der Regel nicht die Original-Urkunde, durch welche das Eigenthum nachgewiesen wird, vorzulegen. Die Vorlegung dieser Urkunde hätte zur Folge, daß das Amtsgericht stets den ganzen Inhalt der Verträge zu prüfen hätte, wodurch demselben eine große Verantwortlichkeit aufgeladen und außerdem der Geschäftsgang bedeutend erschwert würde. Nachdem die Prüfung und Feststellung des Vorhandenseins der materiellrechtlichen Voraussetzungen von Uebertragungen oder Zutheilungen von Eigenthum bei den Parteien und bezw. ihrer Vertrauensperson, dem Notare, belassen ist, mußte es sachgemäß erscheinen, den Richter nur mit Auszügen der darüber errichteten Urkunden zu befassen und mit Fertigung dieser Auszüge den beurkundenden Beamten, welcher als solcher dieselben leicht aufzustellen vermag, zu beauftragen (M.).

Beschränkt sich der Inhalt der Original-Urkunde auf die im § 16 Abs. 3 bezeichneten Angaben, was bei Anerkennungen und Bewilligungen der Fall sein wird, so kann auch die Original-Urkunde zum Zwecke der Eintragung vorgelegt werden.

4. Auszüge aus öffentlichen Urkunden sind von den Behörden (Gerichten, Notaren, Verwaltungsbeamten) zu ertheilen, welche die Urkunden errichtet haben; Auszüge aus gerichtlich bestätigten Theilungen unter Privatunterschrift von dem für die Bestätigung

zuständigen Gerichte. Die Behörde, welche den Auszug ertheilt, gewährleistet dessen Richtigkeit. Auszüge aus Privaturkunden müssen von denselben Parteien wie die Original-Urkunde unterzeichnet und überdieß muß die Aechtheit der Unterschriften beglaubigt sein (§ 28).

5. Die im § 16 Abs. 3 über den Inhalt der Auszüge enthaltenen Vorschriften sind instruktioneller Natur; dieselben bezeichnen die in der Regel erforderlichen Angaben und stehen nicht im Wege, daß der Richter im einzelnen Falle noch anderweiten Aufschluß verlangt (M.). Beispielsweise wird, wenn eine der Parteien beim Verkaufe eines Grundstücks nicht selbst mitgewirkt hat, der Auszug auch die Beschaffenheit der Vollmacht des Vertreters anzugeben haben, da die Rechtswirksamkeit der Uebertragung in solchem Falle von dem Vorhandensein einer gesetzmäßigen Vollmacht bedingt ist. Ist die Vollmacht erst später beigebracht (vgl. Bem. 9 zu § 1 des Ges. v. 24. Juli 1889, sowie § 15 des Ges v. 30. April 1880 und § 38 des Ges. v. 14. Juni 1888), so ist eine Abschrift derselben dem Auszuge beizufügen. Vgl. im Uebrigen hinsichtlich des Prüfungsrechts des Gerichts Bem. zu § 31.

6. Der Auszug sowie jeder andere erforderte Nachweis bleibt als Anlage bei dem Grundbuch. Ueber die erfolgte Eintragung erhält der Antragsteller eine Bescheinigung (§ 29 Abs. 2). Außerdem ist, damit diese Bescheinigungen nicht zu viel Schreibereien verursachen, durch die Ausführungsverordnung vorgeschrieben, daß mit dem Auszug die Urschrift oder eine Ausfertigung der Urkunde vorzulegen ist, unter welche die Bescheinigung gesetzt wird. Die Urschrift darf nach § 13 des Gesetzes, betr. die Kosten in Grundbuchsachen, schon vor der Einregistrirung dem Gericht vorgelegt werden.

7. Der durch § 16 erforderte Auszug wird in dem Falle eines Verkaufs etwa wie folgt zu lauten haben:

Auszug

aus der durch Notar ...... zu ...... am 10. Juni 1892 errichteten Verkaufsurkunde.

August Erb, Ackersmann in Griesheim, und dessen hierzu ermächtigte Ehefrau Barbara, geb. Kraus, ebenda wohnhaft,

übertragen durch Verkauf an
Friedrich Müller, Schreiner in Griesheim wohnhaft, das Eigenthum des nachbezeichneten Grundstücks
Flur D Nr. 401 Gewann Oberberg, Acker, 14,81 Ar.

Der Kaufpreis beträgt 800 M., wovon 400 M. gleich baar bezahlt wurden. Der Rest ist mit Zinsen zu 5 % zahlbar in zwei Terminen, am 1. Okt. 1893 und 1. Okt. 1894.

Für richtigen Auszug.
(Unterschrift des Notars.)

Es wird beantragt, das Eigenthum des Käufers einzutragen.
(Datum.) (Unterschrift.)

Verlangt der Käufer, daß sein Vorzugsrecht gewahrt werde, so hat der Antrag zu lauten:

„Es wird beantragt, das Eigenthum des Käufers und das Vorzugsrecht des Verkäufers einzutragen."

Hat sich der Verkäufer das Auflösungsrecht vorbehalten, so muß die betreffende Vertragsklausel in den Auszug aufgenommen werden.

§ 17.

Die Notare sind hinsichtlich der von ihnen beurkundeten Uebertragungen und Zutheilungen von Eigenthum verpflichtet, die Eintragung oder den Vermerk im Grundbuch zu beantragen. Dieselben haben, wenn die Eintragung oder der Vermerk mangels Eintragung des unmittelbaren Rechtsvorgängers (§ 12) nicht erfolgen kann, die Beurkundung des Rechtsgeschäfts abzulehnen.

Der zum Zweck der Antragstellung erforderliche Auszug ist nach Aufnahme der Urkunde, im Falle einer gerichtlichen oder einer vertragsmäßigen, gerichtlich bestätigten Theilung jedoch erst, nachdem die bestätigte Theilung an den Notar zurückgelangt ist, und im Falle einer Zwangsversteigerung oder eines Wiederverkaufs nach Uebergebot, sobald der erfolgte Zuschlag endgültig feststeht, einzureichen.

Ist im Falle einer Schenkung über die Annahme derselben eine besondere Urkunde errichtet (Code civil Artikel 932 Absatz 2), so greift die Verpflichtung des Notars zur Einreichung des Auszugs erst nach Zustellung jener Urkunde an den Schenkgeber Platz.

1. Die im ersten Satz des § 17 Abs. 1 enthaltene Bestimmung entspricht derjenigen im § 7 des Ges. v. 24. Juli 1889. Durch dieselbe wird ein gesetzliches Mandat der Notare zur Herbeiführung der Eintragung begründet, dessen Erfüllung sie sich nur auf ausdrücklichen Wunsch der Parteien entziehen können. Letztere sind nicht gehindert, selbst die Eintragung zu beantragen; aber auch in diesem Falle erfolgt die Eintragung nur auf Vorlage eines vom Notar aufgestellten und beglaubigten Auszugs (M.).

2. Das gesetzliche Mandat des Notars bezieht sich nur auf die Eintragung des Eigenthums, nicht auch auf die Eintragung andrer, durch den nämlichen Akt begründeter Rechte z. B. des Vorzugsrechts. Die Eintragung des letzteren hat er nur auf Wunsch und besonderen Auftrag der Parteien zu beantragen.

3. Die Eintragung ist von dem Notar in der Regel nach Errichtung der Urkunde zu beantragen. Was die gerichtlichen und gerichtlich bestätigten Theilungen anlangt, kann jedoch der Natur der Sache nach jene Verpflichtung erst wirksam werden, nachdem die bestätigte Theilung in die Hände des Notars zurückgelangt ist. Die weitere, für den Fall einer Zwangsversteigerung oder eines Wiederverkaufs nach Uebergebot gemachte Ausnahme schließt sich an die Bestimmungen des § 42 des Ges. v. 30. April 1880 an. Die im Schlußabsatze des § 17 enthaltene Vorschrift setzt voraus, daß die Urkunden über die dort erwähnte Zustellung dem Notar behändigt worden sind (M.).

Hinsichtlich der Theilungen s. § 17 Abs. 4, § 26 Abs. 6 des Ges. v. 14. Juni 1888.

Nach der Regierungsvorlage war der Auszug alsbald nach Aufnahme der Urkunde einzureichen. Die Spezialkommission hat dieses Wort gestrichen, weil „sowohl die disziplinäre als die vermögensrechtliche Verantwortlichkeit der Notare nicht über Gebühr auszudehnen sei".

4. Der Notar erhält für die Fertigung der Auszüge keine besondere Entschädigung. Die tarifmäßigen Gebühren enthalten jetzt auch die Vergütung hiefür. Selbst die Erhebung von Schreibgebühren ist ausgeschlossen (§ 17 Schlußabs. des Gesetzes, betr. die Kosten in Grundbuchsachen).

5. Der zweite Satz von § 17 Abs. 1 legt den Notaren die Verpflichtung auf, die Beurkundung einer Eigenthumsübertragung abzulehnen, wenn die Eintragung oder der Vermerk des neuen Eigenthums Mangels Eintragung des Veräußerers nicht erfolgen kann (§ 12). Aus dem Wortlaut der Bestimmung folgt, daß der Verkäufer nicht schon bei Errichtung des Vertrags eingetragen sein braucht; es genügt, daß der Notar die begründete Ueberzeugung hat, daß der alsbaldigen Eintragung nichts im Wege steht. Die Vorschrift hat im Uebrigen nur disziplinäre Bedeutung. Ein im Widerspruch damit beurkundeter Vertrag ist dieserhalb nicht ungültig.

§ 18.

Die Eintragung der Erben, Erbfolger und Vermächtnißnehmer unterliegt den nachfolgenden Vorschriften:

1. Die Eintragung des Eigenthums gesetzlicher Erben an den zur Erbschaft gehörigen Grundstücken erfolgt auf Vorlage eines Auszugs aus der Theilungsurkunde oder auf Grund einer Erbbescheinigung des zuständigen Richters.

2. Die Eintragung außerordentlicher Erbfolger als Eigenthümer erfolgt auf Vorlegung der die Einweisung in den Besitz aussprechenden gerichtlichen Verfügung.

   Natürliche Kinder oder deren Nachkommen, welche neben gesetzlichen Erben zur Erbfolge berufen sind, desgleichen diejenigen, welche auf Grund eines Rückfallrechts zur Erbfolge berufen sind, bedürfen zur Eintragung der Bewilligung der gesetzlichen Erben oder der allgemeinen Rechtsnachfolger.

3. Erbvermächtnißnehmer haben zur Eintragung die Bewilligung der Vorbehaltserben oder, wenn solche fehlen, die gerichtliche Einweisung in den Besitz des Nachlasses nachzuweisen. Ist das Testament ein öffentliches, so genügt die Bescheinigung, daß Vorbehaltserben nicht vorhanden sind.

Zur Eintragung des Eigenthums sonstiger Vermächtnißnehmer ist außer dem Nachweis des Vermächtnisses die Bewilligung der gesetzlichen Erben oder der Erbvermächtnißnehmer oder die Bescheinigung des zuständigen Richters, daß gesetzliche Erben nicht vorhanden sind, beizubringen.

4. Die Vorschriften unter Ziffer 3 finden im Falle des Eigenthumserwerbs auf Grund einer Nachlaßschenkung im Ehevertrage oder unter Ehegatten entsprechende Anwendung.

1. Die Vorschriften über die Eintragung des Eigenthumsübergangs an Personen, welche ihre Ansprüche auf das Intestaterbrecht, testamentarische Einsetzung oder Erbvertrag stützen, schließen sich den Grundsätzen des geltenden Rechts über den Erwerb des Eigenthums kraft dieser Rechtstitel an. Gesetzliche Erben, welche von Rechtswegen an die Stelle des Erblassers treten, haben daher nur ihr Erbrecht, diejenigen, welche zur Ausübung ihrer Rechte der Besitzeinweisung bedürfen, auch diese und, insoweit die Ausantwortung der Nachlaßgegenstände von den Erben verlangt werden muß, die Einwilligung der letzteren nachzuweisen (M.).

2. Zu Z. 1. Zu den gesetzlichen Erben (hériliers légitimes) gehören die Nachkommen, Ascendenten und Seitenverwandten

bis zum 12. Grade (Code civil Artt. 731 ff.). Dieselben haben, um die Eintragung in das Grundbuch zu erlangen, entweder einen Auszug aus der Theilungsurkunde oder, wenn eine Theilung noch nicht erfolgt oder nur ein Erbe vorhanden ist, eine von dem zuständigen Richter ausgestellte Erbbescheinigung (Ausfertigung oder beglaubigte Abschrift) vorzulegen. Zuständig zur Ausstellung der Erbbescheinigung ist das Amtsgericht, in dessen Bezirk der Erblasser zur Zeit seines Todes den allgemeinen Gerichtsstand gehabt hat oder, wenn der Erblasser zur Zeit seines Todes in Elsaß-Lothringen einen allgemeinen Gerichtsstand nicht hatte, das Amtsgericht der belegenen Sache (§§ 1 u. 7 des Ges. v. 10. Mai 1886).

3. Zu Z. 2. Außerordentliche Erbfolger sind die natürlichen Kinder, der überlebende Ehegatte, der Staat, die Eltern und die außerehelichen Geschwister anerkannter natürlicher Kinder, sowie Pflege- und Krankenhäuser (Code civil Artt. 723, 724, 756, 758, 759, 765, 766 Schlußabsatz, 767, 768, 770, 773 u. Art. 8 des Ges. v. 15 Pluv. XIII). Die außerordentlichen Erbfolger treten sämmtlich nicht schon kraft Gesetzes an Stelle des Erblassers, sondern bedürfen in der Regel der gerichtlichen Besitzeinweisung, weßhalb auch die Eintragung derselben in das Grundbuch in der Regel von der Vorlegung der die Einweisung in den Besitz aussprechenden gerichtlichen Verfügung bedingt ist. Dies gilt (lex non distinguit) auch für die natürlichen Eltern und Geschwister, bezüglich welcher, was das Recht des Code civil anlangt, von einigen Schriftstellern die Ansicht vertreten wird, daß sie sich selbst in den Besitz des Nachlasses setzen können (Aubry u. Rau § 640 Anm. 2, Bd. VI S. 716). Hinsichtlich des Verfahrens bei der Einweisung s. § 12 des Ges. v. 10. Mai 1886. Eine Ausnahme besteht für den Fall, daß anerkannte natürliche Kinder oder deren Nachkommen neben gesetzlichen Erben oder auf Grund ihres gesetzlichen Vorbehalts neben einem Erbvermächtnißnehmer einen Antheil am Nachlaß erhalten. In solchem Falle haben die natürlichen Kinder oder deren Nachkommen an Stelle der Besitzeinweisung die Bewilligung der Erben oder Erbvermächtnißnehmer, von welchen sie die Ausantwortung ihres Antheils begehren müssen, beizubringen (Aubry u. Rau, § 638 Anm. 3, Bd. VI S. 690).

Ein gesetzliches Rückfallsrecht besitzen:

a) die Ascendenten hinsichtlich der Güter, welche sie ihren ohne Nachkommenschaft verstorbenen Kindern oder Nachkommen geschenkt haben (Code civil Art. 747),

b) die ehelichen Geschwister eines ohne Nachkommenschaft verstorbenen natürlichen Kindes hinsichtlich der dem letzteren von dem Vater oder der Mutter geschenkten Grundstücke, sofern der Schenkgeber vor dem Kinde verstorben ist (Code civil Art. 766),

c) der Adoptant, welcher den Adoptirten und dessen Nachkommen überlebt, und, wenn der Adoptirte keine Nachkommen hinterlassen hatte, auch die Nachkommen des Adoptanten an den von diesem geschenkten Gütern (Code civil Artt. 351, 352).

Die Rückfallsberechtigten erwerben das Eigenthum kraft Gesetzes (Aubry u. Rau, Bd. VI S. 718). Durch die Bewilligung der Erben oder allgemeinen Rechtsnachfolger wird für das Amtsgericht festgestellt, daß die Voraussetzungen des behaupteten Rückfalls vorliegen; ein anderweiter Nachweis wird nicht verlangt. Der Rückfallserbe hat übrigens keinen Anspruch auf Grundstücke, welche im Nachlaß nicht mehr vorhanden sind; das Recht derselben erstreckt sich daher nicht auf diejenigen Grundstücke der Schenkung, über welche der Erblasser eine Verfügung auf den Todesfall getroffen hat (Zachariae § 608 Anm. 26, Aubry u. Rau § 608 Anm. 44, Bd. VI S. 357).

4. Zu Z. 3. Abs. 1. Erbvermächtnißnehmer (légataires universels) sind, wenn der Erblasser Vorbehaltserben hinterlassen hat, verpflichtet, die Ausantwortung des Nachlasses von letzteren zu begehren (Code civil Art. 1004). Sind Vorbehaltserben nicht vorhanden oder haben, was rechtlich gleichsteht, die vorhandenen auf den Nachlaß verzichtet, so hat der Erbvermächtnißnehmer von Rechtswegen die Gewähr des Nachlasses (Code civil Art. 1006). Derselbe bedarf aber auch in diesem Falle, wenn das Erbvermächtniß auf einem eigenhändigen oder mystischen Testament beruht, der gerichtlichen Besitzeinweisung, bevor er Besitz von der Erbschaft ergreift (Code civil Art. 1008).

Diesen Vorschriften entspricht es, daß die Eintragung des Rechts der Erbvermächtnißnehmer durch folgende Nachweise bedingt ist:

a) wenn Vorbehaltserben vorhanden sind, durch den Nachweis der Bewilligung dieser Erben,

b) wenn Vorbehaltserben nicht vorhanden sind, durch Vorlegung eines öffentlichen Testamentes (bezw. eines Auszugs daraus) oder aber der gerichtlichen Besitzeinweisung nebst der in beiden Fällen erforderlichen gerichtlichen Bescheinigung, daß der Erblasser keine Vorbehaltserben hinterlassen hat. (Ueber die Ertheilung der Bescheinigung vgl. § 9 Abs. 1 des Ges. v. 10. Mai 1886).

5. Zu Z. 3 Abs. 2. Vermächtnißnehmer, welchen nicht die Gesammtheit des Nachlasses, sondern nur ein Theil oder einzelne Gegenstände vermacht worden sind (légataires à titre universel und légataires particuliers) haben — entsprechend den Vorschriften der Artt. 1011 u. 1014 des Code civil — die Bewilligung der gesetzlichen Erben oder, wenn ein Erbvermächtniß ausgesetzt ist, die Bewilligung des Erbvermächtnißnehmers oder aber eine Bescheinigung, daß gesetzliche Erben nicht vorhanden sind, beizubringen. (Ueber die Ausstellung dieser Bescheinigung vgl. § 9 Abs. 2 des Ges. v. 10. Mai 1886). Ist ein Erbvermächtnißnehmer zusammen mit Vorbehaltserben zur Erbschaft berufen, so bedarf es der Bewilligung sowohl der Vorbehaltserben als des Erbvermächtnißnehmers; es genügt jedoch die Bewilligung des letzteren, wenn die anderweite Belieferung der Vorbehaltserben feststeht. (Vgl. die Ausführungen bei Laurent, Principes de droit civil, Bd. 14 Z. 50).

Die Einwilligung von Rückfallsberechtigten braucht nicht erbracht zu werden. Erbtheilsvermächtnißnehmer bedürfen derselben nicht, weil vielmehr die Rückfallsberechtigten die Einwilligung der übrigen allgemeinen Rechtsnachfolger, zu welchen auch die légataires à titre universel gehören, nöthig haben. Hinsichtlich der Erbstücksvermächtnißnehmer kommt die Einwilligung nicht in Frage, weil das Rückfallsrecht Grundstücke, über welche testamentarisch verfügt ist, nicht erfaßt (A. A. Mügel, zu § 26 des rheinpreuß. Ges. v. 12. April 1888, Anm. 3 S. 161).

Die auf dem Wege der elterlichen Theilung im Testament bewirkte Zuwendung von Grundstücken, welche im § nicht erwähnt wird, unterliegt den Grundsätzen, welche bei Erbstückvermächtnissen Platz greifen. Der Erwerber, welcher die Eintragung beantragt, hat daher außer seiner Erb=

berechtigung die Bewilligung der übrigen Erben nachzuweisen. (Vgl. Mügel, zu § 27 des rheinpreuß. Ges. v. 12. April 1888, Anm. 4, S. 164).

6. Zu Z. 4. Ueber Nachlaß-Schenkungen im Ehevertrage und unter Ehegatten vgl. Code civil Artt. 1082, 1084, 1091 ff. und Bem. 2a Abs. 1 zu § 3.

Betrifft die Schenkung den ganzen Nachlaß, so muß, abgesehen von dem Nachweis der notariellen Schenkung, entweder eine Bescheinigung, daß Vorbehaltserben nicht vorhanden sind, oder die Bewilligung der vorhandenen Vorbehaltserben vorgelegt werden. Hat die Schenkung nur einen Theil des Nachlasses oder einzelne Grundstücke zum Gegenstand, so greifen die in Bem. 5 entwickelten Grundsätze Platz.

7. Einer nach § 18 erforderlichen Bewilligung kann nur Folge gegeben werden, wenn das Recht des Bewilligenden feststeht. Die Feststellung muß, da das Gesetz anderweite Vorschriften nicht enthält, in gleicher Weise erfolgen, als wenn der Bewilligende selbst seine Eintragung nachsuchte. (Vgl. Mügel a. a. O. § 24 Anm. 12). Die Legitimation des Bewilligenden muß somit im Falle der Bewilligung durch gesetzliche Erben durch Vorlage der Erbbescheinigung oder Theilung, und im Falle der Bewilligung durch außerordentliche Erbfolger durch den Nachweis der Besitzeinweisung dargethan werden. Zur Legitimation des Erbvermächtnißnehmers ist entweder die Anerkennnng desselben Seitens der ihrerseits gehörig ausgewiesenen Vorbehaltserben nachzuweisen oder es sind die in Anm. 4b bezeichneten Belege zu erbringen.

Hervorzuheben ist, daß für Erbbescheinigungen, welche ausschließlich zum Zwecke der Eintragung in das Grundbuch ausgestellt werden, Gerichtsgebühren nicht in Ansatz kommen (§ 11 des Ges. betr. die Kosten in Grnndbuchsachen).

Die Bewilligungen können privatschriftlich erfolgen; die Unterschriften müssen alsdann beglaubigt sein (§ 28).

§ 19.

Der Ehemann, welcher auf Grund des ehelichen Güterrechts befugt ist, über Grundstücke zu verfügen, welche von seiner Ehefrau herrühren, kann auf Vorlegung eines Auszugs aus dem Ehevertrag den Vermerk des bestehenden ehelichen Güterrechts im Grundbuch verlangen.

Dieser Vermerk tritt an Stelle der Eintragung als Eigenthümer.

1. Nach dem geltenden Rechte kann der Ehemann über die zur Gütergemeinschaft gehörenden Grundstücke gleichwie über seine eigenen unbeschränkt verfügen. Nur die unentgeltliche Veräußerung ist ihm nur ausnahmsweise gestattet (Code civil Artt. 1421, 1422). Gütergemeinschaftlich sind, sofern nicht durch den Ehevertrag die Gütergemeinschaft ausgeschlossen ist, alle während der Ehe von beiden Ehegatten oder einem derselben unter einem lästigen Titel erworbenen Grundstücke. Dagegen gehören die in die Ehe eingebrachten Grundstücke nur unter der Voraussetzung zur Gütergemeinschaft, daß im Ehevertrage allgemeine Gütergemeinschaft oder die Entliegenschaftung einzelner Grundstücke vereinbart worden ist (Code civil Artt. 1401 Z. 3, 1507, 1526).

Das Verfügungsrecht des Mannes rechtfertigt die in der Ausführungs-Verordnung, betr. das Verfahren bei Anlegung von Grundbüchern, getroffene Bestimmung, daß die während der Ehe von beiden Ehegatten zusammen unter lästigem Titel erworbenen Grundstücke als gütergemeinschaftliche auf den Namen des Ehemannes einzutragen sind. Wenn indessen nachgewiesener Maßen keine Gütergemeinschaft besteht, so greifen die über die Eintragung von Miteigenthum geltenden Vorschriften Platz.

Diejenigen Grundstücke, welche Allein-Eigenthum der Ehefrau waren und auf Grund der Klauseln des Ehevertrags in die Gütergemeinschaft fallen, verbleiben in dem Artikel der Ehefrau. Das Verfügungsrecht des Ehemannes wird nach § 19 auf Antrag des letzteren dadurch gewahrt, daß die Entliegenschaftung im Grundbuch vermerkt wird. In gleicher Weise ist in Ansehung derjenigen Grundstücke zu verfahren, welche von der Ehefrau allein erworben und daher auf ihren Namen eingetragen sind, jedoch in die Gütergemeinschaft fallen.

§ 20.

Der gemäß Artikel 129 des Code civil in den Besitz des Vermögens eines Abwesenden endgültig Eingewiesene ist berechtigt, auf Grund der Einweisung seine Eintragung als Eigenthümer zu verlangen.

1. Die endgültige Einweisung in den Besitz des Vermögens eines Abwesenden hat die gleichen Wirkungen, welche die Eröffnung der Erbschaft zur Folge hätte. Die eingewiesenen Personen sind befugt, die zu dem Vermögen des Abwesenden gehörenden Gegenstände nach Belieben zu belasten oder zu veräußern. Diese Befugniß wird zwar von Rechtswegen aufgehoben, wenn der Abwesende zurückkehrt oder Nachrichten, welche seine Existenz beweisen, einlaufen; das Erlöschen des Rechts ist aber auf die Gültigkeit der vorher getroffenen Verfügungen ohne Einfluß (Code civil Artt. 129, 131, 132). Hiernach entspricht es der Rechtslage, wenn der endgültig Eingewiesene für befugt erklärt wird, seine Eintragung als Eigenthümer zu verlangen, d. h. zu verlangen, daß die Grundstücke in dem Artikel des Abwesenden gelöscht und auf seinen Namen übertragen werden.

Personen, welche nur vorläufig in den Besitz des Vermögens eines Abwesenden eingewiesen sind, steht das Recht zur Veräußerung oder Belastung der Grundstücke nicht zu (Code civil Art. 128). Denselben war daher auch das Recht, die Eintragung als Eigenthümer zu verlangen, nicht zu gewähren.

2. Durch das rechtskräftige Erkenntniß über die Verschollenheit von Personen, welche an dem in den Jahren 1870 und 1871 geführten Krieg theilgenommen haben, erlangen die Berechtigten die definitive Einweisung in den Besitz des Vermögens des Vermißten (§ 7 des Ges. v. 21. Okt. 1873, G.-Bl. S. 281).

§ 21.

Der Eigenthümer kann vom Amtsgericht angehalten werden, sein Eigenthum eintragen zu lassen,

1. wenn der im Kataster als Eigenthümer Eingetragene oder eine zuständige Behörde darum nachsucht,
2. wenn ein zu einer Eintragung in das Grundbuch oder zur Zwangsvollstreckung Berechtigter die Eintragung beantragt.

Als zuständig (Ziffer 1) gilt die Behörde, welche die Eintragung einer Hypothek herbeizuführen befugt ist.

1. Da der Eigenthümer seine Eintragung versäumen oder auch absichtlich unterlassen kann, so ist durch die Bestimmung des § 21 denjenigen, welche an der Eintragung ein Interesse haben, die Befugniß eingeräumt, ein amtliches Verfahren zum Zwecke der Eintragung hervorzurufen. Insbesondere mußte diese Befugniß auch den im Kataster als Eigenthümer eingetragenen Personen gewährt werden, weil dieselben kraft jenes Eintrags für die Steuern verhaftet sind und nach § 41 eine Fortschreibung des Eigenthums im Kataster erst zulässig ist, nachdem die Aenderung im Grundbuch eingetragen ist (M.).

2. Zu „einer Eintragung berechtigt" sind diejenigen, welche das Eigenthum oder eines der im § 3 Z. 2 bis 5 bezeichneten Rechte erworben haben oder befugt sind, den Vermerk einer Verfügungsbeschränkung zu verlangen.

3. Hinsichtlich des zu beobachtenden Verfahrens vgl. § 30.

§ 22.

Die Eintragung der im § 3 Ziffer 2, 3, 4, 5 und 6 bezeichneten Rechte, Rechtsgeschäfte und Verfügungsbeschränkungen erfolgt auf Vorlage eines Auszugs aus der Urkunde, durch welche das Recht, das Rechtsgeschäft oder die Verfügungsbeschränkung nachgewiesen wird, oder auf den Antrag einer zuständigen Behörde. Zur Eintragung der gesetzlichen Hypotheken sowie von Vorzugsrechten, mit Ausnahme desjenigen des Verkäufers, Darleihers und Theilungsgenossen, genügt ein darauf gerichteter schriftlicher Antrag.

Auf den Inhalt der vorstehend erwähnten Auszüge und Anträge finden die Bestimmungen des § 16 entsprechende Anwendung. Die Eintragung von Hypotheken uud Vorzugsrechten findet nur statt, wenn der nöthigenfalls zu veranschlagende Betrag der Haupt- und Nebenforderungen sowie deren Fälligkeit angegeben und, sofern der Gläubiger nicht im Gebiete des Reichs seinen Wohnsitz hat, wenn ein Wohnsitz im Reich erwählt ist.

1. Dem Antrage auf Eintragung von dinglichen Rechten und Pachtverträgen, der im §. 3 Z. 4 bezeichneten Rechtsgeschäfte, der Hypotheken und Verfügungsbeschränkungen ist nach § 22 Abs. 1 in der Regel nur stattzugeben, wenn ein Auszug aus der das Recht, das Rechtsgeschäft oder die Verfügungsbeschränkung nachweisenden Urkunde vorgelegt wird. Hiernach setzt, wenngleich die Entstehung dinglicher Rechte nicht an schriftliche Form gebunden ist, doch deren Eintragung eine vorgängige schriftliche Abfassung des Vertrags voraus. Mit dem Auszuge, auf dessen Ertheilung § 16 Abs. 2 Anwendung findet, ist die Urschrift oder die Ausfertigung des Titels in Vorlage zu bringen, damit die Bescheinigung über die erfolgte Eintragung darauf gesetzt werden kann.

Wenn eine öffentliche Behörde kraft gesetzlichen Auftrags die Eintragung nachsucht (z. B. im Falle des § 5 des Ges. v. 30. April 1880), braucht der Auszug nicht beigefügt zu werden.

Es ist, so wird im Kommissionsbericht bemerkt, darauf hinzuweisen, daß durch die Bestimmungen des § 21 — jetzt § 22 — eine bedeutsame Vereinfachung und Erleichterung herbeigeführt wird. Nach dem bestehenden Rechte müssen, um die Einschreibung einer Hypothek herbeizuführen, stets zwei Bordereaus vorgelegt werden, mit deren Aufstellung eine große Verantwortlichkeit verbunden ist, indem von der Vollständigkeit derselben die Gültigkeit der Hypothek bedingt ist. Von solcher Verantwortlichkeit kann (im Gebiete des Grundbuchrechts) nicht mehr die Rede sein. Enthält ein vorgelegter Auszug nicht alle erforderlichen Angaben, so wird das Amtsgericht seine Vervollständigung verlangen. Die im Grundbuche zur Eintragung gelangte Hypothek wird aber, sofern derselben nur ein gültiger Rechtstitel zu Grunde liegt, stets rechtswirksam sein.

2. Die Vorschrift, daß die Eintragung auf Vorlage eines Auszugs aus der das Recht, das Rechtsgeschäft oder die Verfügungsbeschränkung nachweisenden Urkunde erfolgt, läßt nicht den Schluß zu, daß der Auszug allein in allen Fällen genügt. Wenn die Eintragung einer Hypothek auf Grund eines gerichtlichen Urtheils oder eines Arrestbeschlusses verlangt wird, so müssen außerdem die Grundstücke bezeichnet werden, auf welche die Eintragung genommen werden soll. Es bedurfte dies keiner besonderen Hervorhebung.

3. Zur Eintragung der gesetzlichen Hypotheken sowie von Vorzugsrechten, mit Ausnahme desjenigen des Verkäufers, Darleihers und Theilungsgenossen, genügt ein darauf gerichteter Antrag. In der Regierungs-Vorlage war bestimmt, daß in diesen Fällen, in welchen ein Auszug aus dem Titel nicht beigebracht werden kann, die angemeldete Forderung glaubhaft zu machen sei. Der Landesausschuß beseitigte dieses Erforderniß, weil kein hinreichender Grund vorliege, von dem geltenden Rechte abzuweichen, welches nur die Anmeldung der Forderung verlangt (B.).

Die Unterschrift des Antragstellers muß, wenn derselbe eine Privatperson ist, gemäß § 28 beglaubigt sein.

4. Durch die unter Bem. 3 erörterte Bestimmung sind die besonderen Vorschriften, welche für die Wahrung einzelner Vorzugsrechte in den Hypotheken-Registern gelten, für das Gebiet des Grundbuchrechts beseitigt. Dies gilt insbesondere von der Vorschrift, welche zur Wahrung der Vorzugsrechte des Baumeisters oder Bauunternehmers verlangt, daß die über die Arbeiten zu errichtenden Protokolle in die Hypotheken-Register eingeschrieben werden (Code civil Art. 2010; vgl. ferner Art. 7 des Ges. über die Entwässerung, v. 17. Juli 1856). Eine Eintragung dieser Protokolle in das Grundbuch findet nicht statt. Immerhin muß das erste Protokoll dem Antrage auf Eintragung beigefügt werden, weil die Entstehung des Vorzugsrechts und folgeweise die Zulässigkeit der Eintragung von der vorherigen Errichtung dieses Protokolls bedingt ist (Code civil Art. 2103 Z. 4).

5. Zur Vorlage der Auszüge und Stellung der Anträge sind nur die Berechtigten oder deren gesetzliche Vertreter legitimirt. Dritte Personen müssen sich in der Regel durch eine beglaubigte Vollmacht ausweisen; die Bestimmung des Art. 2148 des Code civil, welche jeden Dritten — auch ohne Nachweis der Vollmacht — zur Antragstellung zuläßt, ist in das Gesetz nicht aufgenommen. Nur die Rechtsanwälte und Notare sind durch die Ausführungs-Verordnung von diesem Nachweis entbunden.

6. Auf den Inhalt der Auszüge und Anträge finden nach § 22 Abs. 2 die Bestimmungen des § 16 entsprechende Anwendung. Ob die nöthigen Angaben und Unterlagen gegeben sind, unterliegt dem Ermessen des Gerichts, welches unvollständige Anträge zurückzuweisen hat. Die Bestimmung, derzufolge Anträge auf Hypothekar-Eintragungen, wenn der Gläubiger nicht im Reiche wohnt, die Wahl eines Wohnsitzes im Reiche enthalten müssen, läßt die instruktionelle Vorschrift des § 11 des Ges. v. 24. Juli 1889 unberührt.

Die Angabe der „Fälligkeit" setzt voraus, daß die Forderung verfallen ist oder daß der Fälligkeitstermin bestimmt bezeichnet werden kann. Wenn letzteres, wie bei der Mündelhypothek, nach Lage der Sache nicht möglich ist, so entfällt die Nothwendigkeit einer darauf bezüglichen Angabe.

§ 23.

Zur Löschung der im § 3 Ziffer 2, 3, 4, 5 und 6 bezeichneten Rechte, Rechtsgeschäfte und Verfügungsbeschränkungen ist die schriftlich zu ertheilende Bewilligung des Berechtigten oder der Antrag einer zuständigen Behörde oder eine vollstreckbare gerichtliche Löschungsverfügung erforderlich.

Rechte, deren Dauer vom Leben des Berechtigten abhängt oder zeitlich beschränkt ist, werden auf Antrag des Eigenthümers gelöscht, wenn der Tod des Berechtigten nachgewiesen oder der Zeitpunkt, mit welchem das Recht aufhören soll, eingetreten ist.

1. Zur Löschung der in das Grundbuch eingetragenen Rechte, Rechtsgeschäfte und Verfügungsbeschränkungen ist gemäß § 23 Abs. 1 in der Regel, (vgl. die Ausnahme in § 9), die Bewilligung des Berechtigten oder der Antrag einer zuständigen Behörde oder eine vollstreckbare gerichtliche Löschungsverfügung erforderlich. Das Gleiche gilt, wenngleich es nicht ausdrücklich gesagt ist, auch hinsichtlich der Löschung von Vermerken, insoweit die Löschung der letzteren nicht von Amtswegen zu erfolgen hat. Die Bewilligung ist schriftlich beizubringen und wird als Anlage zu dem Grundbuche genommen (B.)

2. Berechtigt im Sinne des § 23 Abs. 1 ist derjenige, zu dessen Gunsten das Recht eingetragen ist. Derselbe muß die Fähigkeit besitzen, die Löschung zu bewilligen, was nach den bestehenden allgemeinen und besonderen Vorschriften zu beurtheilen und von dem Amtsgerichte in jedem einzelnen Falle zu prüfen ist. (Vgl. hinsichtlich der gleichen Pflicht des Hypothekenbewahrers Aubry u. Rau III S. 294). (M.)

3. Bei Rechten, deren Dauer vom Leben des Berechtigten abhängt oder zeitlich beschränkt ist, — was insbesondere beim Nießbrauche zutrifft, — braucht eine förmliche Löschungsbewilligung nicht beigebracht zu werden; es genügt, daß der Tod des Berechtigten nachgewiesen oder daß der Zeitpunkt, mit welchem das Recht aufhören soll, abgelaufen ist (§ 23 Abs. 2).

§ 24.

Die Bewilligung zur Löschung einer Hypothek oder eines Vorzugsrechts kann in einer gerichtlich oder notariell beglaubigten Privaturkunde ertheilt werden. Desgleichen genügt im Falle einer Cession zur Herbeiführung des im Artikel 2152 des Code civil erwähnten Vermerks die Vorlage einer gerichtlich oder notariell beglaubigten Privaturkunde.

Die über die Löschung von Hypotheken und Vorzugsrechten aufgenommenen notariellen Urkunden sind in Urschrift auszuhändigen. Diese Bestimmung findet auch Anwendung, wenn mit der Löschung die Quittung über die Schuld verbunden wird.

1. Gemäß Artt. 2157 und 2158 des Code civil müssen Bewilligungen zur Streichung von hypothekarischen Einschreibungen in notarieller Form ertheilt werden. Auch muß dem Hypothekenamte stets eine Ausfertigung der notariellen Urkunde vorgelegt werden. Diese Bestimmungen konnten, wie in der Kommission des Landesausschusses allgemein anerkannt wurde, in Folge des Wegfalles der zehnjährigen Verjährung für das Grundbuch nicht beibehalten werden. Es war vielmehr unumgänglich, daß die Löschungen im Grundbuch erleichtert wurden. Nach der Regierungsvorlage war die erforderliche Erleichterung dadurch gegeben, daß nach § 23 (jetzt § 27) Abs. 2 das Amtsgericht verpflichtet sein sollte, Anträge der Parteien (also auch Anträge auf Löschung) auf Verlangen zu Protokoll zu nehmen. Die Kommission des Landesausschusses hat indessen diese Bestimmung gestrichen, weil sie es nicht für zweckmäßig erachtete, den Amtsgerichten diese ihnen bisher fremde Aufgabe zuzuweisen, und hat zum Ersatz den vorstehenden Paragraphen beschlossen.

2. Durch § 24 ist:

a) der Nachweis der Löschungsbewilligung — und im Falle des Art. 2152 des Code civil der Cession oder Subrogation — mittelst beglaubigter Privaturkunde zugelassen,
und wird:

b) unter Durchbrechung der Regel des Art. 20 des Gesetzes vom 25. Vent. XI vorgeschrieben, daß eine notariell aufgenommene Löschung stets und selbst dann, wenn mit der Löschung die Quittung über die Schuld verbunden wird, in Urschrift auszuhändigen ist.

Im Anschluß hieran ist im § 13 des Gesetzes, betreffend die Kosten in Grundbuchsachen, bestimmt, daß die Bewilligung von Löschungen frei von Staatsgebühren erfolgt und sind ferner im § 16 desselben Gesetzes die Notariatsgebühren für Urkunden über Löschung oder Minderung von Hypotheken herabgesetzt worden.

§ 25.

Die Bergwerke werden von Amtswegen auf Grund der Bergwerksverzeichnisse in besondere Grundbücher eingetragen, welche von den durch das Ministerium zu bezeichnenden Amtsgerichten angelegt und geführt werden. Hinsichtlich der Anlegung und Führung greifen die Bestimmungen des § 2 Platz.

1. Der § 25 beruht auf dem Beschlusse der Spezialkommission des Landesausschusses. In den Kommissionsberichte wird darüber bemerkt:

„Es ist im § 22 b (§ 25) ausdrücklich zum Ausdruck gebracht, daß die Bergwerke auf Grund der Bergwerksverzeichnisse in besondere Grundbücher einzutragen seien, und daß die Führung dieser Grundbücher bestimmten von dem Ministerium zu bezeichnenden Amtsgerichten anvertraut werden soll. Die Anlegung besonderer Grundbücher war nach Angabe des Vertreters der Regierung ohnehin beabsichtigt und rechtfertigt sich aus dem Umstande, daß die Bergwerke nicht in das Kataster eingetragen und auch nicht nach demselben bezeichnet werden. Nachdem aber die Anlegung besonderer Grundbücher für Bergwerke vorgeschrieben wird, muß es auch empfehlenswerth erscheinen, daß die Vereinigung von in verschiedenen Amtsgerichtsbezirken gelegenen Bergwerken in einem Grundbuch zugelassen werde; dies um so mehr, als ohne dies manche Bergwerke durch mehrere Amtsgerichtsbezirke hindurch ziehen."

§ 26.

Die für Grundstücke gegebenen Vorschriften dieses Gesetzes gelten mit den nachstehenden Maßgaben auch für Bergwerke.

Wird Bergwerkseigenthum durch Verleihung, bestätigte Konsolidation, Theilung oder Vertauschung von Grubenfeldern oder Feldestheilen erworben, so hat die Oberbergbehörde unter Mittheilung einer Abschrift der Verleihungsurkunde oder der Ausfertigung des bestätigten Konsolidations-, Theilungs- oder Tauschakts das Amtsgericht um Vornahme der Eintragung zu ersuchen. Die Gerichtskosten sowie die für Anfertigung einer bei dem Amtsgericht zu hinterlegenden Abschrift des Plans oder für Aenderung eines hinterlegten Plans erwachsenden Kosten fallen dem Bergwerksbesitzer zur Last.

Wird Bergwerkseigenthum durch Beschluß der Oberbergbehörde aufgehoben (§§ 35, 138, 139 des Berggesetzes vom 16. Dezember 1873, Gesetzblatt Seite 397), so erfolgt auf Ersuchen derselben Behörde die Löschung sämmtlicher Eintragungen im Grundbuch.

1. Die Bestimmung des § 26 Abs. 1 entspricht der Vorschrift des § 42 des Berggeś. v. 16. Dez. 1873, derzufolge auf das Bergwerks-Eigenthum hinsichtlich der Veräußerung, der Verpfändung und des Arrestes sowie der Privilegien die allgemeinen gesetzlichen Vorschriften Anwendung finden, welche in diesen Beziehungen für das Grundeigenthum gelten. Das Bergwerkseigenthum wird hiernach grundsätzlich als ein besonderes, von dem Eigenthum der Oberfläche getrenntes Eigenthum an dem Grundstücke behandelt. Vgl. § 40 des Ges. v. 24. Juli 1889, ferner § 29 des Ges. v. 30. April 1880 und, was die Ueberschreibung anlangt, Flandin Bd. I Nr. 42.

2. § 26 Abs. 2 sieht die Fälle vor, in welchen das Bergwerks-Eigenthum Ausfluß des staatlichen Hoheitsrechts ist, also nicht auf einem translativen, sondern einem konstitutiven Akte beruht. Es erschien angezeigt, in diesen Fällen die Bergbehörde mit Herbeiführung der Eintragung zu beauftragen. Die Gerichtsgebühren und Kosten, welche für Anfertigung einer Abschrift des Plans oder für Aenderung eines hinterlegten Planes entstehen, fallen aber auch hier dem Bergwerksbesitzer zur Last.

3. Die im § 26 Abs. 3 vorgeschriebene Löschung sämmtlicher Eintragungen bei Aufhebung des Bergwerks-Eigenthums ist durch das praktische Bedürfniß geboten (M.).

Dritter Abschnitt.

Verfahren in Grundbuchsachen.

§ 27.

Die Amtsgerichte verfahren, insoweit nicht anders bestimmt wird, nur auf Antrag.

1. An die Spitze des Verfahrens ist im § 27 der Grundsatz gestellt, daß die Amtsgerichte, insoweit nicht anders bestimmt ist, nur auf Antrag, nicht von Amtswegen, verfahren. Dieser Grundsatz entspricht dem allgemeinen Rechtssatze, daß die Privatrechte lediglich der Disposition der Parteien unterliegen. Eine Ausnahme hiervon darf nur eintreten, insoweit das Gesetz selbst dies anordnet oder zuläßt, was beim Anlegungsverfahren (§ 1) und unter den Voraussetzungen der §§ 9 u. 11 zutrifft (B.).

2. Aus § 27 ist nicht zu folgern, daß neben der Vorlage der durch die §§ 16 ff. erforderten Nachweise stets ein besonderer förmlicher Antrag auf Eintragung oder Löschung gestellt werden müsse. Es soll vielmehr, wie bei den Kommissionsberathungen Seitens des Vertreters der Regierung bemerkt wurde, in allen Fällen, in welchen die vorgelegten Urkunden die erforderlichen Nachweise enthalten und — wie hinzuzufügen ist — über den Zweck der Vorlegung ein Zweifel nicht bestehen kann, die Vorlegung der Nachweise zur Herbeiführung der Eintragung oder Löschung genügen. Nur zur Eintragung des Vorzugsrechts des Verkäufers ist gemäß § 15 Abs. 3 ein besondrer darauf gerichteter Antrag erforderlich, die einfache Angabe der Kaufpreisforderung also nicht ausreichend. Immerhin wird es sich auch in andern Fällen zur Vermeidung von Schwierigkeiten empfehlen, den Nachweisen einen kurz formulirten Antrag beizufügen.

3. Die Antragstellung bezw. die Vorlegung der Nachweise muß von einer dazu legitimirten Person bewirkt werden. Legitimirt ist sowohl derjenige, zu dessen Gunsten die Eintragung erfolgen soll, als derjenige, gegen dessen Recht die Eintragung sich richtet und im Falle der Erwerbung von

Eigenthum durch Uebertragung oder Zutheilung der Notar, welcher die Erwerbung beurkundet hat (§ 17). Die Bestimmung des Art. 2148 des Code civil, gemäß welcher jeder Dritte die Einschreibung von Hypotheken beantragen kann, gilt nicht für die Eintragungen in das Grundbuch (vergl. Bem. 5 zu § 22). Dagegen ist an den besonderen Vorschriften, nach welchen bestimmte Personen berechtigt oder verpflichtet sind, die Eintragung zu beantragen, nichts geändert. Vgl. z. B. § 11 des Ges. vom 24. Juli 1889. S. im Uebrigen über die Feststellung der Legitimation Bem. 2 zu § 28.

Bevollmächtigte müssen sich durch eine beglaubigte Vollmacht ausweisen. Nur die Notare und Rechtsanwälte sind hievon befreit (§ 4 der Ausführungs-Verordnnng betr. den Geschäftsgang und das Verfahren in Grundbuchsachen).

§ 28.

Die zum Zweck einer Einschreibung (Eintragung, Löschung, Vermerk) einzureichenden Schriftstücke sind in beglaubigter Form vorzulegen.

Ein schriftlich eingereichter Antrag bedarf der Beglaubigung nicht, wenn die ihn rechtfertigenden Urkunden in beglaubigter Form vorliegen.

Zur Beglaubigung der Unterschriften unter Privaturkunden sind die Amtsgerichte und Notare zuständig. Es genügt dazu, daß unter der Unterschrift bezeugt wird, daß der Aussteller die Unterschrift eigenhändig vollzogen oder als die seinige anerkannt hat.

1. Die zum Zweck einer Eintragung oder Löschung erforderten Nachweise sind nach § 28 Abs. 1 in beglaubigter Form vorzulegen. Insoweit die Nachweise auf Privat-Urkunden beruhen, müssen daher die Unterschriften auf diesen Urkunden durch eine der im Abs. 3 bezeichneten Behörden beglaubigt sein. Urkunden, die von einer inländischen öffentlichen Behörde oder von einer mit öffentlichem Glauben versehenen Person des Inlandes aufgenommen oder ausgestellt sind,

bedürfen dagegen zufolge des § 1 des R. G. vom 1. Mai 1878 keiner weiteren Beglaubigung.

Auszüge, welche von einer öffentlichen Behörde oder einer mit öffentlichem Glauben versehenen Person des Inlandes ertheilt werden, sind im Sinne des Paragraphen beglaubigt, sofern sie nur gehörig unterschrieben und untersiegelt sind, und dasselbe gilt von Anträgen, welche z. B. das Amtsgericht auf Grund des § 11 des Ges. v. 24. Juli 1889 zu stellen hat.

Hinsichtlich der Urkunden, welche von einer ausländischen öffentlichen Behörde oder von einer mit öffentlichem Glauben versehenen Person des Auslandes ausgestellt sind, vgl. § 2 des R. G. vom 1. Mai 1878 und Bem. zu § 2 des Ges. v. 24. Juli 1889.

2. Gemäß § 28 Abs. 2 bedarf ein schriftlich eingereichter Antrag der Beglaubigung nicht, wenn die ihn rechtfertigenden Urkunden in beglaubigter Form vorliegen. Da nach Abs. 1 die Nachweise stets in beglaubigter Form vorzulegen sind, so ergibt sich die Folgerung, daß die Beglaubigung der Unterschrift auf einem Antrage nur ausnahmsweise, nämlich nur in denjenigen Fällen, in welchen keine Nachweise beizubringen sind (vgl. § 22 Abs. 1 zweiter Satz), erfordert werden darf. Ferner erhellt daraus, daß das Amtsgericht (Grundbuchamt) nicht verpflichtet ist, die Identität des Antragstellers selbstständig zu prüfen, m. a. W. das Amtsgericht braucht, wenn beglaubigte Nachweise vorliegen, nicht festzustellen, ob die Person, welche als Antragsteller bezeichnet ist, auch thatsächlich den Antrag gestellt hat; es genügt, daß die bezeichnete Person zur Stellung des Antrags legitimirt ist.

3. Die Beglaubigung der Unterschriften unter Privaturkunden erfolgt frei von Staatsgebühren (§ 13 Abs. 3 des Gesetzes, betr. die Kosten in Grundbuchsachen).

Beglaubigungen werden nur von dem Notar unterzeichnet und in Urschrift ausgehändigt.

§ 29.

Der Eingang eines Antrags auf Eintragung im Grundbuch gilt in dem Zeitpunkte als erfolgt, in welchem der Antrag dem Amtsgericht vorgelegt wird. Die Erledigung der Anträge erfolgt nach der Reihenfolge des Eingangs. Gehen mehrere Anträge auf Eintragung des Eigenthumsübergangs gleichzeitig ein, so sind dieselben sämmtlich zurückzuweisen.

Ueber die bewirkte Eintragung ist eine Bescheinigung zu ertheilen.

1. Als eingegangen kann ein Antrag erst gelten, wenn er dem Amtsgerichte vorgelegt worden ist. Frühere Momente, die Aufgabe zur Post, die Uebergabe an einen Diener sind ohne Bedeutung (M.).

2. Der Zeitpunkt des Eingangs der einzelnen Anträge ist für die Reihenfolge der Eintragungen und somit nach Umständen für die Zulässigkeit der Eintragung entscheidend. Beispielsweise kann einem Antrage auf Eintragung einer Hypothek keine Folge mehr gegeben werden, wenn derselbe erst einläuft, nachdem ein Dritter (der nicht Schuldner ist) seine Eintragung als Eigenthümer beantragt hat. Die genaue Feststellung jenes Zeitpunktes ist daher von großer Wichtigkeit, weßhalb derselbe auf den vorgelegten Urkunden sofort zu vermerken ist. Auch muß die sofortige Eintragung des Einlaufs in das Tagebuch erfolgen und ist überdieß auf Verlangen eine Bescheinigung über den Empfang der Nachweise zu ertheilen (§ 6 der Ausf.-Verordnung, betr. den Geschäftsgang und das Verfahren in Grundbuchsachen).

An den Bestimmungen über das Rangverhältniß der einzelnen Rechte ist Nichts geändert. Unberührt ist namentlich die Bestimmung des Code civil, gemäß welcher Hypotheken, welche am nämlichen Tage eingetragen werden, den gleichen Rang haben (B.).

3. Wenn mehrere Anträge auf Eintragung des Eigenthumsübergangs in Betreff desselben Grundstückes gleichzeitig eingehen, so sind dieselben sämmtlich zurückzuweisen. Ueber die Zurückweisung ist gemäß § 31 Abs. 3 ein Vermerk zu machen. Behufs späterer Eintragung eines der Antragsteller muß entweder eine rechtskräftige Entscheidung oder die Bewilligung des Gegners beigebracht werden.

Wer geht vor, wenn mit der nämlichen Briefpost Anträge auf Eintragung einerseits des Eigenthumsübergangs und anderseits einer Hypothek gegen den bisherigen Eigenthümer eingehen? Die gleiche Frage besteht für den Fall, daß ein Erwerber und ein Hypothekargläubiger gleichzeitig die Ueberschreibung bezw. Inscription ihrer Titel nachsuchen. Die französischen Schriftsteller nehmen zum Theil an, daß alsdann die Priorität des Titels entscheide (Dalloz, Rép. Vo. Transcription hypothécaire N° 520), was in der That der Billigkeit am meisten entsprechen möchte. Vgl. die Ausführungen von Flandin, Bd. 2 Nr. 923 ff. und die dort angeführten Schriftsteller.

4. Ueber die bewirkte Eintragung ist eine Bescheinigung zu ertheilen. Dieselbe ist in der Regel an den Fuß der mit dem Auszuge überreichten Urschrift oder Ausfertigung zu setzen, und hat in Kürze den Gegenstand der Eintragung zu bezeichnen (§ 13 der Ausf.=Verordnung, betr. den Geschäftsgang und das Verfahren in Grundbuchsachen).

§ 30.

Wird von einem nach § 21 hierzu Berechtigten die Eintragung des Eigenthums beantragt, so hat das Amtsgericht den Eigenthümer unter Mittheilung des Antrags aufzufordern, binnen einer bestimmten Frist die Eintragung zu beantragen oder Widerspruch zu erheben. Wird Widerspruch nicht erhoben oder der erhobene Widerspruch vom Amtsgericht für unbegründet befunden, so verfügt dieses auf Vorlage der erforderten Nachweise die Eintragung.

Der Antragsberechtigte kann die Mittheilung der zur Begründung des Antrags erforderlichen Urkunden von Behörden und Beamten insoweit verlangen, als der Eigenthümer hierzu befugt ist.

1. Im § 30 ist das Verfahren geregelt, welches einzutreten hat, wenn ein nach § 21 hierzu Berechtigter die Eintragung

des Eigenthums (eines Dritten) beantragt. Das sehr einfach gestaltete Verfahren bewegt sich in den Formen der freiwilligen Gerichtsbarkeit. Eine mündliche Verhandlung vor Entscheidung über den Widerspruch ist nicht erfordert; jedoch steht nichts im Wege, daß das Amtsgericht eine solche anordnet. Die Entscheidung kann nach § 31 Abs. 2 mittelst Beschwerde angefochten werden.

Für Entscheidungen, durch welche die Eintragung des Eigenthums angeordnet wird, werden Gerichtskosten nicht in Ansatz gebracht (§ 12 Z 1 des Ges. betr. die Kosten in Grundbuchsachen).

2. Der Antragsteller hat die gleichen Nachweise zu erbringen wie der Eigenthümer, wenn dieser selbst die Eintragung seines Eigenthums beantragt. Es mußte ihm daher auch das Recht eingeräumt werden, die Mittheilung der zu einem solchen Nachweise dienlichen Urkunden von Behörden und Beamten, also auch von den Notaren, insoweit zu verlangen, als der Eigenthümer selbst hierzu befugt ist. (Vgl. § 47 des Entwurfs einer Grundbuchordnung für das deutsche Reich und Begründung dazu).

3. Aus dem Berichte der Spezialkommission zu § 30 ist die folgende Ausführung zu entnehmen:

„Ein Mitglied machte darauf aufmerksam, daß die Eintragung einer gerichtlichen oder Arrest-Hypothek, sowie die Eintragung von Verfügungsbeschränkungen von dem Schuldner unter Umständen dadurch vereitelt werden könne, daß er, bevor die Eintragung des Eigenthums bewirkt sei, das Grundstück veräußere. Im Anschluß hieran stellte dieses Mitglied den Antrag, dieser Gefahr durch Zulassung einer vorläufigen Eintragung vorzubeugen.

Der Vertreter der Regierung erwiderte, daß die angedeutete Gefahr nicht zu befürchten sei, weil gemäß § 25 (jetzt § 29) durch den Antrag auf Eintragung die Priorität gewahrt werde. Es könne somit, sofern nur der Antrag auf Eintragung der Hypothek bei dem Gerichte rechtzeitig gestellt werde, das Recht des Hypothekargläubigers durch den Verkauf des Grundstückes nicht vereitelt werden, denn der Käufer könne erst nach dem Hypothekargläubiger ins Grundbuch gelangen, weshalb sein Recht nicht zum Nachtheile des letzteren wirksam werde.

Mit Rücksicht auf diese Bemerkungen wurde der gestellte Antrag zurückgezogen."

§ 31.

Das Amtsgericht hat unbegründete Anträge zurückzuweisen.

Gegen die von den Amtsgerichten erlassenen Verfügungen findet Beschwerde nach Maßgabe der §§ 14 und 15 des Gesetzes vom 10. Mai 1886, betreffend die Ausstellung gerichtlicher Erbbescheinigungen und die Zuständigkeit der Amtsgerichte (Gesetzblatt Seite 61), statt.

Wird ein Antrag auf Eintragung ganz oder theilweise abgewiesen, so ist darüber von Amtswegen ein Vermerk in das Grundbuch zu machen. Durch den Vermerk werden für den Antragsteller die Rechte gewahrt, welche mit dem Zeitpunkte des Eingangs nach § 29 begründet sind. Der Vermerk wird von Amtswegen gelöscht, wenn nicht innerhalb der Frist von 14 Tagen von der Zustellung der abweisenden Verfügnng ab die Einlegung der Beschwerde dem Amtsgerichte von dem Antragsteller dargethan oder wenn die Beschwerde endgültig erledigt ist.

Im Uebrigen wird das Verfahren vor den Gerichten und der Geschäftsgang in Grundbuchsachen durch die Ausführungsverordnung geregelt.

1. Den Hypothekenbewahrern steht ein Prüfungsrecht hinsichtlich der ihnen zur Einschreibung oder Ueberschreibung vorgelegten Urkunden nach keiner Richtung zu. Dieselben haben die gestellten Anträge durch einfaches Abschreiben der Urkunden zu vollziehen. Auch die Amtsgerichte erhalten nach dem Entwurfe ein materielles Prüfungsrecht nicht; dieses ist dadurch ausgeschlossen, daß die Verbriefung der Rechtsgeschäfte ausschließlich Sache der Notare und, insoweit die Zuziehung

eines Notars nicht erforderlich ist, Sache der Parteien bleibt. Dagegen mußte den Amtsgerichten, da die Eintragung in Zukunft durch gewisse formelle Voraussetzungen bedingt ist, nothwendig ein Entscheidungsrecht hinsichtlich der Zulässigkeit der Eintragung eingeräumt werden, und waren folgeweise auch die Grundsätze aufzustellen, durch welche das Verfahren vor den Amtsgerichten geregelt wird (B.).

2. Die Frage der Zulässigkeit löst sich im Wesentlichen in folgende Unterfragen auf, welche der richterlichen Prüfung unterliegen:

a) Werden durch die vorgelegten Nachweise oder die aufgestellten Behauptungen ein Recht oder eine rechtliche Thatsache dargethan, welche zu einer Eintragung oder Löschung im Grundbuch Anlaß geben?

Ist die Entstehung eines Rechts an eine bestimmte Form geknüpft, so muß, um dem Antrage auf Eintragung desselben Folge zu geben, nachgewiesen sein, daß die Form beobachtet worden ist. Dagegen hat der Richter nicht festzustellen, ob im Uebrigen das Recht rite entstanden und nicht mit Mängeln behaftet ist, welche zu seiner Aufhebung führen können. Eine Ausnahme besteht hinsichtlich der Löschungen (vgl. § 23 Bem. 2).

b) Ist der Antragsteller legitimirt, die begehrte Eintragung oder Löschung zu beantragen? Vgl. § 27 Bem. 3, § 28 Bem. 2.

c) Ist der Rechtsvorgänger bezw. Schuldner des Berechtigten eingetragen oder kann dessen gleichzeitige Eintragung, welche eventuell beantragt werden muß, erfolgen (§§ 12, 14, 15)? Vgl. indessen § 15 Abs. 2.

d) Sind die Nachweise oder der Antrag ordnungsmäßig und gehörig beglaubigt?

Liegt eine dieser Voraussetzungen nicht vor, so hat das Gericht den Antrag abzuweisen. Zwischen-Verfügungen auf Ergänzung des Antrags sind nicht zu erlassen.

3. Gegen die Verfügungen des Amtsgerichts ist das Rechtsmittel der Beschwerde oder der weiteren Beschwerde nach Maßgabe der §§ 14 u. 15 des Ges. v. 10. Mai 1886 eröffnet. Vgl. den Wortlaut dieser Paragraphen oben zu § 14 des Ges. v. 24. Juli 1889.

4. Bezüglich des von der Spezialkommission des Landesausschusses hinzugefügten Abs. 3 ist im Kommissionsberichte Folgendes bemerkt:

„Von einem Mitgliede der Kommission wurde die Frage angeregt, was Rechtens sei, wenn ein abweisender Bescheid des Amtsgerichts in der höheren Instanz aufgehoben werde. Es wurde der Vorschlag gemacht, in allen Fällen der Abweisung eines Antrags die Einschreibung eines Vermerks in das Grundbuch anzuordnen, kraft dessen dem Antragsteller der Vorrang vor allen später eingehenden Anträgen für den Fall gesichert wird, daß er in der höheren Instanz eine ihm günstige Entscheidung erwirkt. Das Interesse anderer Betheiligter werde hinreichend gewahrt, sofern nur eine Frist bestimmt werde, innerhalb welcher der Abgewiesene sein vermeintliches Recht durch Einlegung der Beschwerde zur Geltung zu bringen habe."

Hinsichtlich der Einschreibung des Vermerks s. § 9 der Ausführungs-Verordnung, betr. den Geschäftsgang und das Verfahren in Grundbuchsachen.

§ 32.

Für jedes Versehen eines mit Führung des Grundbuchs beauftragten Beamten bei Wahrnehmung seiner Amtspflichten haftet dem Beschädigten die Landeskasse, welcher bei grobem Versehen der Rückgriff gegen den Beamten offen steht.

Wegen der Entschädigungsansprüche findet der Rechtsweg statt. Die Klage verjährt in drei Jahren, nachdem der Beschädigte von dem Dasein des Schadens Kenntniß erhalten hat. Sind seit dem Zeitpunkte der Beschädigung dreißig Jahre verflossen, so ist die Klage in allen Fällen ausgeschlossen.

1. Da das Publikum genöthigt wird, in Grundbuchsachen die Thätigkeit der vom Staat eingesetzten Behörden in Anspruch zu nehmen, so muß ihm auch eine Gewähr dafür gegeben werden, daß jeder durch eine Pflichtverletzung der Beamten verursachte Schaden ersetzt werde. Dieser Schadenersatz erscheint aber in vollem Maße nur dann gesichert, wenn die Staatskasse für denselben aufzukommen hat (M.).

2. Nach dem preußischen Grundbuchgesetz vom 5. Mai 1872 haftet demjenigen, der durch ein Versehen des Grundbuchamts beschädigt wird, in erster Linie der Beamte und nur soweit der Beschädigte nicht im Stande ist, Ersatz seines Schadens von dem Grundbuchbeamten zu erhalten, für diesen der Staat. Durch gegenwärtiges Gesetz ist der Staat für jedes Versehen der Beamten direkt verantwortlich erklärt, und die Haftpflicht der Beamten auf die Fälle groben Versehens beschränkt. Nach dem Entwurfe sollten, wenn die Voraussetzungen für die Haftbarkeit der Beamten vorlagen, Staat und Beamte sammtverbindlich haften. Nach der von der Kommission des Landesausschusses abgeänderten Fassung hat der Beschädigte den Entschädigungsanspruch in allen Fällen, also auch wenn ein Beamter mitverhaftet ist, nur gegen die Staatskasse geltend zu machen. Letzterer bleibt es sodann überlassen, den Rückgriff gegen den verantwortlichen Beamten zu nehmen.

3. Die Frage, ob ein Versehen und bezw. ein grobes Versehen vorliegt, kann nur aus der jeweiligen Sachlage beantwortet werden. Von letzterer und in Verbindung damit von den Pflichten, welche einerseits dem Richter, anderseits dem Gerichtschreiber obliegen, hängt es auch ab, ob nur der Richter, oder nur der Gerichtschreiber oder beide regreßpflichtig sind. Hervorzuheben ist, daß der Umstand allein, daß der mit der Entschädigungsklage gegen den Staat befaßte Richter die rechtliche Auffassung, von welcher der Grundbuchrichter sich leiten ließ, für irrig hält, den Entschädigungsanspruch nicht zu begründen vermag. Dies möchte nur der Fall sein, wenn dem Richter eine grobe Rechtsverletzung zur Last fällt (vgl. Achilles, S. 362 Anm. 6).

4. Ob die Entschädigungspflicht ganz oder theilweise dadurch beseitigt wird, daß den Beschädigten selbst ein Verschulden trifft, ist nach den allgemeinen Grundsätzen des geltenden Civilrechts zu beurtheilen.

5. Der Gerichtsstand des Fiskus wird nach § 20 C. P. O. durch den Sitz der Behörde bestimmt, welche berufen ist, den Fiskus in dem Rechtsstreite zu vertreten. Dies ist nach Art. 69 der franz. C. P. O. der Bezirkspräsident. Zuständig ist in allen Fällen das Landgericht (§ 16 Abs. 1 A. G. zum G. V. G. vom 4. Nov. 1878).

6. Die Geltendmachung von Entschädigungs-Ansprüchen gegen dritte Personen wird durch die Vorschriften des § 32 nicht berührt.

§ 33.

Den als Inhaber von Rechten in die Grundbücher eingetragenen, den von diesen zur Einsichtnahme ermächtigten Personen, sowie den Notaren ist die Einsicht der Grundbücher und Anlagen kostenfrei gestattet.

Anderen Personen ist die Einsicht gegen Entrichtung der vorgeschriebenen Gebühr zu gestatten.

Auf Antrag sind gegen Erstattung der Kosten Abschriften aus den Grundbüchern und Grundbuchanlagen zu ertheilen.

1. Der § 33 Abs. 1 läßt die als Inhaber von Rechten in die Grundbücher eingetragenen, die von diesen ermächtigten Personen sowie die Notare zur kostenfreien Einsicht der Grundbücher und Anlagen zu. Hierdurch wird, da der Immobiliarverkehr fast ausschließlich durch die Hände der Notare geht und diese zum größeren Theile am Sitze der Amtsgerichte wohnen, eine erhebliche Erleichterung des durch die Hypotheken-Auszüge schwer belasteten Immobiliar-Verkehrs herbeigeführt, welche sich indessen in vollem Maße erst fühlbar machen wird, wenn die Erneuerungsfrist für die Hypothekar-Einschreibungen abgelaufen ist.

2. Die zu Gunsten der Notare gemachte Ausnahme bildet ein persönliches Recht derselben. Ihre Gehülfen bedürfen der Ermächtigung der Parteien.

3. Der zweite Absatz des § 33 regelt die Einsichtnahme der Grundbücher und Anlagen durch andere als die oben genannten Personen. Nach dem Entwurfe sollte dieselbe nur beim Nachweis eines rechtlichen Interesses gestattet sein. Die Spezialkommission des Landesausschusses war indessen der Ansicht, daß das franz. System, demzufolge Jeder gegen Erstattung der Gebühren Kenntniß von dem Inhalt der Hypotheken-Register nehmen kann, vorzuziehen sei. Das fragliche Erforderniß wurde daher fallen gelassen, und demgemäß auch Abs. 3 des

Entwurfs, welcher den Anspruch auf Ertheilung von Abschriften von dem Recht auf Einsichtnahme bedingte, entsprechend abgeändert.

4. In Betreff der Gebühren für die Einsichtnahme s. § 8 des Ges., betr. die Kosten in Grundbuchsachen, und, was die Gebühren für Abschriften anlangt, § 9 Abs. 2 daselbst.

Vierter Abschnitt.

Uebergangs- und Ersatzbestimmungen.

§ 34.

Die durch Ueberschreibung gewahrten, im § 3 Ziffer 2, 3, 4 und 6 bezeichneten Rechte, Rechtsgeschäfte und Verfügungsbeschränkungen, sowie Hypothekareinschreibungen, welche nach dem geltenden Rechte der Erneuerung nicht unterliegen, müssen innerhalb einer Frist von zehn Jahren, deren Lauf von dem auf Grund des § 44 bezeichneten Zeitpunkte beginnt, in das Grundbuch übertragen werden, widrigenfalls sie die mit der Ueberschreibung oder Einschreibung verbundene Wirksamkeit verlieren.

Hinsichtlich der Hypotheken- und Vorzugsrechte, welche der Erneuerung unterliegen, wird die Frist zur Erneuerung, falls sie früher als drei Monate nach dem auf Grund des § 44 bezeichneten Zeitpunkte abgelaufen ist, bis zum Ablauf dieser drei Monate erstreckt.

1. Von dem Zeitpunkte an, von welchem ab das Grundbuch als angelegt gilt, tritt an Stelle der Hypotheken-Register das Grundbuch. Rechte, welche noch nicht gewahrt sind, können nunmehr nur durch Eintragung in das Grundbuch gewahrt werden. Dagegen muß behufs Ermittelung der Rechte, welche vor jenem Zeitpunkte entstanden und gewahrt worden sind, vorerst noch auf den Inhalt der Hypotheken-Register zurückgegriffen werden. Durch die hiernach erforderlich werdenden

zwiefachen Nachforschungen in den Hypotheken-Registern und in dem Grundbuch entsteht eine gewisse Belästigung des Verkehrs, welche aber nur transitorischer Natur ist. Ohne Weiteres ist dies hinsichtlich der Einschreibungen der Fall, welche der zehnjährigen Erneuerung unterliegen, da die Erneuerung gemäß § 6 durch Eintragung in das Grundbuch erfolgt. Was Hypotheken-Einschreibungen, welche nicht erneuert zu werden brauchen (vgl. Art. 46 des Dekrets v. 28. Febr. 1852, über Bodenkredit-Gesellschaften und oben § 21 des Ges. v. 24. Juli 1889 [Legalhypotheken]), sowie die durch Ueberschreibung gewahrten in § 3 Ziffer 2, 3, 4 und 6 bezeichneten Rechte, Rechtsgeschäfte und Verfügungsbeschränkungen anlangt, so schreibt § 34 Abs 1 deren Uebertragung in das Grundbuch innerhalb einer Frist von zehn Jahren mit der Maßgabe vor, daß im Unterlassungsfalle die mit der Ueberschreibung oder Einschreibung verbundene Wirksamkeit hinfällig wird. Nach Ablauf von zehn Jahren werden somit Nachforschungen in den Hypotheken-Registern nur noch ausnahmsweise, z. B. behufs Feststellung des Wortlauts überschriebener Verträge geboten erscheinen.

§ 35.

Die Uebertragung von Hypotheken und Vorzugsrechten aus den Hypothekenregistern in das Grundbuch kann, insoweit dieselbe zur Erneuerung dient, von den Rechtsnachfolgern des eingeschriebenen Gläubigers auch dann verlangt werden, wenn das Recht derselben weder durch eine öffentliche Urkunde noch durch eine beglaubigte Privaturkunde nachgewiesen ist.

Die genannten Rechtsnachfolger sind ferner befugt, die vorherige Eintragung des Eigenthums nach Maßgabe des § 30 zu beantragen.

Die durch § 14 erforderte Bewilligung des Eigenthümers braucht im Falle der Erneuerung nicht erbracht zu werden.

1. § 25 beruht auf Beschlüssen der Spezialkommission. Zur Begründung derselben wird im Berichte bemerkt: „Es sei im

Lande häufig vorgekommen, daß Hypothekarforderungen durch Cessionen oder subrogatorische Quittungen unter Privatunterschrift übertragen worden seien. Die Stellung dieser Gläubiger werde nun sehr erschwert, wenn man von denselben zum Zwecke der Erneuerung auch die Vorlage eines beglaubigten Titels verlange, indem die Schuldner vielfach gestorben oder ausgewandert seien. Es empfehle sich daher für die Erneuerung von Hypotheken und Vorzugsrechten eine Uebergangsvorschrift, gemäß welcher die genannten Singularsuccessoren von der Vorlage eines beglaubigten Titels entbunden würden."

2. Die Bestimmung des § 35 Abs. 3 wird dazu dienen, Weiterungen und Prozesse zu verhüten. Voraussetzung der Anwendbarkeit derselben ist, daß es sich um eine Erneuerung, nicht um eine Neueintragung handelt, weshalb nachgewiesen sein muß, daß die Erneuerungsfrist noch nicht abgelaufen ist. Ob das belastete Grundstück zur Zeit der Erneuerung noch im Besitz des ursprünglichen Schuldners oder aber inzwischen in den Besitz eines Dritten übergegangen ist, erscheint gleichgültig. Der Eigenthümer wird dadurch geschützt, daß er sofort von der bewirkten Eintragung in Kenntniß gesetzt wird (B.). Vgl. § 14 der Ausführungs-Verordnung, betr. den Geschäftsgang und das Verfahren in Grundbuchsachen.

§ 36.

Die Erneuerung der von einem Miteigenthümer bestellten oder gegen einen solchen eingetragenen Hypothek erfolgt mittelst eines als vorläufig zu bezeichnenden Eintrags im Grundbuch.

Wird der Miteigenthümer in Folge der Theilung als Alleineigenthümer eingetragen, so ist die Hypothek ohne Vermerk zu übertragen.

Fällt das Grundstück bei der Theilung dem Schuldner nicht zu, so wird die Hypothek nicht übertragen.

1. Dieser Paragraph ist wie § 35 aus den Berathungen der Spezialkommission des Landesausschusses hervorgegangen.

Zur Begründung desselben ist, wie in dem Berichte der Kommission hervorgehoben wird, Folgendes geltend gemacht worden:

„Nach § 7 Absatz 2 sei allerdings die Eintragung einer Hypothek auf den Antheil eines Miteigenthümers ausgeschlossen. Diese Bestimmung habe indessen keine rückwirkende Kraft, weßhalb die zur Zeit eingeschriebenen Theilhypotheken auch erneuert werden müßten. Nach der Rechtsprechung der deutschen Gerichte könne nun wohl als feststehend betrachtet werden, daß die Theilhypothek in allen Fällen gänzlich hinfällig wird, wenn der Miteigenthümer, welcher die Theilhypothek bestellt hat, nicht Allein-Eigenthümer wird. Immerhin sei die Frage bestritten, weßhalb es zweckmäßig erscheinen müsse, dem Grundbuchbeamten eine bestimmte Anleitung zu geben."

Was die angeführte Rechtsprechung anlangt, vgl. u. A. Urtheil des Oberlandesgerichts zu Colmar v. 16. Febr. 1880 (Jurist. Zeitschr., Band V S. 157) u. Urtheil des Reichsgerichts v. 6. Nov. 1888 (Jurist. Zeitschr., Band XIV S. 435).

§ 37.

Die Wirkungen, welche nach Artikel 2181 ff. des Code civil mit Ueberschreibung der Veräußerungsurkunde und nach § 22 des Gesetzes vom 30. April 1880 (Gesetzblatt Seite 93) mit Ueberschreibung des Versteigerungsprotokolls verbunden sind, treten mit Eintragung des Eigenthumsübergangs im Grundbuch ein.

Die im Absatz 2 des Artikels 17 des Gesetzes vom 3. Mai 1841, betreffend die Zwangsenteignung, bezeichneten Wirkungen treten mit der Eintragung des Eigenthumsübergangs ein.

1. Durch § 37 Abs. 1 werden für das Gebiet des Grundbuchrechts in Ansehung der Hypotheken-Reinigung mit der Eintragung des Eigenthumsübergangs die Wirkungen verbunden, welche nach dem bestehenden Rechte mit der Ueberschreibung des Erwerbstitels verbunden sind. Die Eintragung des Eigenthumsübergangs bildet somit nach einem freiwilligen

Verkauf die Voraussetzung zur Einleitung des Reinigungs-Verfahrens und hat im Falle der Zwangsversteigerung eines Grundstücks zur Folge, daß sämmtliche Hypotheken mit der Maßgabe beseitigt werden, daß die Ansprüche der Gläubiger auf dem Preise haften.

2. Art. 17 des Zwangsenteignungs-Gesetzes vom 3. Mai 1841 gewährt zur Eintragung der Vorzugsrechte und Hypotheken nach Ueberschreibung des Enteignungs-Urtheils noch eine Frist von 14 Tagen. Diese Bestimmnng, welche s. Zt. dem gemeinen Rechte des Art. 834 des Code de procédure civile entsprach, bildet seit dem Ges. v. 23. März 1858 (Art. 6) eine Besonderheit, für welche es an inneren Gründen fehlt. Dieselbe ist daher für das Gebiet des Grundbuchrechts beseitigt (§ 37 Abs. 2).

§ 38.

An Stelle der im Artikel 958 des Code civil vorgesehenen Eintragung des Auszugs der Widerrufsklage am Rande der Ueberschreibung tritt auf Vorweis der Klageschrift ein Vermerk im Grundbuch.

1. Art. 958 des Code civil betrifft den Widerruf von Schenkungen wegen Undankbarkeit. In der Begründung des Gesetzentwurfs wird zu § 38 bemerkt:

„Aehnliche Vermerke wie im Art. 958 Code civil zur Ueberschreibung sind durch Art. 2152 Code civil und Art. 9 des Ges. vom 23. März 1855 zur Einschreibung vorgesehen. Hierfür sind jedoch besondere Ersatzbestimmungen, gleich derjenigen des § 34 (jetzt § 38) mit Rücksicht auf die allgemeine Vorschrift des § 7 (jetzt § 6) nicht erforderlich Ebenso wenig erschien es geboten, ausdrücklich auszusprechen, daß die durch §§ 1 Nr. 4, 7 und 42 des Gesetzes vom 30. April 1880 verlangten Auszüge aus dem Hypothekenregister durch Auszüge aus dem Grundbuch oder Grundbuchregister zu ergänzen und bezw. zu ersetzen sind.“

§ 39.

In dem gemäß Artikel 5 des Gesetzes vom 3. Mai 1841, betreffend die Zwangsenteignung, aufzustellenden Plane sind die Grundstücke, wenn dieselben in das Grundbuch aufgenommen sind, nach letzterem zu bezeichnen.

1. Die Vorschrift des § 39 dient zur Verhütung von Irrthümern, welche daraus, daß Grundbuch oder Kataster abweichende Bezeichnungen enthalten, entstehen könnten (M.).

§ 40.

Das Erbabsonderungsrecht der Nachlaßgläubiger und Vermächtnißnehmer wird durch einen Vermerk gesichert, welcher schon vor Eintragung des Erben als Eigenthümer eingetragen werden kann. Die Eintragung ist unzulässig, insoweit Dritte das Eigenthum an den Grundstücken erworben und durch Eintragung in das Grundbuch offenkundig gemacht haben.

Mit dem Erbabsonderungsrecht ist eine Hypothek nicht verbunden.

1. Durch das Erbabsonderungsrecht der Nachlaßgläubiger und Vermächtnißnehmer wird nicht sowohl ein Vorzugsrecht begründet, als vielmehr die Vermengung des Vermögens des Erblassers mit demjenigen des Erben verhindert. Die Wahrung des Rechts hat zur Folge, daß, sofern Nachlaßgläubiger und Vermächtnißnehmer mit Gläubigern des Erben zusammentreffen, letztere erst nach jenen zur Befriedigung gelangen, selbst wenn ihnen eine Hypothek vom Erben eingeräumt worden wäre. Dagegen erlangen weder die Gläubiger, welche das Recht gewahrt haben, vor andern Gläubigern des Erblassers ein Vorrecht, noch ist der Erbe durch die Einschreibung gehindert, das Grundstück zu veräußern und den Preis zu vereinnahmen. Die Vorschrift des Paragraphen, daß mit dem Erbabsonderungsrecht eine Hypothek nicht verbunden sei, bringt somit lediglich die herrschende Auffassung zum Ausdruck und soll nur dazu dienen, in Zukunft jeden Zweifel auszuschließen (M.).

Die Auffassung, daß Art. 1017 des Code civil neben dem Absonderungsrechte nicht noch eine Hypothek gewährt, wird auch in dem Urtheil des Reichsgerichts v. 30. Dez. 1884 (Entscheidungen in Civilsachen, Band XII S. 350) vertreten. S. ferner Aubry u. Rau, § 619 Anm. 67, Band VI S. 501.

2. An Stelle der Einschreibung tritt nach § 40 Abs. 1 ein Vermerk. Die Eintragung desselben muß bereits vor der Eintragung des Erben erfolgen können, da sie sonst leicht vereitelt werden könnte. Anderseits wird dieselbe in Zukunft ausgeschlossen sein, sobald das Grundstück auf einen Dritten übergegangen und der Uebergang eingetragen ist (darüber, ob Art. 6 des Gesetzes vom 23. März 1855 auf das Erbabsonderungsrecht Anwendung fand, vgl. Aubry u. Rau VI S. 487). Im Uebrigen wird an dem bestehenden Recht nichts geändert; insbesondere macht der Vermerk die Klage (vgl. Art. 878, 880 Code civil) nicht entbehrlich (M.).

§ 41.

Eine Fortschreibung des Eigenthums im Kataster ist nur zulässig, wenn die Person, welcher das Grundstück zugeschrieben werden soll, im Grundbuch als Eigenthümer eingetragen ist.

1. Durch die Bestimmung des § 41 wird die nothwendige Uebereinstimmung zwischen Grundbuch und Gemeindekataster hinsichtlich des Subjekts des Eigenthums sicher gestellt.

§ 42.

Die nach den geltenden Bestimmungen bei der Direktion der direkten Steuern zu verwahrenden Katasterurkunden nebst Karten und Plänen gehen mit Anlegung der Grundbücher an die Amtsgerichte über. Das Grundbuch tritt in diesen Fällen an Stelle der Katastermutterrolle.

Den Amtsgerichten sind zur Fortführung der Pläne und Karten technische Beamte beizuordnen.

An Stelle der im § 51 des Gesetzes vom 31. März 1884 (Gesetzblatt Seite 59) erforderten Katasterauszüge treten

Auszüge aus dem Grundbuch. Die im § 61 Absatz 2 daselbst erwähnten Kopien der Karten und Pläne sind auch von den Amtsgerichten zu ertheilen.

Durch die Ausführungsverordnung ist für die Uebereinstimmung zwischen Grundbuch und Gemeindekataster Sorge zu tragen.

1. In Folge der Anlegung von Grundbüchern wird die besondere Fortführung des bei der Direktion der direkten Steuern befindlichen zweiten Kataster-Exemplars überflüssig. Gemäß § 42 Abs. 1 ist dasselbe an das Amtsgericht abzugeben. Die Pläne und Karten werden hier mit dem Grundbuch verbunden und fortgeführt; die Parzellen-Register sind bestimmt, als Realrepertorien zu dienen. Die Mutterrolle wird nicht fortgeführt; an ihre Stelle tritt das Grundbuch.

2. Den Amtsgerichten werden zur Fortführung der Pläne und Karten technische Beamten beigeordnet, als welche in der Regel die Vermessungs-Personalvorsteher oder diesen unterstellte Beamte und nur ausnahmsweise, wenn der Amtssitz dieser Beamten sich in großer Entfernung befindet, die Steuerkontrolöre bezeichnet werden sollen. Die Aufgabe der technischen Beamten besteht nach der Begründung des Gesetzentwurfs namentlich in Folgendem:

a) in der Aufmessung, Kartirung ꝛc. aller Form- und Bestandsveränderungen im Eigenthum, als namentlich:

α) aller in Folge von Rechtsgeschäften neu entstehenden Grenzen (insbesondere bei Theilungen, bei Anlage von Eisenbahnen, Kanälen, Wegen, sowie bei Grenzregulirungen);

β) der in anderer Weise, namentlich in Folge von Naturereignissen (An- und Abschwemmungen ꝛc.) dauernd veränderten Grenzen;

γ) der durch Neubau, Anbau oder Umbau entstandenen oder veränderten Gebäudeflächen;

δ) soweit erforderlich, der zu Tage tretenden Abweichungen des Grundbuches von der Oertlichkeit, welche auf etwaigen in dem Grundbuche entdeckten Irrthümern beruhen;

b) in der Berichtigung und Ergänzung der Karten und Pläne auf Grund der unter Nr. 1 bezeichneten Aufnahmen ꝛc;

3. Da nur aus dem stets mit der Gegenwart im Einklang befindlichen Grundbuch die jeweiligen Besitzverhältnisse mit Sicherheit entnommen werden können, so schreibt § 42 Abs. 3 vor, daß an Stelle der in § 51 des Ges. v. 31. März 1884 erforderten Katasterauszüge -- soweit eine Vorlegung derselben noch geboten ist — Auszüge aus dem Grundbuche treten;

Zur Ertheilung von Kopien der Karten und Pläne sind nach § 61 Abs. 2 des Ges. v. 31. März 1884 lediglich die Katasterbehörde und die von dem Ministerium bezeichneten vereideten Vermessungstechniker befugt. Durch § 42 Abs. 3 wird diese Befugniß auch den Amtsgerichten, bezw. den denselben beigeordneten technischen Beamten ertheilt.

4. Zu den Maßnahmen, welche in der nach § 42 Abs. 4 zu erlassenden Ausführungs-Verordnung vorzusehen sind, gehört nach dem Kommissionsberichte:

a) daß der technische Beamte innerhalb bestimmter Fristen die von ihm aufzustellende Bestandsveränderungsliste dem Amtsgerichte mitzutheilen, und

b) daß das Amtsgericht allmonatlich eine von ihm zu führende Eigenthumsveränderungsliste dem technischen Beamten zu übersenden hat.

Fünfter Abschnitt.

Schlußbestimmungen.

§ 43.

Die Vorschriften des zweiten Abschnitts mit Ausnahme des § 25 sowie die Vorschriften des dritten und vierten Abschnitts treten in den einzelnen Gemeinden, Gemeindetheilen oder für Bergwerke zu bildenden Bezirken erst nach erfolgter Anlegung des Grundbuchs in Kraft.

Gleichzeitig mit dem Inkrafttreten dieser Vorschriften treten die denselben widersprechenden Bestimmungen hinsichtlich aller in den betreffenden Gemeinden, Gemeindetheilen oder Bergwerksbezirken belegenen Grundstücke oder Bergwerke außer Kraft.

Außer Kraft treten insbesondere die Artikel 939 bis 941 und die auf die Ueberschreibung bezüglichen Bestimmungen des Artikels 942, ferner die Artikel 2108, 2146 Absatz 1, 2148, 2150, 2153, 2157, 2158, 2200, 2201, 2203 des Code civil, die Artikel 1 bis 6 und 8 des Gesetzes vom 23. März 1855 über die Ueberschreibung (Bulletin des lois, XIe série, Nr. 2474), § 42 Absatz 2 des Gesetzes vom 30. April 1880 (Gesetzblatt Seite 93) und § 8 des Gesetzes vom 24. Juli 1889 (Gesetzblatt Seite 69).

§ 44.

Der Zeitpunkt, von welchem ab das Grundbuch als angelegt gilt, wird für die einzelnen Gemeinden, Gemeindetheile oder Bergwerksbezirke durch eine im Gesetzblatt zu verkündende Verordnung des Ministeriums bekannt gemacht.

§ 45.

Die zur Ausführung dieses Gesetzes erforderlichen Bestimmungen werden durch das Ministerium erlassen.

Gesetz,

betreffend die Kosten in Grundbuchsachen, vom 22. Juni 1891.

(Gesetzblatt für Elsaß-Lothringen Nr. 11 S. 54.)

I. Gerichtskosten in Grundbuchsachen.

§ 1.

Für die Eintragung des Eigenthums und für die im § 3 Ziffer 2, 3, 4 des Gesetzes, betreffend die Einrichtung von Grundbüchern, vorgesehenen Eintragungen werden an Gebühren erhoben:

bei Werthen bis zu 500 Mark . . . . 50 Pf.,

bei Werthen von mehr als	500	bis	1000	M.	1	M.,
" " " " "	1000	"	2000	"	2	"
" " " " "	2000	"	3000	"	3	"
" " " " "	3000	"	5000	"	4	"
" " " " "	5000	"	10000	"	5	"
" " " " "	10000	"	50000	"	10	"
" " " " "	50000	M.			20	"

Für die Berechnung des Werthes sind die Vorschriften über die Erhebung der Engistrementsgebühren maßgebend. Insoweit der Werth aus den vorgelegten Urkunden nicht hervorgeht, ist derselbe von dem Antragsteller anzugeben.

1. Die Gebührensätze des § 1 stimmen überein mit den Sätzen, nach welchen zur Zeit gemäß § 5 des Gesetzes, betreffend die Hypothekengebühren, vom 24. Juli 1889 eine Abstufungsgebühr für die Ueberschreibung erhoben wird. Die von einem Mitgliede der Spezialkommission des Landesausschusses angeregte Aenderung, in allen Fällen ein Zehntel vom Hundert zu erheben, hat keine Zustimmung gefunden (B.).

Nach § 12 Z. 1 des Entwurfs sollten bezüglich des für die Gebührenerhebung maßgebenden Werths die Bestimmungen des Gerichtskostengesetzes Anwendung finden. Die Kommission des Landesausschusses erachtete es jedoch für zweckmäßig, auch in dieser Beziehung die bisher beim Ansatze der Hypothekengebühren befolgten Grundsätze beizubehalten, und ihrem Vorschlage gemäß wurde § 12 Z. 1 des Entwurfs gestrichen und dafür die im § 1 Abs. 2, § 3 Abs. 2 (erster Satz) und § 6 Abs. 2 enthaltenen Bestimmungen eingefügt. Bei Eintragung des Eigenthums oder dinglicher Rechte ist hiernach der Werth, wenn eine Uebertragung unter lästigem Titel vorliegt, nach Artikel 15 Nr. 6 und im Falle des Uebergangs durch Schenkung oder Sterbfall nach Artikel 15 Nr. 7 des Gesetzes vom 22. Frimaire VII zu berechnen. Die Bestimmung wonach nöthigenfalls der Werth vom Antragsteller anzugeben ist, entspricht den im Artikel 16 des Frimaire-Gesetzes und im § 14 des Gerichtskostengesetzes enthaltenen Vorschriften (B.).

2. Die Gebühr wird für jede Eintragung der in Frage stehenden Rechte geschuldet. Der Rechtsgrund, auf welchen das einzutragende Recht beruht, ist für die Gebühren-Erhebung ohne Belang.

§ 2.

Für die Eintragung von Verfügungsbeschränkungen wird die Gebühr des § 1, jedoch nicht mehr als 2 Mark erhoben.

§ 3.

Für die Eintragung von Hypotheken und Vorzugsrechten wird eine verhältnißmäßige Gebühr von 10 Pfennig für je hundert Mark oder einen Bruchtheil dieses Betrags und daneben die Gebühr des § 1 erhoben.

Die Gebühren werden berechnet nach der Höhe der einzutragenden Forderungen einschließlich der verfallenen Zinsen und Kosten, soweit deren Betrag angegeben ist. Bedingte Forderungen werden wie unbedingte behandelt.

Für die Eintragung der gesetzlichen Hypotheken der Ehefrauen und Mündel und der für Geisteskranke an Liegenschaften des vorläufigen Verwalters bestellten Hypotheken wird die Gebühr des § 1 nicht erhoben. Für die erste Eintragung des Vorzugsrechts des Verkäufers und des Darleihers wird die Gebühr des § 1 nur zur Hälfte erhoben.

1. Die Bestimmungen des § 3 sind dem § 2 des Gesetzes, betreffend die Hypothekengebühren, nachgebildet. Zum Schlußsatze des letzten Absatzes ist § 5 Abs. 2 des angeführten Gesetzes zu vergleichen. Im Berichte der Spezialkommission wird hierüber bemerkt:

„Ueber die Frage, ob auch fernerhin bei der ersten Eintragung des Vorzugsrechts des Verkäufers und des Darleihers, obgleich sie nur noch auf Antrag erfolgt, die Abstufungsgebühr nur zur Hälfte erhoben werden soll, waren die Meinungen getheilt. Die Mehrheit der Kommission hat sich für eine solche Ermäßigung erklärt. Der Absatz 3 hat daher einen entsprechenden Zusatz bekommen."

§ 4.

Für Vermerke zu den im § 1 bezeichneten Eintragungen wird die Gebühr des § 1, jedoch nicht mehr als 2 Mark,

für Vermerke zu Verfügungsbeschränkungen die Gebühr des § 1, jedoch nicht mehr als 1 Mark,

und für Vermerke zu Hypotheken und Vorzugsrechten die Gebühr des § 1, jedoch bei einer Aenderung in der Person des Gläubigers oder im hypothekarischen Range nicht mehr als 5 Mark, in anderen Fällen nicht mehr als 2 Mark erhoben.

Als Vermerke gelten für die Gebührenerhebung auch Eintragungen, welche eine Uebertragung der Rechte aus der gesetzlichen Hypothek der Ehefrau oder einen Verzicht auf solche Rechte zu Gunsten Dritter zum Gegenstande haben.

Vermerke, welche zur Wahrung der Rechte der Antragsteller gemäß § 31 des Gesetzes, betreffend die Einrichtung von Grundbüchern, oder zugleich mit der Eintragung des Eigenthums zu dieser erfolgen, sind gebührenfrei. Das Gleiche gilt für Vermerke, welche lediglich die Vervollständigung der zur Bezeichnung des Berechtigten oder eines Grundstücks dienenden Angaben bezwecken.

1. Der im § 4 bestimmten Gebühr für Vermerke zu den im § 1 bezeichneten Eintragungen unterliegt auch der im § 19 des Gesetzes, betreffend die Einrichtung von Grundbücher, vorgesehene Vermerk des bestehenden ehelichen Güterrechts. Daß derselbe an Stelle der Eintragung als Eigenthümer tritt, begründet nicht den Ansatz der Gebühr des § 1 (M.).

2. Nach § 4 Abs. 2 ist für die Uebertragung der Rechte aus der gesetzlichen Hypothek der Ehefrau und für den Verzicht auf solche Rechte zu Gunsten Dritter, mögen sie in der Form der Eintragung oder in der eines Vermerks im Grundbuch ersichtlich gemacht werden, nur die für Vermerke bestimmte Gebühr zu erheben (M.).

Vgl. im Uebrigen Bemerkungen zu § 4 des Gesetzes, betr. die Hypothekengebühren.

§ 5.

Für Löschungen der im § 3 Ziffer 2, 3, 4 des Gesetzes, betreffend die Einrichtung von Grundbüchern, vorgesehenen Eintragungen wird die Gebühr des § 1, jedoch nicht mehr als 5 Mark und, wenn es sich um ein durch den Tod des Berechtigten erloschenes Recht handelt, nicht mehr als 1 Mark,

für Löschungen von Verfügungsbeschränkungen die Gebühr des § 1, jedoch nicht mehr als 1 Mark,

und für Löschungen von Vermerken die für den Vermerk bestimmte Gebühr erhoben.

§ 6.

Für Löschungen von Hypotheken und Vorzugsrechten sowie für Minderungen der Forderungssumme wird die Gebühr des § 1, jedoch nicht mehr als 3 Mark erhoben. Bei Löschungen der im § 3 Absatz 3 bezeichneten Eintragungen tritt an Stelle der Gebühr des § 1, mit der gleichen Schranke bezüglich des Höchstbetrags, die im § 3 Absatz 1 bestimmte verhältnißmäßige Gebühr.

Die Gebühr berechnet sich nach der Höhe der Summe, bezüglich welcher die Löschung vorgenommen oder um welche die Eintragnng ermäßigt wird.

Für Befreiungen einzelner Liegenschaften von der Hypothek, ohne daß in der Höhe der Forderung eine Aenderung eingetreten ist, wird eine Gebühr von 2 Mark erhoben. Wäre für die Löschung der Eintragung ein geringerer Betrag zu entrichten, so kommt nur dieser in Ansatz.

Für die im Vertheilungsverfahren gemäß §§ 54 und 58 des Gesetzes über die Zwangsvollstreckung in das unbewegliche Vermögen vom 30. April 1880 (Gesetzblatt S. 93) gerichtlich angeordnete Löschung der Eintragungen nicht angewiesener Gläubiger wird eine Gebühr von 1 Mark erhoben. Handelt es sich um mehrere Eintragungen, die auf Grund desselben Antrags erfolgt sind, so kommt für deren Löschung die Gebühr nur einmal in Ansatz.

Löschungen, die wegen unterbliebener Erneuerung der Eintragungen erfolgen, sind gebührenfrei.

1. Zu § 6 vgl. § 3 des Ges., betr. die Hypothekengebühren und Bemerkungen dazu. Der Höchstbetrag der Löschungsgebühr ist auf drei Mark herabgesetzt. Diese Herabsetzung erschien, wie in dem Kommissionsberichte hervorgehoben wird, billig und finanziell unbedenklich, da nach dem neuen Gesetze die Löschungen zahlreicher sein werden.

2. Der Schlußabsatz bezieht sich auf die im § 9 des Ges., betr. die Einrichtung von Grundbüchern, vorgesehenen, von Amtswegen zu bewirkenden Löschungen.

§ 7.

Die Erledigung des bei einem Amtsgericht gestellten Antrags gilt, auch wenn der Antrag mehrere Grundstücke betrifft, für die Gebührenerhebung als Ein Geschäft.

Wird für eine Forderung, für welche bereits bei einem Amtsgericht Eintragung genommen ist, bei einem anderen Amtsgericht Eintragung genommen, so wird für die letztere eine feste Gebühr von 1 Mark erhoben. Sind jedoch die Gebühren des § 3 geringer, so kommen nur diese in Ansatz. Das Gleiche gilt, wenn für eine bereits eingetragene Forderung bei demselben Amtsgericht Eintragung auf andere Liegenschaften genommen wird.

Auf Vermerke zu Hypotheken und Vorzugsrechten und die Löschung solcher Vermerke, sowie auf die im § 6 bezeichneten Löschungen und Minderungen finden diese Vorschriften entsprechende Anwendung.

1. Die Bestimmung des § 7 Abs. 1 war durch die tabellarische Einrichtung des Grundbuchs geboten. Da letztere, sofern

ein Antrag sich auf mehrere Grundstücke bezieht, mehrere Eintragungen oder Löschungen erforderlich macht, so konnte es ohne jene Bestimmung zweifelhaft erscheinen, ob die Gebühr für jede Eintragung und Löschung oder nur einmal geschuldet wird.

2. Die Bestimmungen des § 7 Abs. 2 u. 3 entsprechen den im § 10 des Gesetzes, betreffend die Hypothekengebühren, und im Art. 22 des Ges. v. 21 Vent. VII enthaltenen Vorschriften.

§ 8.

Die Gebühr für Einsicht des Grundbuchs und der Anlagen beträgt 1 Mark. Dieselbe wird für jeden Eigenthümer, bezüglich dessen Einsicht genommen wird, besonders erhoben. Nimmt die Einsicht bezüglich eines Eigenthümers mehr als eine halbe Stunde in Anspruch, so erhöht sich die Gebühr für jede weitere halbe Stunde um 1 Mark. Die angefangene halbe Stunde wird für voll gerechnet.

1. Insoweit die Einsicht kostenfrei gestattet ist, — vgl. § 33 Abs. 1 des Ges., betreffend die Einrichtung von Grundbüchern, — kommt die Gebühr des § 8 selbstverständlich nicht zur Erhebung.

§ 9.

Für Ertheilung von Grundbuchauszügen und Kopien von Karten und Plänen, insoweit solche gemäß § 42 Absatz 3 des Gesetzes, betreffend die Einrichtung von Grundbüchern, erforderlich sind, werden die auf Grund des § 60 Absatz 3 des Gesetzes vom 31. März 1884 (Gesetzblatt Seite 59) für die Ertheilung der Katasterauszüge und der Kopien von Karten und Plänen bestimmten Gebühren erhoben.

Im Uebrigen wird für Ertheilung von Abschriften aus dem Grundbuche und aus den Anlagen neben der Schreibgebühr eine Gebühr von 1 Mark erhoben. Die Gebühr kommt für Abschriften, die auf Grund desselben Antrags und bezüglich desselben Eigenthümers ertheilt werden, nur einmal in Ansatz.

1. Die Fassung des § 9 beruht auf den Beschlüssen der Spezialkommission. Abs. 1 bezweckt klarzustellen, daß für die auf Grund des Katastergesetzes in Verbindung mit § 42 Abs. 3 des Ges., betr. die Einrichtung von Grundbüchern, erforderlichen Grundbuchauszüge rc. rc. der Gebührentarif immer der gleiche ist, wie er nach dem erstgenannten Gesetz für Katasterauszüge rc. rc. besteht.

2. Gemäß § 9 Abs. 2 wird für Abschriften aus den Anlagen neben den Schreibgebühren eine Gebühr von 1 M geschuldet. Jedoch kommt diese Gebühr nur einmal in Ansatz, wenn auf Grund desselben Antrags und bezüglich desselben Eigenthümers zugleich Abschriften aus dem Grundbuch und aus den Anlagen ertheilt werden (B.).

§ 10.

Für eine Bescheinigung, daß Eintragungen nicht bestehen, beträgt die Gebühr 1 Mark. Dieselbe wird für jede Person, bezüglich deren die Bescheinigung ertheilt ist, besonders, für Ehegatten jedoch nur einmal erhoben.

1. Ehegatten, bezüglich deren auf Grund desselben Antrags eine Bescheinigung, daß Eintragungen nicht bestehen, ertheilt wird, gelten für den Gebührenansatz als eine Person. Im Gesetzentwurfe war diese der Billigkeit entsprechende Ausnahme nicht enthalten; dieselbe ist von der Spezialkommission beigefügt worden.

Vgl. § 8 des Ges., betreffend die Hypothekengebühren, und Bemerkungen dazu.

§ 11.

Für Bescheinigungen, welche die Amtsgerichte in Grundbuchsachen ertheilen, werden Schreibgebühren nicht erhoben.

1. Zu den Bescheinigungen, für welche Schreibgebühren nicht erhoben werden, gehören namentlich die im § 10 dieses

Gesetzes sowie im § 29 Abs. 2 des Ges., betreffend die Einrichtung von Grundbüchern, erwähnten Bescheinigungen (M.). S. ferner § 7 der Ausführungs-Verordnung, betr. den Geschäftsgang und das Verfahren in Grundbuchsachen.

§ 12.

Im Uebrigen finden hinsichtlich der Gerichtskosten in Grundbuchsachen die Bestimmungen, welche für die im § 1 Absatz 2 des Gesetzes vom 3. April 1880 (Gesetzblatt Seite 58) bezeichneten Angelegenheiten der nicht streitigen Gerichtsbarkeit gelten, mit nachstehenden Maßgaben Anwendung:

1. In Angelegenheiten, in welchen nach der bestehenden Gesetzgebung Befreiung von Hypothekengebühren gewährt ist, werden Gebühren nicht in Ansatz gebracht.

   Das Gleiche gilt für Entscheidungen, durch welche die Eintragung des Eigenthums angeordnet wird (§ 30 des Gesetzes, betreffend die Einrichtung von Grundbüchern).

   Die Vorschriften über das Armenrecht finden keine Anwendung.
2. Die Gebühren und Auslagen werden bei Beendigung des Geschäfts fällig. Schuldner ist im Falle der Eintragung des Eigenthums gemäß § 30 des Gesetzes, betreffend die Einrichtung von Grundbüchern, der als Eigenthümer Eingetragene, in sonstigen Fällen der Antragsteller oder derjenige, in dessen Interesse das Geschäft auf Ersuchen der zuständigen Behörde oder von Amtswegen bewirkt ist. Als Antragsteller gilt, wenn der Notar den Antrag gestellt hat, derjenige, in dessen Interesse der Notar handelt.

3. Die gerichtliche Thätigkeit kann, wenn auf Antrag zu verfahren ist, von vorgängiger Zahlung eines die Gebühr deckenden Betrags abhängig gemacht werden.

4. Im Falle der Zurückweisung eines Antrags wird in der ersten Instanz und in der Beschwerdeinstanz ein Zehnttheil der im § 8 des Gerichtskostengesetzes bestimmten Gebühr erhoben. Ist jedoch die Gebühr, welche für die beantragte Thätigkeit zu erheben sein würde, geringer, so kommt nur deren Betrag für jede Instanz in Ansatz.

1. Die Bestimmung des § 12 Z. 1 schließt sich an die des § 11 des Ges., betreffend die Hypothekengebühren an. Vgl. die analoge Bestimmung des § 16 Abs. 2 des Ges. vom 3. April 1880. Von Uebernahme der Vorschriften über das Armenrecht (§ 17 des Ges. vom 3. April 1880) ist abgesehen worden; auch für die Hypothekengebühren hat sich bisher das Bedürfniß solcher Vorschriften nicht ergeben (M.).

Hinsichtlich der Befreiung von Hypothekengebühren vgl. S. 101.

2. Zu § 12 Z. 2 (3) ist in der Begründung des Gesetzentwurfs bemerkt: „Für den Fall, daß der Notar Anträge stellt, diesen persönlich zur Zahlung der Kosten zu verpflichten, entspricht nicht den Grundsätzen, welche für die Erhebung der Gerichtskosten gelten. Zur Beseitigung von Zweifeln ist eine diese Verpflichtung ausschließende Bestimmung aufgenommen."

3. Die Bestimmung in § 12 Z. 3 (vgl. dazu § 3 des Gerichtskostengesetzes und, was die Schreibgebühren betrifft, § 97 Abs. 2 desselben Gesetzes) soll in Fällen, wo ein Entgang der Gebühren zu besorgen ist, die Staatskasse hiergegen sicher stellen. Weiter zu gehen und nach dem Vorgange des § 12 des Ges., betr. die Hypothekengebühren, schlechthin Vorauszahlungen zu verlangen, empfahl sich nicht. Von der Einziehung eines Vorschusses ist somit abzusehen, wenn ein Entgang von Gebühren nicht zu besorgen, insbesondere die Zahlungsfähigkeit des Antragstellers dem Gericht bekannt ist (M.).

II. Stempel-, Enregistrements- und Gerichtsgebühren.

§ 13.

Die zum Zweck einer Eintragung oder Löschung einzureichenden, bei den Anlagen verbleibenden Ausfertigungen, Abschriften und Auszüge sind stempelfrei. Dieselben können schon vor der Registrirung der Urkunden ertheilt werden.

Sind zum Zweck einer Eintragung oder Löschung Urkunden in Urschrift vorzulegen, so kann auch dies vor der Registrirung geschehen.

Die Bewilligung von Eintragungen und Löschungen und die Beglaubigung von Unterschriften erfolgen frei von Staatsgebühren.

1. Die Erhebung von Gerichtsgebühren für die Geschäfte in Grundbuchsachen schließt nach dem Grundsatz des § 2 des Gerichtskostengesetzes aus, daß daneben Stempel- und andere Abgaben in Ansatz kommen. Daher sind z. B. die auf die erwähnten Geschäfte bezüglichen Anträge, die Bescheinigungen über erfolgte Eintragungen, das Grundbuch selbst und die daraus ertheilten Abschriften stempelfrei. Das Gleiche gilt für Abschriften, welche von den Anlagen ertheilt werden, da diese letzteren nach der Einrichtung des Grundbuchs als Ergänzungen desselben erscheinen.

Die im § 13 weiter vorgesehenen Befreiungen bezwecken, den Verkehr in Grundbuchsachen möglichst zu erleichtern. Insbesondere ist die Bestimmung, daß auch die Originalurkunden vor ihrer Registrirung zu Grundbuchzwecken vorgelegt werden können, darauf berechnet, daß es sich zur Vereinfachung des Schreibwerks empfehlen wird, Bescheinigungen über erfolgte Eintragungen auf den Urkunden selbst ertheilen zu lassen. Die für die Bewilligung von Eintragungen und Löschungen geltende Gebührenfreiheit ist auf sonstige Beurkundungen, die bei der Bewilligung erfolgen und an sich gebührenpflichtig sind, selbstverständlich nicht zu erstrecken (M.).

In der Kommission des Landesausschusses bestand, wie in dem Berichte hervorgehoben wird, Einverständniß darüber, daß Urkunden z. B. Quittungen unter Privatunterschrift nicht deshalb, weil davon beim Amtsgerichte in Grundbuchsachen Gebrauch gemacht wird, der Registrirung unterliegen (§ 2 Abs. 2 G. K. G.).

§ 14.

Durch den Wegfall der Ueberschreibung wird an der Höhe der Gebühren, welche bei der Registrirung der bisher der Ueberschreibung unterworfenen Urkunden zu erheben sind, nichts geändert.

1. Vgl. § 1 Abs. 3 des Ges., betr. die Hypothekengebühren. An der Erhebung des dort erwähnten Zuschlags zu den Enregistrements-Gebühren soll dadurch, daß an die Stelle der Ueberschreibung die Eintragung in das Grundbuch tritt, nichts geändert werden.

§ 15.

Für Erbbescheinigungen, welche ausschließlich zum Zweck der Eintragung gemäß § 18 des Gesetzes, betreffend die Einrichtung von Grundbüchern, ausgestellt werden, kommen Gerichtsgebühren nicht in Ansatz.

III. Notariatsgebühren.

§ 16.

Für Urkunden über Löschung oder Minderung von Hypotheken erhält der Notar:

a) bei Werthen bis zu 500 Mark . . . . 1 Mark,
b) bei Werthen von mehr als 500 bis zu 2000 Mark . . . . 2 „
c) wenn der Werth 2000 Mark übersteigt. 3 „

Bei Aufnahme solcher Urkunden außerhalb seiner Wohnung erhält der Notar die Gang- oder Reisegebühr nur zur Hälfte.

1. Vgl. die Bemerkungen zu § 24 des Gesetzes, betr. die Einrichtung von Grundbüchern, und, was den Schlußabsatz anlangt, die Erläuterung zu der analogen Bestimmung des § 30 Z. 5 des Ges., betr. Grundeigenthum und Hypothekenwesen, S. 68 lit. e.

§ 17.

Für die Besorgung von Eintragungen oder Löschungen erhält der Notar:

a) bei Werthen bis zu 500 Mark . . 50 Pfennig,
b) bei Werthen von mehr als 500 bis zu 2000 Mark . . . . 1 Mark,
c) wenn der Werth 2000 Mark übersteigt . . . . 2 „

Die Gebühr wird nur einmal erhoben, wenn gleichzeitig bezüglich derselben Grundstücke mehrere Eintragungen beantragt werden.

Schreibgebühren, insbesondere für die zur Eintragung erforderlichen Auszüge, sowie Gang- oder Reisegebühren und baare Portoauslagen kommen neben dieser Gebühr nicht in Ansatz.

1. Die für die Thätigkeit der Notare im § 17 bestimmten Gebührensätze schließen sich an die des § 30 Z. 2 des Ges., betreffend Grundeigenthum und Hypothekenwesen rc. an.

Bezüglich der Beglaubigungsgebühr der Notare findet der § 31 des Ges., betr. Grundeigenthum und Hypothekenwesen, Anwendung, welcher diese Gebühr allgemein, nicht bloß für die Fälle des genannten Gesetzes, auf 1 Mark herabgesetzt hat.

2. Die Bestimmung des Abs. 2 wurde von der Spezialkommission hinzugefügt. Hiernach ist namentlich, wenn gleich-

zeitig Eintragung des Eigenthums und hypothekarische Eintragung beantragt wird, die Gebühr für Besorgung nur einmal geschuldet.

§ 18.

Für die Einsicht des Grundbuchs und der Anlagen kann der Notar eine Gebühr von 1 Mark beanspruchen. Gang- oder Reisegebühren kommen nicht in Ansatz.

1. Der Notar kann die im § 18 vorgesehene Gebühr nur beanspruchen, wenn er persönlich Einsicht genommen hat. Für die Einsichtnahme durch seine Gehülfen steht ihm die Gebühr nicht zu.

IV. Uebergangs- und Schlußbestimmungen.

§ 19.

Die im § 34 Absatz 1 des Gesetzes, betreffend die Einrichtung von Grundbüchern, vorgesehenen Uebertragungen in das Grundbuch erfolgen gebührenfrei.

1. Auf Hypotheken und Vorzugsrechte, welche der Erneuerung unterliegen, bezieht sich die Gebührenfreiheit nicht.

§ 20.

Die Bestimmungen des § 7 Absatz 2 und 3 finden auf den Ansatz der Grundbuchgebühren und der Hypothekengebühren entsprechende Anwendung, wenn bei Amtsgerichten und bei Hypothekenämtern für dieselbe Forderung Eintragungen oder die im § 7 Absatz 3 bezeichneten Förmlichkeiten erfolgen.

1. Gemäß § 20 ist, wenn für eine Forderung, für welche bei einem Hypothekenamte bereits Einschreibung genommen ist, auch Eintragung bei einem Amtsgerichte begehrt wird, oder aber wenn für eine Forderung, für welche bereits eine Eintragung im Grundbuch genommen ist, Einschreibung bei einem

Hypothekenamte begehrt wird, im Höchstbetrag eine Gebühr von einer Mark zu erheben. Das Gesetz modificirt hier die Hypotheken-Gebühren.

§ 21.

Dieses Gesetz tritt nach Maßgabe der §§ 43, 44 des Gesetzes, betreffend die Einrichtung von Grundbüchern, in Kraft.

Ministerial-Verordnung,

betreffend die Anlegung von Grundbüchern, vom 20. September 1891.

Auf Grund der §§ 2 und 45 des Gesetzes vom 22. Juni 1891, betreffend die Einrichtung von Grundbüchern, wird hierdurch bestimmt, was folgt:

§ 1. Die Anlegung von Grundbüchern erfolgt für die einzelnen Gemeinden nach Anordnung des Ministeriums.

§ 2. Die Amtsgerichte erhalten in Ansehung der Gemeinden, in welchen mit der Anlegung des Grundbuchs vorzugehen ist, die bis dahin von der Direktion der direkten Steuern aufbewahrten Katasterurkunden, nämlich:

a) die Katastermutterrolle,

b) das Parzellenregister,

c) die Katasterpläne,

sowie die in diesen Urkunden noch zu wahrenden Eigenthumsveränderungslisten.

Form. 1.

§ 3. Alsbald nach dem Eingange der Katasterurkunden hat das Amtsgericht durch Einrückung in das zur Veröffentlichung der amtlichen Bekanntmachungen bestimmte Blatt, sowie in ortsüblicher Weise in der Gemeinde bekannt zu machen, daß mit der Anlegung des Grundbuchs begonnen wird.

Die Bekanntmachung hat darauf hinzuweisen, daß die Eigenthümer verpflichtet sind, die auf den Erwerb ihres Grundeigenthums bezüglichen Urkunden und Beweisstücke vorzulegen.

§ 4. Abschrift der vorstehenden Bekanntmachung ist dem für die betreffende Gemeinde zuständigen Enregistrements-Einnehmer mitzutheilen.

Der Enregistrements-Einnehmer wird dem Amtsgericht von allen zu einer Fortschreibung im Kataster Anlaß gebenden Eigenthumsänderungen in der bezeichneten Gemeinde Mittheilung machen, welche seit dem letzten Abschluß der Eigenthumsveränderungslisten bis zur erfolgten Anlegung des Grundbuchs amtlich zu seiner Kenntniß gelangt sind bezw. gelangen.

In gleicher Weise hat das Amtsgericht dem zuständigen Katasterfortführungsbeamten Abschrift der Bekanntmachung zuzustellen; dieser wird hierauf die schon an ihn abgegebenen, in dem Kataster noch nicht gewahrten Eigenthumsveränderungslisten den Amtsgerichten mittheilen.

Die Eigenthumsveränderungslisten sind nach gemachtem Gebrauch von dem Amtsgerichte dem Katasterfortführungsbeamten zurückzugeben.

§ 5. Die in der Katastermutterrolle als Besitzer bezeichneten Personen oder deren Erben sowie die durch die Eigenthumsveränderungslisten zur Kenntniß des Amtsgerichts gebrachten Erwerber sind behufs Anlegung des Grundbuchs, soweit dies angeht mittels eingeschriebener Briefe, vorzuladen. *Form. 2.*

Auf jeden der anzuberaumenden Termine sind nur so viel Personen vorzuladen, als voraussichtlich vernommen werden können.

In der Vorladung ist auf die Folgen hinzuweisen, welche mit Unterlassung der Anmeldung im Anlegungsverfahren verbunden sind.

Im Anschluß an die Vorladung sind die Grundstücke zu bezeichnen, welche in der Mutterrolle unter dem Namen der vorgeladenen Personen verzeichnet sind. Bei dem Staate und staatlichen Anstalten, den Bezirken, Gemeinden, Korporationen und Stiftungen kann hiervon abgesehen werden.

§ 6. Die vorgeladenen Personen sind verpflichtet:

1. ihre unmittelbaren Rechtsvorgänger zu nennen,
2. den Rechtsgrund anzugeben, vermöge dessen das Eigenthum auf sie übergegangen ist,

3. die darauf sich beziehenden Urkunden oder Beweisstücke vorzulegen.

§ 7. Wegen der dem Reichs- oder Landesfiskus gehörenden Grundstücke bedarf es der Vorladung der zu ihrer Verwaltung berufenen Behörden nur in denjenigen Fällen, in welchen die einzufordernde schriftliche Mittheilung weitere mündlich zu gebende Erklärungen nothwendig macht.

§ 8. Die vorgeladenen Personen können sich durch jede prozeßfähige Person vertreten lassen. Die Vollmacht braucht weder auf Stempel geschrieben, noch registrirt zu sein. Die Unterschrift muß auf Verlangen des Amtsrichters durch den Bürgermeister beglaubigt werden.

Für Abwesende ohne bekannten Wohn- und Aufenthaltsort kann Anmeldung durch den Bürgermeister des letzten Wohnorts erfolgen.

§ 9. Andere als die gemäß § 5 vorgeladenen Personen, welche das Eigenthum an einem Grundstück in Anspruch nehmen, haben den Anspruch innerhalb einer Frist von 4 Wochen anzumelden, widrigenfalls sie des Vortheils der kostenfreien Eintragung verlustig gehen.

Zu diesem Behufe ist alsbald, nachdem die im Kataster verzeichneten Eigenthümer (sämmtlich) vorgeladen sind, eine öffentliche Aufforderung zu erlassen, in welcher der Anfangs- und Schlußtermin der Frist angegeben ist. Form. 3.

Die Bekanntmachung hat mittels dreimaliger Einrückung in das im § 3 bezeichnete Blatt zu erfolgen. Dem Ermessen des Amtsgerichts bleibt vorbehalten, die Einrückung noch in andere Blätter anzuordnen.

§ 10. Ueber die Vernehmung der Personen, welche behufs Anlegung des Grundbuchs vorzuladen sind oder welche einen Eigenthumsanspruch angemeldet haben, ist ein Protokoll zu errichten, in welchem die zur Begründung des Eigenthums an den einzelnen Grundstücken vorgebrachten Beläge kurz aufzuführen sind.

Die einzelnen Vernehmungen sind mit fortlaufenden Nummern zu versehen.

§ 11. Der Gerichtsschreiber hat im unmittelbaren Anschluß an die einzelnen Vernehmungen (während oder nach der Sitzung) vorläufige Grundbuchblätter anzulegen, und über die Aufnahme der einzelnen Grundstücke in diese Blätter einen Vermerk (durch Bleistiftkreuz) an der entsprechenden Nummer des Parzellen-Registers zu machen. Form. 4.

Die vorläufigen Grundbuchblätter sind nach jeder Sitzung von dem Amtsrichter zu prüfen und eventl. richtig zu stellen.

§ 12. Neben dem Hauptprotokolle ist ein besonderes Verzeichniß anzulegen, in welchem die Grundstücke aufgeführt werden, bezüglich deren die Aufnahme in die Grundbuchblätter nicht erfolgen kann, weil das Eigenthum bestritten ist oder nähere Feststellungen Seitens der Katasterbehörde geboten sind (§ 18).

§ 13. Der Amtsrichter ist berechtigt und verpflichtet, die zur Feststellung des angemeldeten Eigenthums etwa erforderlichen Erhebungen zu veranlassen.

Ist der Vorgeladene verheirathet, so ist der Feststellung der Rechtsverhältnisse der Ehegatten in Ansehung der einzelnen Grundstücke besondere Aufmerksamkeit zu widmen.

§ 14. Alsbald nachdem die in dem Kataster eingetragenen Personen vernommen sind*), ist das Grundbuch anzulegen.

§ 15. Der im Kataster eingetragene Besitzer oder seine Rechtsnachfolger werden, wenn sich keine Bedenken gegen deren Eigenthumsbesitz ergeben, als Eigenthümer eingetragen.

Andere Personen werden nur dann als Eigenthümer eingetragen, wenn ihr Anspruch durch die in Abs. 1 bezeichneten Personen anerkannt ist. Der Anerkennung ist gleich zu achten, wenn trotz gehöriger Ladung und Aufforderung keine Erklärung erfolgt.

*) Nach § 14 hat die Anlegung des Grundbuchs zu erfolgen, sobald sämmtliche im Kataster als Eigenthümer eingetragene (und die von diesen als Eigenthümer benannten) Personen vernommen sind. In der Regel ist somit alsbald nach Anberaumung der Ausschlußfrist des § 9 mit der Anlegung zu beginnen, und nicht etwa erst der Ablauf dieser Frist abzuwarten.

§ 16. Grundstücke, welche zum öffentlichen Eigenthum gehören, sind in das Grundbuch nicht aufzunehmen.

Zum öffentlichen Eigenthum gehören namentlich die öffentlichen Wege, das Bett der Flüsse und das Glacis und die Wälle der Festungen.

Gebäude, welche einem öffentlichen Dienste gewidmet sind, sind nicht zum öffentlichen Eigenthum zu rechnen.

§ 17. Bleibt das Eigenthum eines Grundstücks streitig, so darf die Aufnahme desselben in das Grundbuch erst erfolgen, nachdem über den streitigen Anspruch rechtskräftig erkannt ist.

Wer den Eigenthumsanspruch gegenüber einem gemäß § 15 Abs. 1 zur Eintragung Berechtigten erhebt, hat innerhalb einer vom Amtsgericht zu bestimmenden Frist nachzuweisen, daß er den Rechtsweg gegen den Berechtigten beschritten hat, widrigenfalls dieser als Eigenthümer eingetragen wird.

§ 18. Grundstücke, welche in dem Kataster einer Person ungetheilt zugeschrieben sind, nach den gepflogenen Erhebungen aber mehreren Personen nach getrennten Theilen gehören, sind in das Grundbuch erst aufzunehmen, nachdem die einzelnen Theile besonders bezeichnet und soweit erforderlich aufgemessen sind.

Das Amtsgericht hat zu diesem Behufe dem zuständigen Katasterbeamten nach Abschluß der Vernehmungen eine Mittheilung zugehen zu lassen, welche

a) die Angaben des Katasters,
b) den wirklichen Stand (Flächeninhalt der einzelnen Theile und Eigenthümer derselben)

anzugeben hat.

Der Katasterbeamte hat vor Beginn der Offenlegungsfrist (§ 24) die erforderlichen Feststellungen zu bethätigen und zur Kenntniß des Amtsgerichts zu bringen.

§ 19. Die Eintragung erfolgt in die dem Amtsgericht von dem Ministerium mitgetheilten Formulare.

Form. 5.

§ 20. Jede Person, welcher im Grundbuchbezirke Grundstücke im Eigenthum zustehen, erhält einen besonderen Artikel.

In den Artikel eines Eigenthümers sind dessen sämmtliche im Grundbuchbezirke gelegenen Grundstücke aufzunehmen.

Für Grundstücke, welche im Miteigenthum stehen, sind besondere Artikel anzulegen.

Die von dem Ehemann herrührenden zur Gütergemeinschaft gehörenden Grundstücke sind in den Artikel des Ehemannes aufzunehmen. Dasselbe gilt von Grundstücken, welche von beiden Eheleuten zusammen unter lästigem Titel erworben sind, es sei denn, daß nachgewiesener Maßen keine Gütergemeinschaft besteht.*)

§ 21. Die Reihenfolge der Artikel ist in der Regel in der Weise zu bestimmen, daß

a) zuerst die Grundstücke des Staats, der Gemeinde, der Korporationen und Stiftungen, sodann
b) die Grundstücke der Privatpersonen in alphabetischer Ordnung der letzteren und schließlich
c) die im Miteigenthum stehenden Grundstücke

aufgenommen werden.

Unter jedem Artikel ist für die künftig zugehenden Grundstücke in der Regel ein solcher freier Raum zu lassen, welcher der Hälfte des für die bereits eingetragenen Grundstücke erforderlich gewesenen Raumes entspricht. Dieser freie Raum kann nach umsichtigem Ermessen vergrößert oder verringert werden.

§ 22. Die Beschreibung der Grundstücke hat sich an die Beschreibung im Kataster anzuschließen.

Der Reinertrag ist jedoch erst einzuführen, nachdem die Neueinschätzung in der Gemeinde durchgeführt ist.

Zwischen den einzelnen Grundstücken ist in der Regel ein Raum von vier freien Zeilen zu lassen.

§ 23. Als maßgebendes Datum für die Eintragung ist, wenn das Eigenthum vor Ablauf der im § 9 bezeichneten Frist erworben worden ist, der Tag nach Ablauf der Frist anzunehmen.

---

*) Vgl. hierzu § 19 des Gesetzes. In den Artikel des Ehemannes sind alle zur Gütergemeinschaft gehörenden Grundstücke aufzunehmen, welche nicht gemäß § 19 dem Artikel der Ehefrau zuzuschreiben sind.

§ 24. Das Amtsgericht hat alsbald, nachdem die Eintragungen in das Grundbuch beendigt sind, die Offenlegung des Grundbuchs auf dem Bürgermeisteramte der Gemeinde während einer Frist von 14 Tagen anzuordnen und gleichzeitig einen nach Ablauf der Frist anzuberaumenden Termin zu bestimmen, in welchem dasselbe etwaige Einwendungen entgegen nehmen wird. Die gerichtliche Verfügung ist nach Maßgabe des § 3 Abs. 1 bekannt zu machen und dem Enregistrements-Einnehmer mitzutheilen.

Form. 6.

§ 25. Dem Ministerium ist von der Beendigung des Verfahrens alsbald Kenntniß zu geben, damit der Termin, von welchem ab das Grundbuch als angelegt gilt (§ 42 des Gesetzes vom 22. Juni 1891), bestimmt werden kann.

Mit dieser Mittheilung ist eine Uebersicht vorzulegen, welche insbesondere folgende Angaben zu enthalten hat:

a) die Anzahl der Sitzungen, welche zur Anlegung des Grundbuchs erforderlich waren, und die regelmäßige Dauer derselben,

b) die Anzahl der Artikel und Grundstücke, welche in das Grundbuch aufgenommen sind,

c) die Anzahl der Grundstücke, welche nicht aufgenommen werden konnten, und die Gründe hiervon.

§ 26. Bezieht sich die gemäß § 1 dieser Verfügung erlassene Anordnung des Ministeriums auf mehrere Gemeinden, so bleibt, insoweit nicht anders verfügt wird, die Bestimmung der Reihenfolge, in welcher vorzugehen ist, dem Amtsgericht überlassen.

In der Regel sind die Vernehmungen für eine Gemeinde bezw. den zur Grundbuchanlegung bestimmten Theil derselben vollständig zu erledigen, ehe zu einer anderen Gemeinde übergegangen wird. Es ist jedoch darauf Bedacht zu nehmen, die in dem § 3 vorgesehenen Bekanntmachungen sowie die Vorladungen so zeitig ergehen zu lassen, daß keine Pause in den Anlegungs-Arbeiten entsteht.

§ 27. Die Eintragung des Eigenthums erfolgt vorbehaltlich der Bestimmung des § 9 Abs. 1 kostenfrei.

Die Kostenfreiheit begreift auch Eintragungen, welche erst nach Abschluß des Anlegungs-Verfahrens bethätigt worden sind, sofern die Anmeldung rechtzeitig erfolgt war.

§ 28. Gleichzeitig mit der Anlegung des Grundbuchs sind folgende Register anzulegen:

a) ein Realrepertorium, welches durch das Parzellenregister gebildet wird. Nach Anlegung des Artikels ist die Nummer desselben in die bezügliche Spalte des Parzellenregisters einzutragen;

b) das Namensregister der Eigenthümer, welches nach dem Alphabet und für jedes Grundbuch getrennt zu führen ist, und zwar mit nachstehenden Rubriken: Form. 7.

1. des Eigenthümers Zu- und Vorname, Stand und Wohnort,

2. Band und Artikel des Grundbuchs.

Straßburg, den 20. September 1891.

Ministerium für Elsaß-Lothringen.

Abtheilung für Justiz u. Kultus.

von Puttkamer.

Abtheilung für Finanzen, Landwirthschaft u. Domänen.

Der Unterstaatssekretär
von Schraut.

Bekanntmachung.

In der Gemeinde
wird demnächst nach Maßgabe des Gesetzes vom 22. Juni 1891 mit der Anlegung des Grundbuches begonnen werden.

Dementsprechend werden die sämmtlichen in der Grundsteuermutterrolle eingetragenen Eigenthümer oder deren Rechtsnachfolger gerichtsseitig vorgeladen werden, um

1. über ihre unmittelbaren Rechtsvorgänger,
2. über den Rechtsgrund, vermöge dessen das Eigenthum auf sie übergegangen ist, vernommen zu werden.

Dies wird mit dem Bemerken zur allgemeinen Kenntniß gebracht, daß die Grundeigenthümer verpflichtet sind, in dem Vernehmungstermine die auf den Erwerb der Grundstücke sich beziehenden Urkunden oder anderen Beweisstücke dem Gerichte vorzulegen. Dieselben werden daher ersucht, diese Urkunden und Beweisstücke zur Vorlegung bereit zu stellen.

den ten 189

Kaiserliches Amtsgericht.

Ladung.

Zur Anlegung des Grundbuches über die in der Gemeinde auf Ihren Namen im Kataster eingetragenen Grundstücke werden Sie zu dem

auf den mittags Uhr

im

anberaumten Termine hierdurch geladen.

In diesem Termine haben Sie die sämmtlichen auf den Erwerb Ihrer Grundstücke sich beziehenden Urkunden oder anderen Beweismittel vorzulegen, worauf Ihre Vernehmung über

1. Ihren unmittelbaren Rechtsvorgänger,
2. den Rechtsgrund (Titel), vermöge dessen das Eigenthum auf Sie übergegangen ist, erfolgen wird.

Zu Ihrer Eintragung als Eigenthümer im Grundbuche genügt es, wenn Sie

entweder durch Kaufbriefe, Theilungsauszüge, Ehevertrag u. s. w. nachweisen, daß Sie nach geltendem Rechte das Eigenthum erworben haben,

oder Ihren Eigenthumsbesitz durch ein Zeugniß des Bürgermeisters bescheinigen.

Den umstehenden Auszug aus dem Kataster wollen Sie bezüglich seiner Richtigkeit und Vollständigkeit einer genauen Prüfung unterziehen.

Wenn Sie am persönlichen Erscheinen im Termine verhindert sind, können Sie jede prozeßfähige Person mit Ihrer Vertretung beauftragen. Die hierzu erforderliche Vollmacht unterliegt weder der Stempel- noch der Registrirungspflicht.

Schließlich werden Sie noch ausdrücklich darauf hingewiesen, daß, wenn Sie dieser Ladung nicht Folge leisten, Ihre Eintragung als Eigenthümer im Grundbuche unterbeiben wird, und Sie, wenn Sie später Ihre Eintragung nachsuchen, hierfür die gesetzlichen Gebühren zu entrichten haben, während dieselbe jetzt kostenlos bewirkt wird.

den ten 189 .

Kaiserliches Amtsgericht.

An

errn

in

B. 2.

Flur (Sektion)		Nummer der Parzelle		Gewann.	Flächeninhalt		
alte.	neue.	alte.	neue.		ha	a	qm

Aufforderung.

Alle diejenigen Personen, welche das Eigenthum an einem in der Gemeinde gelegenen Grundstücke beanspruchen aber nicht im Kataster als Eigenthümer eingetragen sind und in Folge dessen eine gerichtliche Ladung behufs Eintragung ihres Eigenthums im Grundbuch nicht erhalten haben, werden hierdurch aufgefordert, ihre Ansprüche binnen einer Frist von 4 Wochen, welche mit dem ten 189 beginnt und am ten 189 abläuft, bei dem unterzeichneten Gerichte anzumelden.

den ten 189 .

Kaiserliches Amtsgericht.

G. B. 3.

Vorläufiges Grundbuchblatt Nr. 60.

Erb, Georg, Sohn von Stephan, Landwirth zu Griesheim.

Nr.	Flur (Sektion) alte.	Flur (Sektion) neue.	Nummer der Parzelle alte.	Nummer der Parzelle neue.	Gewann.	Flächeninhalt ha	Flächeninhalt a	Flächeninhalt qm	Erwerbsart.
1	C	D	360	401	Oberberg	—	14	81	Kauf
2	B	B	14	18	Klausthal	1	2	—	Tausch
3									

G. B. 4.

Grundbuch

von

....

G. B. 5.

Artikel 205 **Erb, Georg, Sohn von Stephan,**

Ordnungsnummer.	Beschreibung der Grundstücke. Flur (Sektion) alte,	neue.	Nummer der Parzelle alte.	neue.	Gewann.	Größe. ha	a	qm	Kulturart.	Klasse.	Reinertrag. ℳ	₰	Erwerbung der Grundstücke. Erwerbsart.	von Artikel.	Eintragung. (Tag, Monat, Jahr.)	Anlagen-Nr.	Eigenthumsbeschränkunge[n] und Dienstbarkeiten. Art.	Eintragung. (Tag, Monat, Jahr.)	Anlagen-Nr.	Löschung. (Tag, Monat, Jahr.)
1.	2.	3.	4.	5.	6.	7.			8.	9.	10.		11.	12.	13.	14.	15.	16.	17	18.
1	C	D	360	401	Oberberg	—	14	81	Acker	.....	.....	.....	Kauf	.....	5. Juli 1891	.....				
2	B	B	14	18	Klausthal	1	2	—	Wiese	.....	.....	.....	Tausch	.....	5. Juli 1891	.....				
3	.....	.....	.....	.....	.....			.....	.....				.....	.....	.....	.....				

Landwirth zu Griesheim.

Vorzugsrechte und Hypotheken.										Bemerkungen.
Bezeichnung des Gläubigers.	Art der Verpfändung.	Forderungs-Betrag. ℳ	₰	Eintragung. (Tag, Monat, Jahr.)	Anlagen-Nr.	Löschung. (Tag, Monat, Jahr.)	Anlagen-Nr.	Randvermerke.		
20.	21.	22.		23.	24.	25.	26.	27.		28.

Bekanntmachung.

Es wird hierdurch bekannt gemacht, daß, nachdem die zum Zwecke der Anlegung des Grundbuchs der Gemeinde erforderlichen Eintragungen beendet sind, das Grundbuch auf dem Bürgermeisteramte der Gemeinde zur Einsichtnahme der Eigenthümer in der Zeit vom ten 189 bis zum ten 189 offen gelegt ist.

Zur Entgegennahme etwaiger Erinnerungen ist Termin des unterzeichneten Gerichts anberaumt

auf den ten 189

Vor(Nach-)mittags Uhr in der Gemeinde.

den ten 189

Kaiserliches Amtsgericht.

G. B. 6.

Amtsgericht ....

Alphabetisches Register

zum

Grundbuch

der Gemeinde ....

G. B. 7.

Des Eigenthümers			Artikel des Grundbuchs.	
Name.	Vorname.	Wohnort.		

Ministerial-Verordnung,

betreffend den Geschäftsgang und das Verfahren in Grundbuchsachen, vom 1. Oktober 1891.

Auf Grund der §§ 31, letzter Absatz, und 45 des Gesetzes, betreffend die Einrichtung von Grundbüchern wird hiermit bestimmt was folgt:

I. Geschäftliche Behandlung der Grundbuchsachen.

§ 1. Die Dienststunden der Gerichtsschreibereien sind Vormittags von 8—1, Nachmittags von 3—6 Uhr.

Außerhalb dieser Dienststunden und an Sonntagen und gesetzlichen Feiertagen sind Anträge in Grundbuchsachen nicht entgegenzunehmen. Als gesetzliche Feiertage im Sinne dieser Vorschrift gelten auch der Karfreitag, der Ostermontag und Pfingstmontag.

Hinsichtlich der Dienstobliegenheiten der Gerichtsschreiber im Allgemeinen findet § 2 der Geschäftsordnung vom 20. Dez. 1879 (Justiz-Samml. S. 484) entsprechende Anwendung.

§ 2. Für die Grundbuchsachen wird außer dem durch die Verordnung, betreffend die Anlegung von Grundbüchern, vorgeschriebenen Realrepertorium und Namensregister ein Tagebuch nach dem beiliegenden Formular geführt.

Bei Führung des Tagebuchs sind die demselben vorgedruckten Erläuterungen zu beachten. Form. 8.

§ 3. Alle Benachrichtigungen und Mittheilungen, welche Seitens des Gerichtes zu erfolgen haben, sind, insoweit nicht Zustellung vorgeschrieben ist, mittels eingeschriebener Briefe zu bewirken.

II. Anträge.

§ 4. Wer als Bevollmächtigter einen Antrag stellt, hat sich durch notariell aufgenommene oder notariell oder gerichtlich beglaubigte Vollmacht auszuweisen.

Notare und Rechtsanwälte sind als Bevollmächtigte zuzulassen, auch ohne daß sie den durch Abs. 1 erforderten Nachweis erbringen.

§ 5. Behufs Stellung des Antrages genügt in der Regel eine kurze, dahin gerichtete Erklärung, (Es wird Eintragung [oder Löschung] beantragt), welche auf den zur Begründung des Antrages vorzulegenden Nachweis zu setzen und von dem Antragsteller zu unterzeichnen ist.

Bezieht der Antrag sich auf mehrere Gemeinden, so sind die erforderlichen Nachweise für jede Gemeinde besonders vorzulegen.

Zu den Auszügen, Abschriften und Bescheinigungen, welche dem Gericht vorgelegt werden, ist Papier gewöhnlichen Aktenformats zu verwenden.

Mit den Auszügen ist die Urschrift oder eine Ausfertigung des Titels einzureichen.

§ 6. Die von öffentlichen Behörden innerhalb des Deutschen Reichs ausgestellten Urkunden und Auszüge sind gehörig beglaubigt, sofern sie ordnungsmäßig unterschrieben und untersiegelt sind.

§ 7. Der Gerichtsschreiber hat auf jeden Antrag, welcher eingeht, sofort den Zeitpunkt des Eingangs (Tag, Monat, Jahr), sowie die Zahl der Anlagen und die Postgebühren unter Beifügung seines Handzugs zu verzeichnen und hierauf die Sache in das Tagebuch einzutragen.

Dem Antragsteller ist auf Verlangen eine Bescheinigung zu ertheilen, in welche der Zeitpunkt des Eingangs aufzunehmen ist.

§ 8. Der Antrag und bezw. die vorgelegten Nachweise sind gemeindeweise zu ordnen und desgleichen gemeindeweise je für das Kalenderjahr mit fortlaufender Nummer zu versehen. Mehrere auf eine Eintragung oder Löschung bezüglichen Schriftstücke erhalten nur eine Nummer. Allgemeine Verfügungen sind besonders aufzubewahren.

III. Gerichtliche Entscheidung.

§ 9. Die von dem Amtsrichter zu erlassende Verfügung ist auf dem Antrage niederzuschreiben.

Die Verfügung ist, wenn der gestellte Antrag abgewiesen wird, mit Gründen zu versehen und dem Antragsteller zuzustellen.

Ueber die Abweisung ist gemäß § 31 des Gesetzes, betreffend die Einrichtung von Grundbüchern, ein Vermerk zu machen, der in die Spalte 28 des Grundbuches eingetragen wird.

IV. Eintragungen.

§ 10. Die Führung des Grundbuches liegt unter Aufsicht des Amtsrichters dem Gerichtsschreiber ob.

§ 11. Der Führung des Grundbuches ist das von dem Ministerium vorgeschriebene Formular zu Grunde zu legen.

Zur Erläuterung wird Folgendes hervorgehoben:

a) Die in § 3 Ziffer 2, 3, 4 und 6 des Gesetzes, betreffend die Einrichtung von Grundbüchern, erwähnten Rechte, Rechtsgeschäfte und Verfügungsbeschränkungen werden in Spalte 15 eingetragen.

Außerdem sind in diese Spalte die in den §§ 13 und 38 des Gesetzes vorgesehenen Vermerke des bedingten Eigenthums-Uebergangs und der Widerrufsklage einzutragen.

Zur Eintragung genügt eine kurze Angabe des zu wahrenden Rechts, des Rechtsgeschäfts, der Verfügungsbeschränkung und im Falle des § 38 der Widerrufsklage. Anlage.

b) Der durch § 7 des Gesetzes vorgesehene Vermerk, betr. die in Ansehung von Vorzugsrechten vereinbarten Fristen, sowie die nach § 36 Theilhypotheken beizufügende Bezeichnung sind in die Spalte 27 aufzunehmen.

Der Vermerk des ehelichen Güterrechts (§ 19 des Gesetzes) und des Erbabsonderungsrechts (§ 40 des Gesetzes) erfolgt in Spalte 28.

c) Wenn ein einzutragendes Recht, ein Rechtsgeschäft, eine Verfügungsbeschränkung oder ein Vermerk sich auf mehrere Grundstücke bezieht, so muß die Eintragung bei jedem Grundstück besonders erfolgen.

Der Konkurs kann jedoch in der Weise eingetragen werden, daß derselbe an der Spitze des Artikels neben dem Namen des Eigenthümers vermerkt wird.

d) Bei allen Eintragungen und Löschungen ist auf die vorgelegten Nachweise — mittels Bezeichnung der Nummer derselben (§ 8 Abs. 1) — zu verweisen. Bei Eintragung des Eigenthums muß außerdem in Spalte 12 auch der Artikel, zu welchem das Grundstück vorher gehörte, angegeben werden.

§ 12. Erfolgt die Eintragung des Eigenthums auf Grund des im Zwangsvollstreckungsverfahren ertheilten Zuschlags, so ist bei allen Rechten, für welche gemäß § 22 des Gesetzes vom 30. April 1880 statt der Grundstücke der Preis haftet, in Spalte 15 eine darauf bezügliche Vermerkung zu machen.

V. Bescheinigung der Eintragung.

§ 13. Die Bescheinigung, welche über eine erfolgte Eintragung oder Löschung auszustellen ist, muß, wenn den vorgelegten Nachweisen die Urschrift oder Ausfertigung des Titels beigefügt ist, auf diese Urkunden gesetzt werden.

Die Bescheinigung hat den Gegenstand der Eintragung in Kürze anzugeben. Bezüglich der Bezeichnung der Grundstücke kann auf den Inhalt der Urkunden, auf welche die Bescheinigung gesetzt ist, verwiesen werden.

§ 14. In allen Fällen, in welchen gegen die eingetragenen Eigenthümer oder gegen ein eingetragenes Recht eine Eintragung genommen wird, ohne daß der Eigenthümer oder Berechtigte die Bewilligung dazu gegeben hat, hat das Amtsgericht dem Eigenthümer oder Berechtigten Mittheilung über die Eintragung zu machen.

VI. Beschwerden.

§ 15. Beschwerden, welche Angelegenheiten der Verwaltung, insbesondere den Geschäftsbetrieb betreffen, sind im Aufsichtswege zu erledigen.

VII. Rechtshülfe.

§ 16. Bei Verhandlungen über die Anlegung der Grundbücher haben sich die Amtsgerichte Rechtshülfe zu leisten.

Straßburg, den 1. Oktober 1891.

Ministerium für Elsaß-Lothringen.
Abtheilung für Justiz und Kultus
von Puttkamer.

Amtsgericht ....

Tagebuch

für

Grundbuchsachen.

G. B. 8.

Jährlich fortlaufende Nummer.	Tag des Eingangs.	Bezeichnung des Antragstellers.	Der Antrag bezieht sich auf	Es ist verfügt die Zulassung des Antrags.	Es ist verfügt die Zurückweisung des Antrags.	Ausführun[g] – Grundbuch der Gemeinde.	Grundbuch Artikel.	Eintragung des Eigenthums. Jährlich fortlaufende Nummer.	Eintragung des Eigenthums. Zahl der Grundstücke.	Eigenthumsbeschränkunge[n] und Dienstbarkeiten. Dienstbarkeiten. Jährlich fortlaufende Nummer für Eintragung.	Dienstbarkeiten. Löschung.	Pacht- u. Miethverträge. Jährlich fortlaufende Nummer für Eintragung.	Pacht- u. Miethverträge. Löschung.	Sonsti[ge] Eigen[thums]beschrä[n]kunge[n]. Jährl[ich] fort[laufende] Numm[er] für Eintragung.	
1	2	3	4	5		6		7		8		9		10	
1.	1890 15./12.	Wolf, Anton Straßburg.	Eigenth. u. Vorzugsr.	|		Erstein.	22	1	6						
2.	15./12.	Wirtz, Joseph Benfeld.	Pacht.	|		Erstein.	102					1			
3.	18./12.	Hummel, Gerhard Erstein.	Hypoth.	|		Erstein.	168								
4.	21./12.	ders.	desgl.		|	Erstein.	15								
5.	21./12.	Martin, Eduard Matzenheim.	Ehel. Güterrecht.	|		Erstein.	208	2	—						
6.	21./12.	Schneider, Felix Benfeld.	Pacht.	|		Erstein.	25						1		
7.	24./12.	Guth, Xaver Benfeld.	Vorzugsr.	|		Erstein.	36								
8. und	31./12.	Schmitz, Alexder. Straßburg.	Eigenth.		|	Erstein.	45	2a	—						
9.		Franz, Aloys Benfeld.	desgl.		|	„	45	2b	—						

im Grundbuch.

Vorzugsrechte und Hypotheken.																				
Vorzugsrechte.							Gesetzliche Hypothek der Mündel und Ehefrauen.						Sonstige Hypotheken.						Randvermerke.	Bemerkungen.
Eintragung.				Löschung			Eintragung.			Löschung.			Eintragung.			Löschung.				
Jährlich fortlaufende Nummer.	Betrag. ℳ	₰	Vereinbarte Dauer der Wirksamkeit. Jahre.	Jährlich fortlaufende Nummer.	Betrag. ℳ	₰	Jährlich fortlaufende Nummer.	Betrag. ℳ	₰	Jährlich fortlaufende Nummer.	Betrag. ℳ	₰	Jährlich fortlaufende Nummer.	Betrag. ℳ	₰	Jährlich fortlaufende Nummer.	Betrag. ℳ	₰	Jährlich fortlaufende Nummer.	
11				12			13			14			15			16			17	18
1	800		5																	
													1/8	5200						
													8a							28./12. 90 Beschwerde erhoben s. Nr. 25 1891.
2	500		—																	

Erläuterungen.

(Auf die Titelseite des Tagebuchs für Grundbuchsachen zu drucken.)

---

1. In das Tagebuch für Grundbuchsachen sind aufzunehmen die Anträge und die Anordnungen von Amtswegen, welche eine Einschreibung, eine Löschung oder einen Vermerk in den Grundbüchern zum Gegenstande haben.

Wegen der Eintragung von Anträgen betreffend

Einsicht des Grundbuches und der Anlagen,

Ertheilung von Abschriften aus dem Grundbuch und den Anlagen, sowie von Grundbuchauszügen und Kopien von Karten und Plänen,

Bescheinigungen, daß Eintragungen nicht bestehen,

wird auf die das Kostenwesen betreffenden Vorschriften verwiesen.

Eingehende Schriftstücke, die sich nicht auf die in Abs. 1 und 2 bezeichneten Angelegenheiten beziehen, sind nach Maßgabe des § 3 der Geschäftsordnung für die Gerichtsschreibereien in das dort vorgeschriebene Tagebuch einzutragen.

2. Die Eintragung in das Tagebuch für Grundbuchsachen hat sofort und in der Reihenfolge des Eingangs zu geschehen.

3. Der Inhalt des Antrags ist in Spalte 4 nur ganz allgemein zu verzeichnen. Abkürzungen wie „Vorzugsr." „Eigenth." ꝛc. sind zuläßig.

4. In Spalte 5 ist die Angabe durch einen aufrechten Strich zu machen. Wird ein Antrag auf Eintragung nur theilweise abgewiesen, so ist lediglich die Spalte für Zurückweisung auszufüllen.

5. Bezieht sich ein Antrag auf Rechte verschiedener Art, so gelangt jede der betreffenden Spalten 7 bis 17 zur Ausfüllung.

Ist das nämliche Recht im Grundbuch bei mehreren Grundstücken einzutragen oder zu löschen, so kommt die fortlaufende

Nummer in Spalte 1 nur einmal, in den Spalten 7—17, (soweit dieselben in Betracht kommen), dagegen so oft, als Eintragungen oder Löschungen im Grundbuch erfolgen, in Ansatz. Letzteres geschieht durch Einstellung einer Sammelnummer, welche die niedrigste und höchste Ordnungsnummer (z. B. $^{21}/_{26}$) angiebt. (Vergl. Mustereintrag No. 3).

6. Der Vermerk eines bedingten Eigenthums-Uebergangs (§ 13 des Ges. vom 22. Juni 1891), sowie der Vermerk über Abweisung eines Antrags auf Eintragung (§ 31 Abs. 3 des Ges.) wird in den Spalten 7—17 nur durch Einstellung der jährlich fortlaufenden Nummer und zwar durch Wiederholung der unmittelbar vorgehenden Ordnungsnummer mit Zufügung des Buchstabens a b c 2c. zur Darstellung gebracht.

Wird das vorgemerkte Recht in der Folge in das Grundbuch eingetragen, so ist die Sache im Tagebuch neu einzutragen und hierauf bei der Eintragung des vorläufigen Vermerks zu verweisen.

Erfolgt auf Antrag oder von Amtswegen die Löschung des vorläufigen Vermerks im Grundbuch, so wird die Sache nicht neu eingetragen, sondern die Löschung im Tagebuch mittels Durchstreichung der Nummer des vorläufigen Vermerks in Spalte 7—17 ersichtlich gemacht.

7. Die beiden Theile der Spalte 7 gelangen auch zur Ausfüllung, wenn es sich um Neueintragung früher im öffentlichen Eigenthum befindlich gewesener Grundstücke oder um Inabgangstellung in das öffentliche Eigenthum übergegangener Parzellen handelt. Auch der Vermerk des ehelichen Güterrechts ist in Spalte 7 zu verbuchen, es findet jedoch in diesem Falle eine Angabe der Zahl der Grundstücke nicht statt (vergl. Mustereintrag Nr. 5).

Für die Angabe der Zahl der einzutragenden Grundstücke in Spalte 7 sind die bei der Uebertragung in Zugang gebrachten (nicht die gelöschten) Posten maßgebend, was besonders bei Parzellentheilungen zu beachten ist.

8. In Spalte 11 wird die Dauer der Wirksamkeit der eingetragenen Vorzugsrechte nur dann in Zahlen angegeben, wenn dieselbe abweichend von der gesetzlich als Regel vorgesehenen 10jährigen Dauer festgesetzt ist, andernfalls wird die betreffende Spalte durch einen Querstrich ausgefüllt.

9. Bei Angabe des Betrags in Spalte 11 bis 16 ist nur die Hauptforderung zu berücksichtigen. Beziehen sich mehrere Hypotheken-Eintragungen oder Löschungen, welche getrennt erfolgen, auf die nämliche Forderung, so wird letztere nur einmal (bei der ersten Eintragung oder Löschung) eingestellt.

10. Theilweise Löschungen von Vorzugsrechten und Hypotheken, welche nach den gegebenen Vorschriften in Spalte 27 des Grundbuchs als Randvermerke aufzunehmen sind, werden im Tagebuch, abweichend hiervon, nicht in Spalte 17, sondern in den Spalten 12 bezw. 14 und 16 eingetragen.

11. In Spalte 13 und 14 sind auch die auf Hypotheken der Geisteskranken an Liegenschaften des vorläufigen Verwalters sich beziehenden Eintragungen zu machen.

12. In Spalte 18 sind insbesondere einzutragen:

die Aufforderung an den Eigenthümer, die Eintragung zu beantragen oder Widerspruch zu erheben (§ 30 des Ges.), sowie

die Erhebung eines Widerspruchs und dessen Erledigung;

die Erhebung einer Beschwerde gegen Abweisung eines Antrags auf Eintragung (§ 31 des Ges.), und

die Zurücknahme oder Abweisung einer derartigen Beschwerde oder die Verweisung auf die spätere Nummer des Tagebuchs für Grundbuchsachen, unter welcher, nachdem der Beschwerde Folge gegeben war, die Sache neu eingetragen worden ist.

13. Der gleichzeitige Eingang mehrerer Anträge auf Eintragung des Eigenthums-Uebergangs (§ 29 des Ges. vom 22. Juni 91) ist dadurch kenntlich zu machen, daß die betreffenden Nummern des Tagebuchs zu einer Sammelnummer verbunden werden und die Eingangszeit in Spalte 2 nur einmal angegeben wird (vgl. Mustereintrag 8/9).

14. Die Zahlen der Grundstücke (Spalte 7) und der Geldbeträge (Spalten 11—16) werden seitenweise zusammengerechnet, jedoch nicht auf die folgende Seite übertragen. Am Jahresende erfolgt die Zusammenstellung der Ergebnisse der einzelnen Seiten mit Jahres-Abschluß.

Grundbuch

von

Griesheim.

Anlage.

Artikel 316.

Erb, Friedrich

Ordnungsnummer.	Beschreibung der Grundstücke. Flur (Sektion). alte.	Flur (Sektion). neue.	Nummer der Parzelle. alte.	Nummer der Parzelle. neue.	Gewann.	Größe. ha	a	qm	Kulturart.	Klasse.	Reinertrag. M.	Pf.	Erwerbung der Grundstücke. Erwerbsart.	von Artikel.	Eintragung. (Tag, Monat, Jahr.)	Anlagen-Nr.	Eigenthumsbeschränkungen und Dienstbarkeiten. Art.	Eintragung. (Tag, Monat, Jahr.)	Anlagen-Nr.	Löschung. (Tag, Monat, Jahr.)
1	2	3	4	5	6	7			8	9	10		11	12	13	14	15	16	17	18
1	C	D	360	401	Oberberg.	—	14	81	Acker.				Kauf.	206	11. Juli 1892.	2	Rückkaufsrecht z. G. Johann Schill. Wegegerechtigkeit.	11. Juli 1892. 14. Juli 1892.	2 14	
2	B	B	14	18	Klausthal.	1	2	—	Wiese.				Tausch.	206	2. Sept. 1892.	32	Nießbrauch z. G. Stephan Erb. Zwangsvollstreckungsbeschluß.	14. Aug. 1893. 15. Okt. 1893.	68 80	16. Juni 1895
~~3~~	F	H	102	393	Sägmatten.	—	3	15	Acker.				Schenkung.	80	10. Sept. 1892.	37	Auflösungsrecht. Verpachtet auf 18 Jahre.	10. Sept. 1892. 5. Sept. 1893.	37 85	

Konkurs eröffnet: 6. Juni 1892 (Anl. 100.)
Konkurs aufgehoben: 1. Dezember 1893 (Anl. 205.)

andwirth zu Griesheim.

Vorzugsrechte und Hypotheken.										
zeichnung des Gläubigers. (Familienname, Vorname, Wohnort.)	Art der Verpfändung.	Forderungs-Betrag. M.	Forderungs-Betrag. Pf.	Eintragung. (Tag, Monat, Jahr.)	Anlagen-Nr.	Löschung. (Tag, Monat, Jahr.)	Anlagen-Nr.	Randvermerke.	Bemerkungen.
20	21	22		23	24	25	26	27	28
Schritt Hermann in Straßburg.	Hyp.	500 140	—	30. Juli 1892.	20			Zu a: Cession (Anl. 20/1893.)	
Kraus Michel in Griesheim.	Hyp.	~~240~~	—	25. Aug. 1892.	25			Zu b: Löschung von 100 M. (Anl. 10/1893.) Zu a: Domizilwechsel (Anl. 100/1895.)	
Simon Johann in Brumath.	Hyp.	1000	—	10. Sept. 1892.	205				
Jacob Kath. Ehefrau von Georg Erb in Griesheim.	Gesetzl. Hyp.	500	—	20. Dez. 1892.	307				
Simon Albert in Straßburg.	Subrg.	400	—	21. März 1893.	114				
									Uebertragen auf Art. 100 Nr. 10.

Verordnung,

betr. die Erhaltung der Uebereinstimmung zwischen Grundbuch und Kataster, vom 27. September 1891.

Auf Grund des § 42 des Ges. v. 22. Juni 1891, betr. die Einrichtung von Grundbüchern werden nachstehende Bestimmungen erlassen:

§ 1. Als technische Beamte werden den Amtsgerichten die Vermessungs-Personalvorsteher, oder vorübergehend Steuerkontrolöre beigeordnet. Die Personalvorsteher können durch einen der ihnen unterstellten Feldmesser vertreten werden.

Die betreffenden Beamten bezw. Vertreter werden durch den Direktor der direkten Steuern, dem dieselben auch unterstellt bleiben, bezeichnet und ernannt.

§ 2. Den technischen Beamten obliegen nach näherer Bestimmung des Direktors der direkten Steuern die

in der Dienstanweisung für die Katasterfortführungsbeamten ꝛc. ꝛc. vom 3. Juli 1886 (Beilage zum Zentral- und Bezirks-Amtsblatt 1886 Nr. 36),

in der Anweisung für die Katasterfortführungsvermessungen vom 3. Juli 1886 (Beilage zum Zentral- und Bezirks-Amtsblatt 1886 Nr. 36)

und

in dem Gebührentarif für die Ertheilung der Katasterauszüge ꝛc. ꝛc. von demselben Tage (Beilage zum Zentral- und Bezirks-Amtsblatt 1886 Nr. 31)

vorgesehenen Dienstverrichtungen des Katasterfortführungsbeamten;

sowie

die Anfertigung der seitens der Betheiligten beantragten Kopien der Karten und Pläne beim Amtsgerichte.

§ 3. Die im § 44 der Anweisung für die Katasterfortführungsvermessungen vorgesehene Abgabe der Meßurkunden auf den Bürgermeisterämtern kommt in Wegfall, dagegen hat die Abgabe der Meßurkunden zugleich mit dem Antrage auf Eintragung der Eigenthumsübergänge in das Grundbuch beim Amtsgerichte zu erfolgen.

§. 4. Die Fortführung der erneuerten Kataster erfolgt gemäß § 41 des Ges. v. 22. Juni 1891, betreffend die Einrichtung von Grundbüchern, lediglich auf Grund der Einträge in den letzteren. Zu diesem Zwecke hat das Amtsgericht zugleich mit der Eintragung in das Grundbuch alle Veränderungen, soweit sie das Kataster berühren (Eigenthumsübergänge, sowie im Grundbuche seinerseits etwa entdeckten materiellen Irrthümer — Schreibfehler, Versehen hinsichtlich der Angabe der Eigenthumsverhältnisse und dergleichen mehr —), in eine gemeindeweise zu führende Eigenthumsveränderungsliste nach dem anliegenden Muster 9 aufzunehmen und diese Listen bis zum 5. jeden Monats für den vorhergehenden Monat dem technischen Beamten zuzufertigen. Form. 9.

Ist für eine Gemeinde eine Eigenthumsveränderungsliste nicht aufzustellen gewesen, so hat das Amtsgericht dem technischen Beamten zu den ebenbezeichneten Zeitabschnitten Fehl-Mittheilung nach dem anliegenden Muster 10 zu machen. Form 10.

§ 5. Das Amtsgericht gibt ferner von jeder Eintragung in das Grundbuch, welcher die Errichtung einer Meßurkunde vorhergegangen ist, dem technischen Beamten sogleich Kenntniß und hat sodann dieser binnen längstens 4 Wochen die erforderliche Ergänzung und Berichtigung der Karten und Pläne beim Amtsgerichte vorzunehmen.

§ 6. Der technische Beamte hat in die von ihm nach der Dienstanweisung vom 3. Juli 1886 aufzustellende Bestandsveränderungsliste zugleich auch alle im Kataster etwa entdeckten materiellen Irrthümer (Schreibfehler, Versehen hinsichtlich der Angabe der Eigenthumsverhältnisse und dergleichen mehr), sowie dauernde Kulturveränderungen, welche an sich keine eigentlichen Bestandsveränderungen bilden, und zwar in besonderem Nachtrag, aufzunehmen und die Bestandsveränderungsliste in doppelter Ausfertigung dem Amtsgerichte innerhalb der von dem Direktor der direkten Steuern alljährlich zu bestimmenden Fristen vorzulegen.

§ 7. Das Amtsgericht bewirkt auf Grund der Bestandsveränderungsliste die Richtigstellung des Grundbuchs und durch den technischen Beamten, die Berichtigung der Karten und Pläne, und übersendet alsbald die eine Ausfertigung der

Liste mit dem Vermerk, daß die Berichtigung des Grundbuchs stattgefunden habe, dem technischen Beamten.

§ 8. Der technische Beamte hat in den Gemeinden mit erneuerten Katastern

a) die Gemeindekatasterbücher auf Grund der ihm zugegangenen Eigenthums- und Bestands-Veränderungslisten (§§ 4 und 7), sowie der von ihm selbst in Gemäßheit der Anweisung für die Katasterfortführungsvermessungen aufgestellten Formveränderungslisten zu berichtigen, darüber nach Muster F. zu § 39 der Dienstanweisung vom 3. Juli 1886 Abschlußlisten aufzustellen und diese Listen mit den Bestands- und Eigenthums-Veränderungslisten bis spätestens 1. November jeden Jahres dem Direktor der direkten Steuern einzureichen;

b) Die Berichtigung und Ergänzung der Karten und Pläne der Gemeinden in den Monaten Dezember bis April vorzunehmen, zu welchem Zwecke demselben die bezüglichen Meßurkunden seitens des Amtsgerichts zur Verfügung zu stellen sind;

c) nach bewirkter Berichtigung und Ergänzung der Gemeinde-Karten und Pläne die Meßurkunden nebst Feldrissen, Rechenheften ꝛc. dem Direktor der direkten Steuern einzureichen, bei welchem dieselben verbleiben.

§ 9. Dem Direktor der direkten Steuern bleibt vorbehalten, die Fortführung der Katasterkarten und Pläne beim Amtsgericht sowie die als Unterlage der Fortführung dienenden Meßurkunden jederzeit einer Prüfung unterziehen zu lassen. Das Amtsgericht hat zu diesem Zweck dem beauftragten Beamten die vorbezeichneten Vermessungswerke, soweit sich dieselben dortselbst befinden, auf Verlangen verfüglich zu stellen.

§ 10. Die seitens des Direktors der direkten Steuern den Amtsgerichten zu überweisenden Exemplare der Karten und Pläne sind vorher auf Grund der bis dahin stattgehabten Fortführungsvermessungen zu berichtigen und nach Prüfung durch einen Katasterinspektionsbeamten von diesem als richtig zu bescheinigen.

Straßburg, den 27. September 1891.

Ministerium für Elsaß-Lothringen.

Abtheilung für Justiz und Kultus.
von Puttkamer.

Abtheilung für Finanzen, Landwirthschaft und Domänen.
Der Unterstaatssekretär
von Schraut.

Kreis: .... Etatsjahr 189 /9 .

Gemarkung: .... Monat ....

Eigenthumsveränderungsliste.

G. B. 9.

Ordnungs-Nummer.	Tag des Eintrags in das Grundbuch.	Des bisherigen Eigenthümers			Bezeichnung der Grundstücke un[d] … einen Wechsel im Eigen[thum] …				
		Artikel-Nummer des Grundbuchs.	Blatt der Mutterrolle.	Name, Vorname, Stand und Wohnort.	Flur.	Nummer derselben.	Bezeichnung der Lage. (Gewann).	Kulturart des Grundstücks oder Art des Gebäudes.	Klass[e] …
1.	2.	3.	4.	5.	6.	7.	8.	9.	10.

Gebäude, welche thum erleiden.					Des gegenwärtigen Eigenthümers.			Art des Erwerbstitels.	Bemerkungen.
Flächeninhalt.			Katastral-Reinertrag.		Artikel-Nummer des Grundbuchs.	Blatt der Mutterrolle.	Name, Vorname, Stand und Wohnort.		
ha	a	qm	Frcs.	Cts.					
11.			12.		13.	14.	15.	16.	17.

.... den ten ....

Kaiserliches Amtsgericht.

(L. S.) ....

Amtsgerichtsbezirk ....

Fehl-Mittheilung.

Für den Monat .... 189 ist ausweislich des Grundbuchs der Gemeinde .... eine Eigenthumsveränderungsliste nicht aufzustellen gewesen.

...., den.............................. 189 .

Kaiserliches Amtsgericht.

(L. S.) ....

G. B. 10.

Register.

(Die Zahlen bezeichnen die Seite.)

Druckerei der „Straßb. Neuesten Nachrichten", A.-G., vorm. H. L. Kayser.

FSC
www.fsc.org
MIX
Papier | Fördert gute Waldnutzung
FSC® C083411

Kolibri 360 GmbH
Ferdinand-Jühlke-Straße 7
99095 Erfurt, Deutschland
produktsicherheit@kolibri360.de